ESPAÑOL ¡A TOPE!

Curso de español para futur@s ciudadan@s del mundo

A1

Proyecto y coordinación
CARLOS OLIVA Y MARÍA DE LOS ÁNGELES VILLEGAS

Autoría
PAULA CERDEIRA ▪ JESÚS ESTEBAN ▪ MARINA GARCÍA
ANTONIO JIMÉNEZ ▪ CARLOS OLIVA ▪ SERGIO PÉREZ
FRANCISCO RIVA ▪ MARÍA DE LOS ÁNGELES VILLEGAS

Edinumen

ESPAÑOL ¡A TOPE!

El nuevo curso de español para ti, futur@ ciudadan@ del mundo.

¡Comenzamos nuestro recorrido!

Cada unidad comienza con una serie de actividades de carácter lúdico que te permitirán anticipar el vocabulario, acercarte a diferentes estructuras gramaticales y conocer algunos de los elementos culturales tratados en los apartados sucesivos.

ADQUIERE | Vocabulario y funciones

REFLEXIONA | Gramática

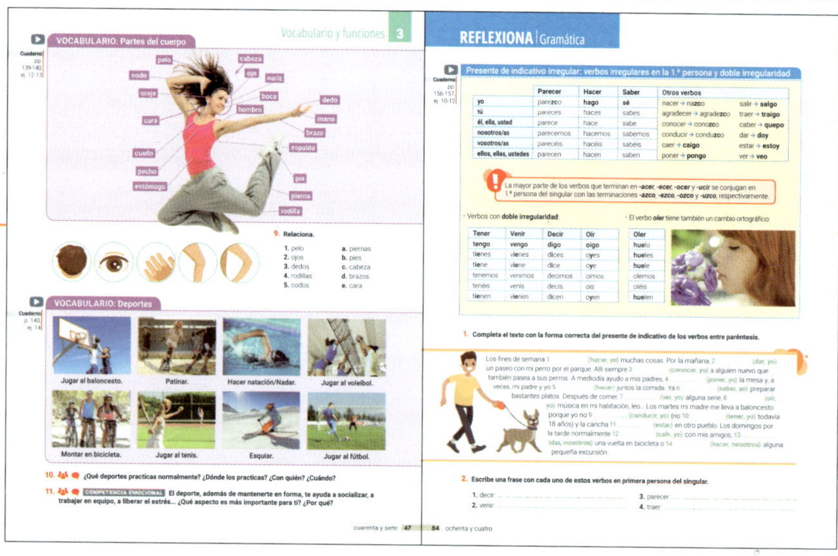

En estas dos secciones se presentan y explican los contenidos léxicos y gramaticales a través de cuadros con explicaciones y ejemplos que facilitarán su aprendizaje. Las actividades que siguen te permitirán practicar y aprender esos contenidos a través de diferentes dinámicas y destrezas.

Cada cuadro de vocabulario y de gramática viene acompañado de un vídeo animado que te ayudará a trabajar los contenidos léxicos y gramaticales de manera visual.

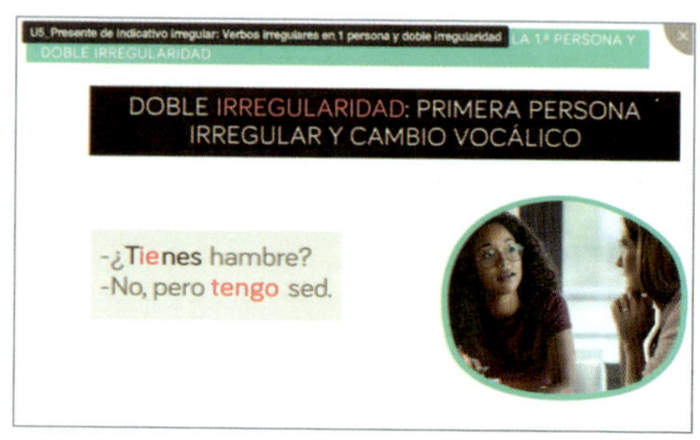

PRACTICA | Comunicación

En esta sección podrás poner en práctica todo lo aprendido hasta ahora con actividades de interacción y de comprensión y producción oral y escrita.

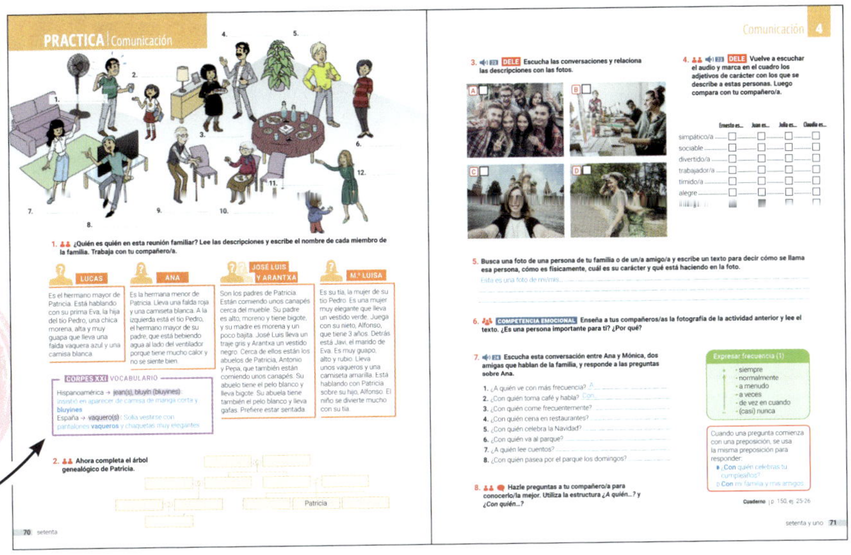

A lo largo de las unidades vas a encontrar ejemplos reales que provienen del CORPES XXI, uno de los corpus lingüísticos más completos del español que ha sido elaborado por la Real Academia Española.

MIRA | Vídeo

En esta serie de ficción conocerás la vida de cinco personajes que conviven en un hostal para estudiantes y que mantienen una relación de amistad. A través de anécdotas actuales y divertidas, vas a conocer sus costumbres, su carácter y su forma de vida al tiempo que trabajas los contenidos tratados en cada unidad.

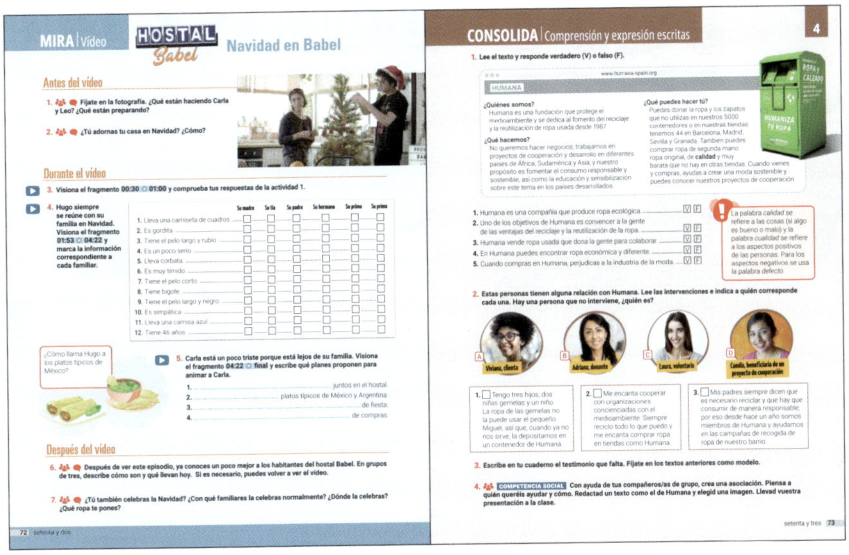

CONSOLIDA | Comprensión y expresión escritas

En esta sección vas a seguir practicando los contenidos aprendidos en la unidad mientras desarrollas tu competencia lectora y escrita.

CONOCE | Cultura

En esta sección podrás conocer diferentes aspectos socioculturales del mundo hispano a través de secuencias visuales y dinámicas.

A DEBATE

Español ¡a tope! te brinda la oportunidad de trabajar en equipo en la elaboración de un proyecto final. Los proyectos están alineados con los Objetivos de Desarrollo Sostenible (ODS) de la Agenda 2030 e integran la competencia digital con los contenidos de cada unidad.

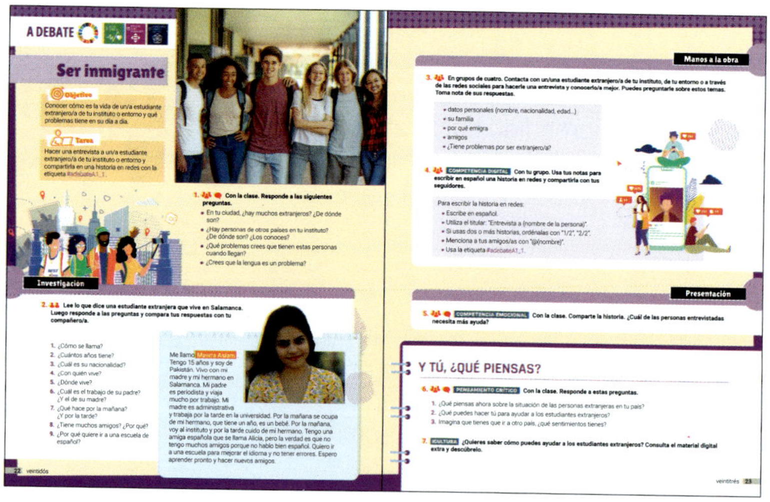

En el apartado final podrás expresar tu opinión sobre el tema y desarrollar, de este modo, tu capacidad de pensamiento crítico.

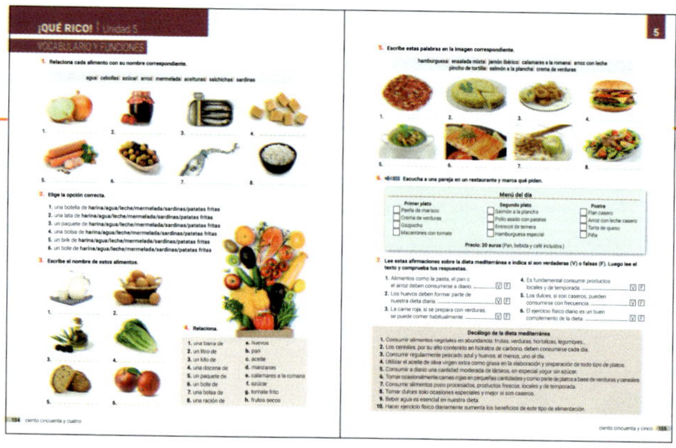

CUADERNO DE EJERCICIOS

Cada dos unidades encontrarás un repaso que te ayudará a consolidar los contenidos fundamentales de cada unidad.

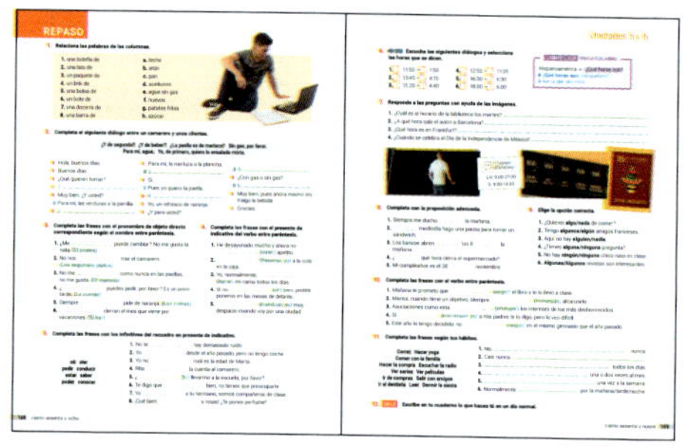

Las actividades del cuaderno de ejercicios siguen la secuencia de la unidad para que puedas practicar en casa todo lo que has aprendido en clase.

Además, podrás encontrar...

- Actividades específicas para la preparación del examen **DELE**.
- Actividades para desarrollar la **COMPETENCIA SOCIAL**, la **COMPETENCIA EMOCIONAL**, la **COMPETENCIA DIGITAL**, el **PENSAMIENTO CRÍTICO** y la interculturalidad (**ICULTURA**).
- Cuadros de ATENCIÓN (!) que destacan la información importante.
- Cuadros de estrategias para lograr un aprendizaje eficaz: **APRENDE A APRENDER**

Y al final del libro...

- ✔ 6 fichas de pronunciación y ortografía
- ✔ Mapas políticos y físicos de América Latina y España
- ✔ Tabla de verbos
- ✔ Glosario

En parejas	En grupo(s)	Actividad oral	Agenda 2030	Audio	Vídeo

ELEteca EXTENSIÓN DIGITAL ESTUDIANTE

Español ¡a tope! dispone de un gran número y variedad de recursos multimedia que enriquecen el proceso de enseñanza y aprendizaje y que permiten consolidar los contenidos léxicos, gramaticales, funcionales y culturales presentados en cada unidad.

ACTIVIDADES INTERACTIVAS

Complementan todos los contenidos trabajados en las unidades. Al ser autoevaluables, facilitan el aprendizaje autónomo.

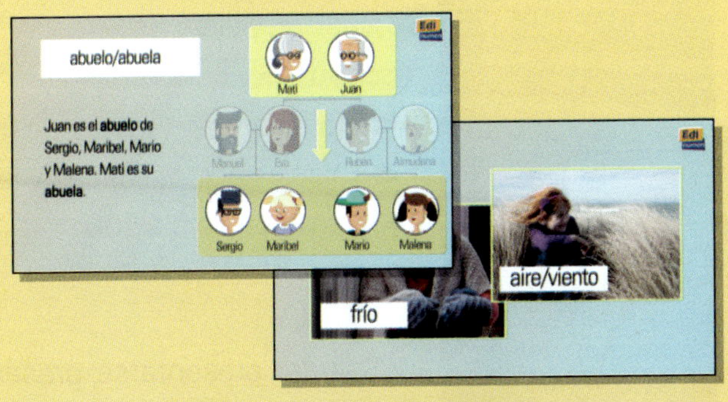

VÍDEOS DIDÁCTICOS

Vídeos que presentan todos los contenidos léxicos y gramaticales estudiados en cada unidad del libro.

SERIE HOSTAL BABEL

18 episodios de la serie *Hostal Babel*, creada y producida por Edinumen, para trabajar los contenidos principales de cada unidad en un contexto comunicativo.

AUDIOS

Todas las pistas de audio: estudiante, fichas de pronunciación y ortografía y cuaderno de ejercicios.

Para acceder a la extensión digital de **Español ¡a tope!**, entra en la **ELEteca** escaneando el código QR que tienes a la izquierda o entra en https://eleteca.edinumen.es, activa el código que aparece en el interior de la cubierta y sigue las instrucciones.

TABLA DE CONTENIDOS

- Letras y sonidos en español
- Género de los nombres (introducción)

- Nombres y apellidos en España e Hispanoamérica

PRACTICA

Comunicación

- Hablar de algunas profesiones y lugares de trabajo

Funciones

- Preguntar y dar información personal
- Presentarse
- Preguntar por datos personales

Vocabulario

- Abreviaturas y signos

MIRA

Hostal Babel

¡Bienvenido al hostal Babel!

CONSOLIDA

Comprensión y expresión escritas

- Leer y escribir mensajes en el foro de un colegio internacional

CONOCE

Cultura

- El español en números

A DEBATE

Proyecto

- Ser inmigrante

Comunicación

- Buscar una vivienda adecuada y preguntar por el precio
- Hablar de la casa y el barrio

Vocabulario

- Números desde 100
- Números ordinales

Hostal Babel

Este barrio

Comprensión y expresión escritas

- Leer y escribir mensajes en un foro sobre las características de un barrio

Cultura

- Las Ramblas de Barcelona

Proyecto

- Comercio local

Comunicación

- Hablar de gustos, preferencias y aversiones
- Mostrar acuerdo y desacuerdo con los gustos de otra persona

Hostal Babel

¿Enferma?

Comprensión y expresión escritas

- Leer y escribir un programa de actividades de carácter cultural

Cultura

- Con ritmo latino

Proyecto

- Ocio saludable

TABLA DE CONTENIDOS

Comunicación
- Describir el aspecto físico y el carácter de las personas
- Preguntar por la familia y los amigos

Funciones
- Expresar frecuencia (1)

Hostal Babel
Navidad en Babel

Comprensión y expresión escritas
- Leer sobre Humana, una ONG de ropa usada
- Escribir un testimonio
- Redactar el texto de presentación de una asociación

Cultura
- Moda hispana
- Moda incluyente

Proyecto
- Moda (in)sostenible

Comunicación
- Pedir la comida en un restaurante
- Contestar a una encuesta sobre comida rápida

Funciones
- Pedir una explicación
- Pedir la cuenta

Hostal Babel
Unas tapas muy ricas

Comprensión y expresión escritas
- Leer y escribir reseñas de restaurantes

Cultura
- Nos vamos de tapas

Proyecto
- 2x1: rico y saludable

Comunicación
- Hablar de acciones cotidianas

Funciones
- Relacionar dos acciones temporalmente
- Ordenar las acciones en el tiempo
- Expresar frecuencia (2)

Hostal Babel
El olor de tu café

Comprensión y expresión escritas
- Leer sobre los horarios y fiestas en Argentina
- Elaborar el calendario de fiestas de un país hispano y sus características

Cultura
- Horarios españoles

Proyecto
- Nuevos hábitos

---

0 ¡COMENZAMOS!

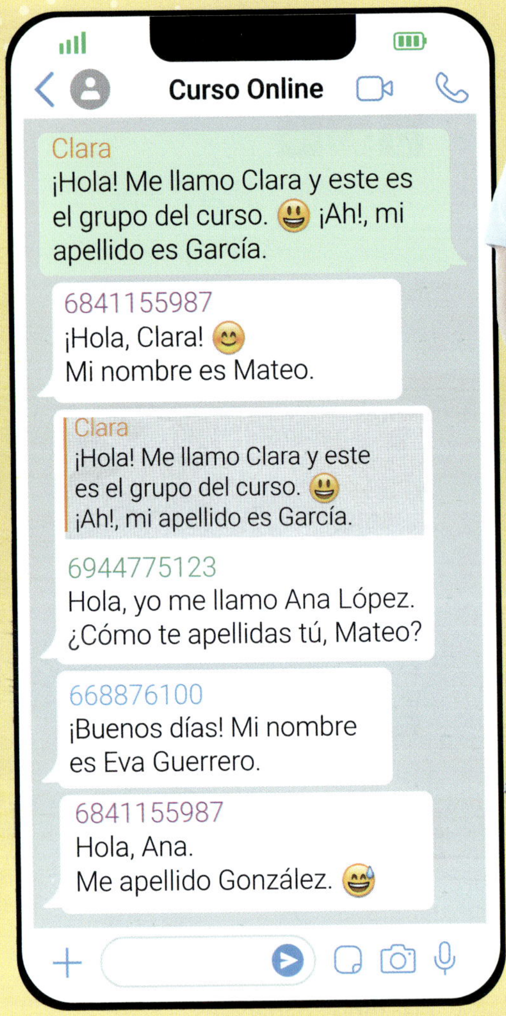

Preguntar y decir el nombre

- ¿Cómo te llamas?
- **Me llamo** Clara.
- **Mi nombre es** Mateo.

- ¿Cómo te apellidas?
- **Mi apellido es** García.
- **Me apellido** González.

1. **En grupos de cuatro. Pregunta el nombre y el apellido a tus compañeros/as de grupo.**

¿Sabías que...?

En España e Hispanoamérica las personas tienen dos apellidos: generalmente el primero del padre y el primero de la madre.

2. 👥 **Une las imágenes y las palabras.**

1. ☐ lee
2. ☐ habla
3. ☐ escribe
4. ☐ escucha
5. ☐ relaciona
6. ☐ fíjate
7. ☐ completa
8. ☐ pregunta

Preguntas útiles de clase

- **¿Puedes repetir/hablar más despacio/alto**, por favor**?**
- **¿Qué significa** *apellido***?**
- **¿Cómo se dice** *útil* **en** + lengua *(inglés, francés, portugués, chino, árabe...)***?**
- **¿Cómo se llama esto** en español**?**

3. 👥 **Completa y compara con tu compañero/a.**

1. ▶ ¿Cómo .... *taxi* en español?
   ▷ Se dice igual, *taxi*.
2. ¿Qué .... *palabra*?
3. ▶ Perdón, no hablo bien español, ¿..................................
   .... despacio, por favor?
4. ▶ ¿Cómo te llamas?
   ▷ No entiendo, ¿.................................., por favor?
   ▶ ¡Claro! ¿Cómo te llamas?
5. ▶ ¿Cómo .... esto en español?
   ▷ Se llama *bolígrafo*.

4. 🔊 1 **Escucha las letras del abecedario y repite a continuación.**

A	B	C	D	E	F	G	H	I	J	K	L	M
a	be	ce	de	e	efe	ge	hache	i	jota	ka	ele	eme

N	Ñ	O	P	Q	R	S	T	U	V	W	X	Y	Z
ene	eñe	o	pe	cu	erre	ese	te	u	uve	uve doble	equis	i griega	zeta

Preguntar cómo se escribe una palabra y responder

▶ **¿Cómo se deletrea/se escribe** *siesta***?**
▷ **Se deletrea/Se escribe** ese, i, e, ese, te, a.

!

- En español solo hay cuatro consonantes dobles: ***c***, ***r***, ***l***, ***n***:
  canción-acción velo-vello
  caro-carro inútil-innato
- Para recordar estas consonantes dobles memoriza la palabra **C** A **R** O **L** I **N** A

¡COMENZAMOS!

5. **Completa tus palabras con la letra que falta. Deletrea esas palabras a tu compañero/a. Puedes usar el diccionario.**

ESTUDIANTE: A

□ a m i l i a

□ u e s o

□ a r c o

E s p a □ a

Las palabras de mi compañero/a:

1. .... 3. ....
2. .... 4. ....

ESTUDIANTE: B

□ i w i

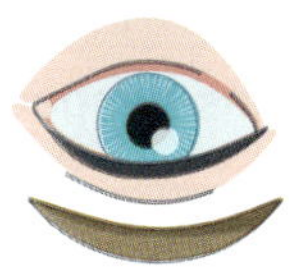

□ j o

□ a n a

□ a s o

Las palabras de mi compañero/a:

1. .... 3. ....
2. .... 4. ....

6. **2** **Escucha la pronunciación de estas palabras. Puedes usar el diccionario para saber su significado. Después escucha otra vez y repite.**

Letras y sonidos en español

B = V	balón • bienvenida vaca • vestido	G + a, o, u GU + e, i	gato • gordo • guante guerra • guitarra
C + e, i Z + a, o, u	céntimo • cielo zapato • zorro • zumo	J + a, e, i, o, u G + e, i	jamón • jefe • jirafa • joven • jueves general • girasol
C + a, o, u QU + e, i K + a, e, i, o, u	casa • cosa • cuchara queso • quinto kilómetro • koala	LL ≈ Y	llorar • lluvia ayer • yogur

7. **3** **Escucha y completa las palabras.**

1. l a p i □ □ r r a

2. l a □ e s □

3. l a g □ m □

4. l a m □ c h □ l □

5. e l l □ b r □

6. l a s □ l □ a

7. e l c □ □ d e □ n □

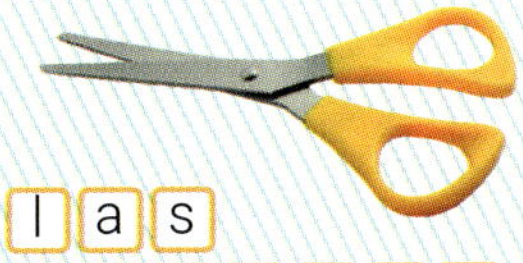

8. l a s
t i _ e r _ s

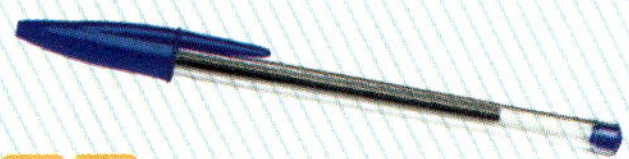

10. e l
_ o l _ g r _ f _

La mayoría de las palabras que terminan en ***-a*** son femeninas y las que terminan en ***-o*** son masculinas.

9. l a
c _ l c _ _ a d _ r a

11. e l
r _ t _ l a _ o _

12. e l l _ p i _

8. **Elige un objeto de clase y pregunta a tu compañero/a cómo se llama y cómo se deletrea.**

- ¿Sabes cómo se dice esto en español?
- Sí, lápiz.
- ¿Cómo se deletrea?
- Ele, a, pe, i, zeta. Y tú, ¿sabes cómo se dice esto?
- No, ¿cómo se dice?
- Mesa.
- ¿Cómo se deletrea?
- Eme, e, ese, a.

9. **Lee y completa los nombres que faltan.**

- ¡Buenos días! Bienvenidos a clase. Yo soy 1 Sharai... **ESE, HACHE, A, ERRE, A, I**. Y soy puertorriqueña, de la ciudad de San Juan. Y tú, ¿cómo te llamas?
- Yo me llamo 2 ....
- ¿Y de dónde eres, 2 ....?
- De Filipinas.
- ¿Y cómo se escribe tu nombre?
- **E, DE, UVE DOBLE, I, ENE.**
- Estupendo. Y tú, ¿cómo te llamas?
- Yo soy 3 .... y soy de Japón.
- ¿Y cómo se escribe 3 ....?
- **KA, E, I, KA, O.**
- Muy bien. ¿Y tú?
- Yo soy 4 ...., de Australia.
- Y tu nombre se escribe...
- **JOTA, O, ESE, HACHE, U, A**.
- Ajá... ¿Y tú?
- Yo soy 5 ...., de Alemania. Pero se escribe con ka no con ce. Se escribe así: **EME, O, ENE, I, KA, A**.
- Muy bien, gracias. Y por último, ¿cómo te llamas tú?
- Me llamo 6 .... y soy de Canadá.
- ¿Cómo?
- 6 ....: **ESE, HACHE, A, DOBLE U, ENE**.
- ¡Chévere! Pues ya nos conocemos todos.

10. 4 **Escucha y comprueba.**

11. **Escribe una lista con los nombres y apellidos de todos tus compañeros/as y una foto de cada uno/a para poner en clase. Deletrea tu apellido si es necesario.**

1 NOS PRESENTAMOS

1. **Practica los saludos, las presentaciones y las despedidas en español. ¿Cómo se dicen en tu lengua estas palabras y expresiones?**

2. **5** **Escucha y completa. ¿Qué diálogo es formal?**

Diálogo 1

- Hola, Álvaro, ¿qué tal?
- Bien. Mira, ... es Teresa.
- Hola, ¿....................................?
- Bien, ¿y tú?
- Bien, bien. Bueno, hasta luego.

Diálogo 2

- Buenos días, señora López, ¿qué tal está?
- Muy bien, gracias.
- Mire, le .... a mi hijo Pedro.
- Mucho ....
- Encantado, señora.

¿Sabías que...?

En España, amigas, amigos, familia... se saludan con dos besos (derecha e izquierda) o con un abrazo. Con desconocidos o en situaciones formales, se prefiere dar la mano.

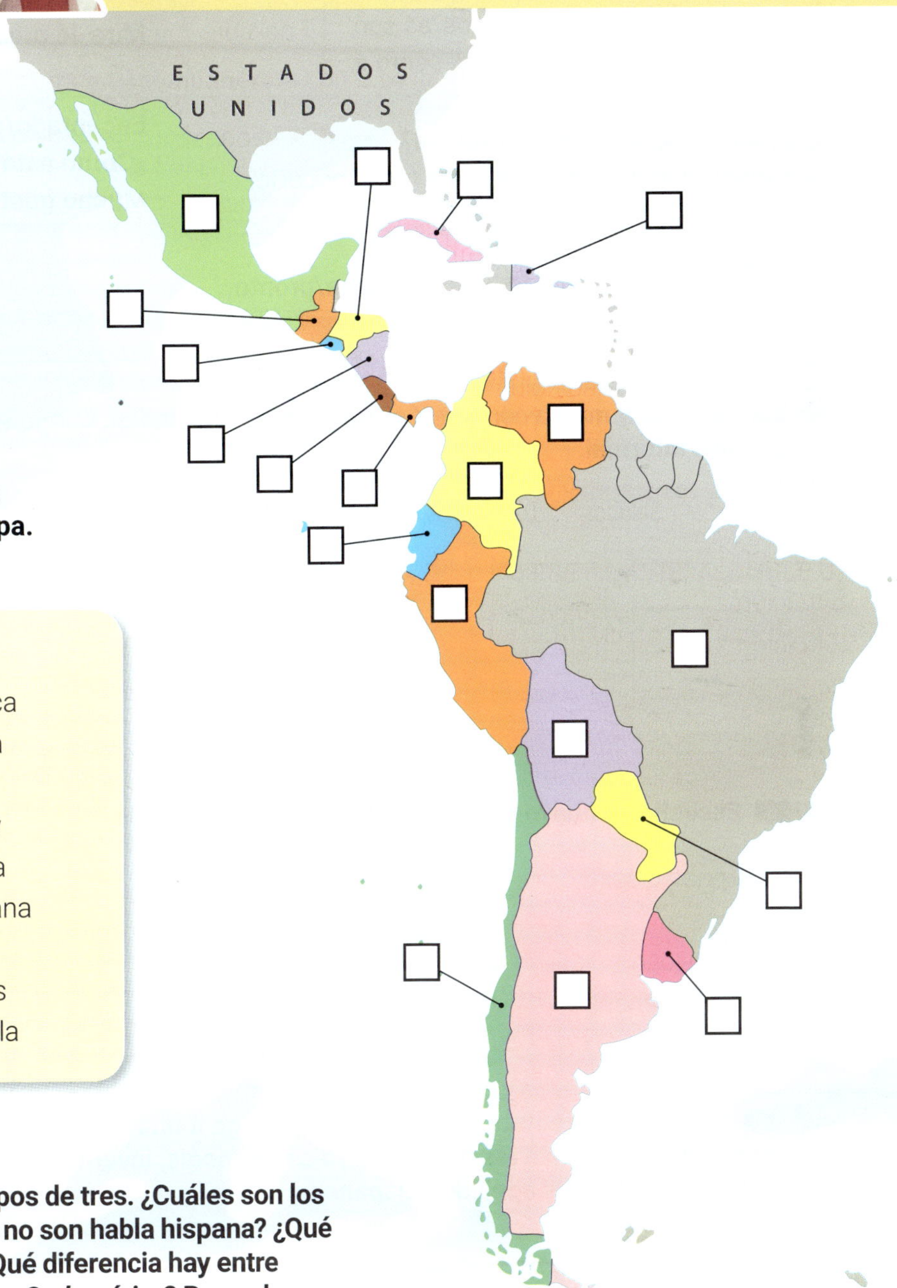

3. **Escribe el número de cada país en su lugar correspondiente del mapa. Trabaja con tu compañero/a.**

1. Argentina	**11.** México
2. Brasil	**12.** Costa Rica
3. Uruguay	**13.** Colombia
4. Perú	**14.** Panamá
5. Venezuela	**15.** Paraguay
6. El Salvador	**16.** República Dominicana
7. Cuba	**17.** Bolivia
8. Nicaragua	**18.** Honduras
9. Ecuador	**19.** Guatemala
10. Chile	

4. COMPETENCIA DIGITAL **En grupos de tres. ¿Cuáles son los países del continente americano que no son habla hispana? ¿Qué lenguas se hablan en esos países? ¿Qué diferencia hay entre la palabra *Hispanoamérica* y la palabra *Sudamérica*? Busca la información en internet.**

FUNCIONES: Saludar, presentarse, presentar a alguien y despedirse

Cuaderno p. 122, ej. 1

	Informal	Formal
Para saludar	• **Hola, ¿qué tal (estás)?**	• **Buenos días.** • **Buenas tardes/noches.**
Para presentarse	• **Hola, soy/me llamo** + nombre	• **Buenos días,** • **Buenas tardes,** • **Buenas noches,** + **soy/me llamo** + nombre (apellido)
Para presentar a alguien	• **Mira, este/a es** **estos/as son** • Mira, **te presento a** + nombre	• **Mire, le presento al señor/a la señora** + apellido(s)
Para responder a una presentación	• **Hola, ¿qué tal?** • **Encantado/a** (de conocerte).	• **Encantado/a** (de conocerlo/la). • **¿Cómo está?** • **Mucho gusto.**
Para despedirse	• **Adiós.** • **Hasta luego/mañana/pronto.**	

1. 6 **Escucha y marca con una X si saludan o se despiden. Luego vuelve a escuchar y decide si la situación es formal o informal.**

	Saludos	Despedidas	Formal	Informal
Situación 1	☐	☐	☐	☐
Situación 2	☐	☐	☐	☐
Situación 3	☐	☐	☐	☐
Situación 4	☐	☐	☐	☐

2. 6 **Escucha de nuevo y marca las expresiones que usan.**

1. ☐ Buenos días.
2. ☐ Adiós.
3. ☐ Hasta luego.
4. ☐ Hasta mañana.
5. ☐ Mucho gusto.
6. ☐ Buenas noches.
7. ☐ Buenas tardes.
8. ☐ Hasta pronto.

3. **Saluda y preséntate a la clase. Luego elige a una persona y preséntasela a los demás. Si ya os conocéis, inventa para ti un nombre y dos apellidos hispanos.**

Recuerda que en España e Hispanoamérica las personas tienen dos apellidos: generalmente, el primero del padre y el primero de la madre, aunque el orden se puede cambiar.

VOCABULARIO: Profesiones y lugares de trabajo

aderno
ɔ. 122,
ej. 2-3

El/La **dependiente/a** trabaja en la **tienda**.

El/La **profesor/a** trabaja en la escuela y en el **instituto**.

El/La **cocinero/a** trabaja en el **restaurante**.

El/La **médico/a** trabaja en el **hospital**.

El/La **ingeniero/a** trabaja en una **empresa**.

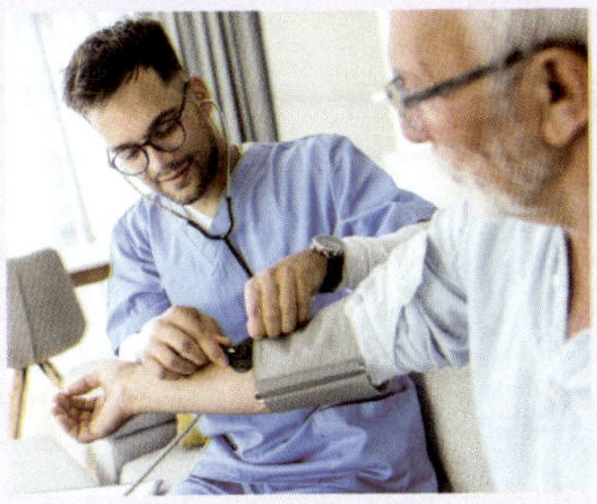

El/La **enfermero/a** trabaja en el **hospital**.

El/La **camarero/a** trabaja en el **restaurante** y en el **bar**.

El/La **recepcionista** trabaja en el **hotel**.

4. **¿Dónde trabajan estas personas? Habla con tu compañero/a y escribe la solución. ¿Qué profesión tiene la mujer de la imagen? ¿Dónde trabaja? Usa el diccionario o busca en internet.**

1. taxista → taxi
2. abogado/a → ....
3. mecánico/a → ....
4. policía → ....
5. administrativo/a → ....
6. periodista → ....
7. veterinario/a → ....
8. obrero/a → ....

VOCABULARIO: Países, nacionalidades y lenguas

uaderno
pp.
22-123,
ej. 4-6

País	Masculino singular	Femenino singular	Masculino plural	Femenino plural
Alemania	alem**án**	alem**ana**	alema**nes**	aleman**as**
Argentina	argentin**o**	argentin**a**	argentin**os**	argentin**as**
Brasil	brasil**eño**	brasil**eña**	brasileñ**os**	brasileñ**as**
Canadá	canad**iense**	canad**iense**	canadiense**s**	canadiense**s**
Dinamarca	dan**és**	dan**esa**	dane**s**es	danes**as**
Estados Unidos	estadouni**dense**	estadouni**dense**	estadounidense**s**	estadounidense**s**
Marruecos	marroq**uí**	marroq**uí**	marroqu**íes**	marroqu**íes**
Corea	core**ano**	core**ana**	corean**os**	corean**as**
Puerto Rico	puertorriq**ueño**	puertorriq**ueña**	puertorriqueñ**os**	puertorriqueñ**as**

El nombre de los idiomas coincide con el gentilicio masculino singular: *español, inglés, francés, alemán, italiano...*; pero hay excepciones: India → indio/a - *hindi*; Israel → israelí - *hebreo*; Kenia → keniano/a - *suajili...*

5. Busca en internet para completar la tabla. Compara con tu compañero/a.

País	Gentilicio	Idioma
Francia	1.	2. ....
3.	jordano/a	4. ....
5.	6.	ucraniano
Chile	7.	8. ....
9.	australiano/a	10. ....
Uganda	11.	12. ....

6. Completa las frases como en el ejemplo.

1. Carmen es de Sevilla. Habla español porque es española.
2. Mary y Lewis son de Oxford. Hablan .... porque son ....
3. Rainer es de Munich. Habla .... porque es ....
4. Irene es de Atenas. Habla .... porque es ....
5. Irina y Natalia son de Moscú. Hablan .... porque son ....
6. Ana es de Lima. Habla .... porque es ....
7. Steve es de Miami. Habla .... porque es ....
8. Omar y Laila son de El Cairo. Hablan .... porque son ....
9. Saman y Ari son de Tailandia. Hablan .... porque son ....

7. 7 Lee y escucha el diálogo.

Profesor: Buenos días, Julia. Pasa, pasa.
Julia: Buenos días, profesor.
Profesor: Os presento a Julia, una nueva estudiante. Es argentina.
Julia: Hola a todos.
Profesor: ¿Cuál es tu apellido, Julia?
Julia: Mi apellido es Foissard.
Profesor: ¿Lo puedes deletrear, por favor?
Julia: Por supuesto: efe, o, i, ese, ese, a, erre, de.
Profesor: Tu apellido es francés, ¿no?
Julia: Sí, mi padre es francés y mi madre es inglesa. Trabaja en una empresa inglesa en Madrid como ingeniera, y por eso ahora vivimos aquí.
Profesor: Entonces, hablas muchos idiomas, ¿no?
Julia: Sí, hablo español, francés, inglés y un poco de ruso.
Profesor: Muy bien, Julia. Pues bienvenida a clase.

8 7 Escucha de nuevo y responde verdadero (V) o falso (F). Compara el resultado con tu compañero/a.

1. Julia es española, pero vive en Argentina. .... V F
2. El apellido de Julia es francés. .... V F
3. El apellido de Julia tiene dos erres. .... V F
4. Su padre es francés y su madre es inglesa. ... V F
5. Su madre trabaja en una empresa inglesa. ..... V F
6. Su madre es informática. .... V F
7. Julia habla varias lenguas. .... V F
8. Julia habla ruso perfectamente. .... V F

9. COMPETENCIA DIGITAL **Estas son algunas personas famosas. Busca en internet la información que falta y complétala.**

1

Nombre: Carlos Alcaraz
Nacionalidad: ....
Idioma: ....
Profesión: ....

2

Nombre: Greta Thunberg
Nacionalidad: ....
Idioma: ....
Profesión: ....

3

Nombre: Gino Tubaro
Nacionalidad: ....
Idioma: ....
Profesión: ....

4

Nombre: Demi Singleton
Nacionalidad: ....
Idioma: ....
Profesión: ....

5

Nombre: Ranjitsinh Disale
Nacionalidad: ....
Idioma: ....
Profesión: ....

6

Nombre: Clara Luciani
Nacionalidad: ....
Idioma: ....
Profesión: ....

10. 8 **Escucha y repite los siguientes números.**

uaderno p. 123, ej. 7-10

VOCABULARIO: Números del 0 al 100

0	cero	9	nueve	18	dieciocho	27	veintisiete	60	sesenta
1	uno	10	diez	19	diecinueve	28	veintiocho	70	setenta
2	dos	11	once	20	veinte	29	veintinueve	80	ochenta
3	tres	12	doce	21	veintiuno	30	treinta	90	noventa
4	cuatro	13	trece	22	veintidós	31	treinta **y** uno	100	cien
5	cinco	14	catorce	23	veintitrés	32	treinta **y** dos		
6	seis	15	quince	24	veinticuatro	40	cuarenta		
7	siete	16	dieciséis	25	veinticinco	44	cuarenta **y** cuatro		
8	ocho	17	diecisiete	26	veintiséis	50	cincuenta		

Fíjate: 100 → **cien**, pero: 101, 102, 111 → **ciento** uno, **ciento** dos, **ciento** once...

11. 9 DELE **Marca cuál de los dos números oyes en cada diálogo.**

1. 67 77
2. 2 12
3. 3 13
4. 2 12
5. 60 70
6. 50 15

Pronombres personales de sujeto

Cuaderno p. 124, ej. 11

	Singular	Plural
1.ª persona	yo	nosotros, nosotras
2.ª persona	tú	vosotros, vosotras
3.ª persona	él, ella, usted	ellos, ellas, ustedes

- Los pronombres ***usted*** y ***ustedes*** son formales y se usan con personas mayores o desconocidos. Muestran respeto:

  Perdone, señor, ¿**sabe usted** qué hora es?

!

- Los pronombres ***usted*** y ***ustedes*** significan 'tú' y 'vosotros/as' pero concuerdan con las formas verbales de tercera persona.

1. Sustituye cada sujeto por el pronombre personal correspondiente.

1. Mi madre .... es arquitecta.

2. Luis y tú .... sois venezolanos.

3. Naoko y yo .... somos japonesas.

4. David, Eva y Ana .... son amigos.

CORPES XXI GRAMÁTICA

- En Hispanoamérica y en algunas zonas de España los pronombres vosotros/as no se usan; en su lugar, se usa ustedes: ¿Y **ustedes** qué comen ahora?
- En el Cono Sur (Argentina, Uruguay y Paraguay) la forma para tú es vos: Me gustaría saber algo de **vos**.

Presente de indicativo regular: verbos en *-ar*, *-er*, *-ir*

Cuaderno pp. 124-125, ej. 12-16

- En español hay **tres conjugaciones**: todos los verbos terminan en ***-ar***, ***-er*** o ***-ir***.
- En **presente de indicativo** tienen las siguientes terminaciones:

	Trabajar	Aprender	Vivir
yo	trabajo	aprendo	vivo
tú	trabajas	aprendes	vives
él, ella, usted	trabaja	aprende	vive
nosotros/as	trabajamos	aprendemos	vivimos
vosotros/as	trabajáis	aprendéis	vivís
ellos, ellas, ustedes	trabajan	aprenden	viven

- El presente de indicativo se usa para...
  - **Dar información** sobre una situación **presente**:
    Yo **vivo** en Managua.
  - Hablar de **acciones habituales**:
    María y Juan **comen** normalmente con sus padres.
  - Dar una **definición**:
    Una calculadora **es** un objeto que se **usa** para hacer operaciones matemáticas.

Para hablar de acciones habituales se usan expresiones de tiempo como ***normalmente***, ***a veces***, ***siempre***...

2. **Cambia del singular al plural y viceversa los siguientes verbos.**

1. trabajas → trabajáis
2. escribimos → ....
3. dibujo → ....
4. estudian → ....
5. comprendes → ....
6. comemos → ....
7. lee → ....
8. decidís → ....
9. abres → ....

3. **Completa las frases con el presente de indicativo de los verbos entre paréntesis.**

1. Marta .... **(cantar)** muy bien.
2. ¿.................. **(Hablar, usted)** chino?
3. Yo .... **(leer)** mucho, ¿y tú?
4. Jaime y yo .... **(ver)** series.
5. ¿Dónde .... **(vivir, tú)**?
6. Lidia .... **(abrir)** las ventanas.
7. Tú .... **(beber)** poca agua.
8. Ustedes .... **(llegar)** tarde.

Verbos *estar, llamarse, ser* y *tener*

Cuaderno p. 125, ej. 17

	Estar	Llamarse	Ser	Tener
yo	estoy	me llamo	soy	tengo
tú	estás	te llamas	eres	tienes
él, ella, usted	está	se llama	es	tiene
nosotros/as	estamos	nos llamamos	somos	tenemos
vosotros/as	estáis	os llamáis	sois	tenéis
ellos, ellas, ustedes	están	se llaman	son	tienen

- Los verbos reflexivos, como ***llamarse***, llevan un pronombre que va delante del verbo.
- ***Estar, ser*** y ***tener*** son irregulares.

4. **Completa las frases con los pronombres que faltan.**

1. La profesora .... llama Inés.
2. Yo .... apellido Gómez.
3. Los niños .... lavan solos.
4. ¿A qué hora .... levantáis?
5. .... preocupamos por ti.
6. ¿.................. duchas en el gimnasio?

5. **Completa las frases con el presente de indicativo de los verbos entre paréntesis.**

1. Julia y yo .... **(ser)** estudiantes de español.
2. Hola, ¿qué tal .... **(estar, vosotros)**? .... **(Estar, nosotras)** muy bien.
3. Yo .... **(ser)** profesora y .... **(tener)** muchas clases.
4. Ella .... **(llamarse)** Marisa y .... **(ser)** de Jaén.
5. Usted, ahora que no .... **(trabajar)**, ... **(tener)** tiempo libre, ¿no?

Verbos para dar información personal

Cuaderno p. 126, ej. 18-19

- Para **preguntar el nombre** se usa ***llamarse***. Para **responder** se utiliza ***llamarse*** o ***ser***:
  - ¿Cómo **te llamas**?
  - **Me llamo**/**Soy** Ricardo.
- Para **decir la edad** se utiliza ***tener***:
  Tengo 14 años.
- Para **decir el lugar donde residimos** o la **dirección** se usa ***vivir*** + ***en***:
  Vivo en Valencia./**Vivo en** la calle Gran Vía, 32.
- Para **decir la nacionalidad** se usa ***ser*** + adjetivo/***de*** + lugar de origen:
  - ¿**De** dónde **eres**?
  - **Soy** colombiana, **de** Barranquilla.
- Para **decir la profesión** se utiliza ***ser***:
  Soy taxista.
  Somos estudiantes.
- Para **decir el lugar de trabajo** o **estudios** se usa ***trabajar/estudiar*** + ***en***:
  Estudio en un instituto privado de Mendoza.

6. **Relaciona la información con la persona correcta.**

☐	.... Vive en Valencia.	☑
☑	.... Vive en Caracas.	☐
☐	.... Es médico.	☐
☐	.... Se llama María.	☐
☐	.... Tiene 62 años.	☐
☐	.... Trabaja en una clínica privada.	☐
☐	.... Tiene 25 años.	☐
☐	.... Trabaja en una farmacia.	☐
☐	.... Se llama Mario.	☐
☐	.... Es española.	☐
☐	.... Es farmacéutica.	☐
☐	.... Es venezolano.	☐

7. **Completa estas presentaciones con los verbos adecuados en presente de indicativo.**

.... Javi, ... chileno, ... 16 años y .... estudiante. .... en el centro de Santiago y .... en un colegio público. **1**

2 Estas chicas .... Helen y Patty, ... inglesas y .... 30 años. .... en Londres y .... profesoras. .... en una academia.

3 Este chico .... Jules. .... mi amigo, ... 15 años y .... francés. Jules .... en Madrid porque .... español en una escuela.

.... Flávia y Afonso, ... amigos, los dos .... 15 años y .... brasileños. .... en Fortaleza y .... en la misma escuela. **4**

Cuaderno p. 126, ej. 20-22

Interrogativos

- **¿Cuánto/a/os/as** + nombre + verbo?
  - **¿Cuántos** años tienes?
  - Tengo 33 años.
- **¿Cuál/Cuáles** + verbo + nombre?
  - **¿Cuál** es tu nacionalidad?
  - Soy colombiana.
- **¿Qué** + verbo/nombre?
  - **¿Qué** haces?
  - Soy profesora.
- **¿Dónde** + verbo?
  - **¿Dónde** vives?
  - Vivo en la avenida de España./Vivo en Medellín.
- **¿Cómo** + verbo?
  - **¿Cómo** te llamas?
  - Me llamo María Peña García.
- **¿De dónde** + verbo?
  - **¿De dónde** eres?
  - Soy de Colombia.

! A diferencia de otras lenguas, en español los signos de interrogación y de exclamación se ponen delante y detrás de las frases:
¿Cómo te llamas**?** ¡Buen viaje**!**

8. **Completa estas preguntas sobre los personajes de la actividad 7 y luego habla con tu compañero/a para responder.**

1. ¿.. vive Javi?
2. ¿.. hace?
3. ¿.. estudia?
4. ¿.. tiene Jules?
5. ¿.. es Jules?
6. ¿.. trabajan Helen y Patty?
7. ¿.. es la ciudad donde viven?
8. ¿.. se llaman los amigos brasileños?
9. ¿.. tienen?
10. ¿.. son?

9. DELE **Pregúntale a tu compañero/a el nombre, la edad, la nacionalidad, su dirección, su número de teléfono, su correo electrónico, qué idiomas habla, qué estudia o si trabaja y dónde lo hace.**

aderno p. 127, ej. 23

Género y número de los gentilicios

- Recuerda que los **gentilicios** sirven para hablar del **origen** de cosas y personas. Estas son sus formas:

Masculino singular	Femenino singular	Masculino plural	Femenino plural
consonante (-n/-s/-l)	+ a	+ es	+ as
alemá**n** inglé**s** españo**l**	aleman**a** ingles**a** español**a**	aleman**es** ingles**es** español**es**	aleman**as** ingles**as** español**as**
vocal -o	vocal -a	+ s	+ s
venezolan**o**	venezolan**a**	venezolano**s**	venezolana**s**
vocal -e	no cambia	+ s	+ s
canadiens**e**	canadiens**e**	canadiense**s**	canadiense**s**
vocal -í	no cambia	+ es	+ es
paquistan**í**	paquistan**í**	paquistaní**es**	paquistaní**es**

10. COMPETENCIA DIGITAL **Fíjate en las imágenes, busca en internet dónde están estos lugares y completa la tabla con los gentilicios correspondientes. Compara con tu compañero/a.**

	Santorini	Río Celeste	Palacio de Golestán	Torre de Belém
País				
Masculino singular				
Femenino singular				
Masculino plural				
Femenino plural				

1. 10 **Escucha estas presentaciones y completa la información que falta.**

	1	2	3	4	5
Nombre:		Marina	Malthe	Sara	
Edad:			40 años	30 años	27 años
Profesión:	diseñadora gráfica	conductora		panadera	
Nacionalidad:	peruana				mexicano
Lugar de residencia:		Kiev	Madrid		
Lugar de trabajo:	empresa de publicidad	empresa de transporte de viajeros			compañía multinacional

Preguntar y dar información personal

- **¿Cómo se llama?**
- **¿Cuántos años tiene?**
- **¿De dónde es?**
- **¿Dónde vive/trabaja/estudia?**
- **¿Cuál es la profesión de** + nombre**?**

- **Se llama** + nombre
- **Tiene** + edad
- **Es** + nacionalidad/**Es de** + país/ciudad
- **Vive**/**Trabaja**/**Estudia en** + lugar
- **Es** + profesión

2. **Contesta a las siguientes preguntas.**

1. ¿Cómo se llama la panadera? ....
2. ¿Cuántos años tiene Malthe? ....
3. ¿Cuál es la profesión de Carlos? ....
4. ¿Dónde vive Marina? ....
5. ¿Dónde trabaja Paula? ....

CORPES XXI VOCABULARIO

Hispanoamérica → chofer: En el interior, le dice al **chofer** la dirección de su casa.
España → conductor/a, chófer: Se tarda entre 30 y 40 minutos; indicad al **conductor** que vais a las ruinas...

Presentarse

- **Me llamo** + nombre
- **Tengo** + edad
- **Soy** + profesión
- **Soy** + nacionalidad/**Soy de** + país/ciudad
- **Vivo en** + país/ciudad
- **Trabajo**/**Estudio en** + nombre de la empresa/lugar de trabajo/estudios

3. **Inventa una personalidad y preséntate a tu compañero/a.**

Hola, soy Amelia. Tengo 27 años. Soy argentina, pero vivo en Madrid. Trabajo en una tienda de celulares y soy dependienta.

4. **Levántate y presenta a tu compañero/a, con su nueva identidad, a la clase. Los/Las estudiantes tienen que saludar y responder al saludo.**

5. **Lee estas tarjetas profesionales y contesta a las preguntas de tu compañero/a.**

Preguntar por datos personales

- **¿Cuál es** el móvil/el celular/la dirección/el código postal/el correo electrónico/el sitio web... de...?
- **¿Cuáles son** los apellidos de...?

Abreviaturas y signos

- **C/** → calle
- **Av./Avd./Avda.** → avenida
- **Pl./Pza.** → plaza
- **Tfno./Tel./Teléf.** → teléfono
- **Móv.** → móvil
- **Cel.** → celular
- **@** → arroba
- **www** → uve doble, uve doble, uve doble; doble u, doble u, doble u; tres uves dobles; triple uve doble; triple doble u.
- **.** → punto
- **-** → guion, guion medio
- **_** → guion bajo, barra baja
- **/** → barra

CORPES XXI VOCABULARIO

Hispanoamérica → celular:
Los llamaré por el **celular** mañana.
España → móvil:
No había **móviles** ni teníamos tarjetas de crédito.

ESTUDIANTE: A

1. ¿Cuál es el celular de la actriz?
2. ¿Cuál es la dirección del psicólogo?
3. ¿Cuál es el código postal de la fisioterapeuta?
4. ¿Cuál es la dirección de correo electrónico de Kim?
5. ¿Cuál es la profesión de Kim?
6. ¿Cuál es la dirección web del bufete de abogados?
7. ¿Cuáles son los apellidos de Margarita?

ESTUDIANTE: B

1. ¿Cuál es la página web de la clínica?
2. ¿Cuál es el correo electrónico de Esteban Gil?
3. ¿Cuál es el apellido de la actriz?
4. ¿Cuál es el móvil de la profesora de inglés?
5. ¿Cuál es el código postal de Samuel?
6. ¿Cuál es la profesión de Esteban?
7. ¿Cuál es la dirección de la fisioterapeuta?

Cuaderno | p. 127, ej. 24-25

HOSTAL *Babel* ¡Bienvenido al hostal Babel!

Antes del vídeo

1. **Estas son las protagonistas de *Hostal Babel*. ¿Cuántos años crees que tienen? ¿De dónde crees que son? ¿Cuáles crees que son sus profesiones?**

Creo que tiene... .... años .... años .... años

Creo que es de... ....

Creo que es... ....

Durante el vídeo

2. **Ahora visiona el fragmento 01:40 ▶ 02:42 y completa la información que falta. ¿Coincide con tus respuestas de la actividad 1?**

Nombre	Bea	Carla	Tere
Edad	33		
Profesión	hostelera		
Nacionalidad	española		española

3. **Visiona el fragmento 01:40 ▶ 02:50 y completa la ficha del nuevo huésped del hostal Babel.**

Nombre: ....

Edad: ....

Profesión: ....

Nacionalidad: ....

4. **Mira de nuevo el fragmento anterior hasta el minuto 02:20 y completa los espacios en blanco de la conversación.**

Bea: 1 ...., chicas, 2 ....

Tere y Carla: 3 ....

Bea: Es nuestro nuevo huésped. Es de México.

Hugo: Sí, acabo de llegar a España. Del aeropuerto directamente al hostal Babel.

Tere: Pues 4 ...., Hugo. 5 .... Tere. Soy estudiante y tengo 19 años.

Hugo: ¡6 ...., Tere! ¿Qué estás estudiando?

Tere: Dirección de Empresas.

Hugo: ¡Ah, qué buena onda, muy interesante!

Carla: 7 .... Tengo 24 años y estudio Filosofía. Bueno, ya acabé la carrera. Ahora estoy haciendo una maestría y trabajando.

Hugo: 8 ...., Carla. ¿En qué trabajas?

Después del vídeo

5. **CULTURA** **En situaciones informales, ¿cómo se saludan las personas en tu país? ¿Y en las situaciones formales? ¿Es similar a España?**

APRENDE A APRENDER

Para leer un texto es importante fijarse en el contexto y el tema para anticipar el posible vocabulario.

1. **¿Sabes qué es un colegio internacional? ¿Qué trabajos tienen normalmente los padres de los estudiantes de estos centros?**

2. **Estas tres personas viven en España y sus hijos estudian en un colegio internacional. Lee sus presentaciones y comprueba tus respuestas anteriores.**

1

Me llamo Antonio y vivo en Barcelona por trabajo. Soy director de una multinacional hispano-brasileña... Mi español no es muy bueno, pero mi esposa y mi hijo me ayudan todos los días a mejorar.

2

Me llamo Marta y vivo con mi familia en Madrid porque mi esposo es diplomático. Es de Nueva York, pero siempre trabaja en países de habla hispana. En casa hablamos inglés casi todo el tiempo, aunque mi hija mayor prefiere hablar español.

3

Soy Eduardo y vivo en Sevilla porque mi esposa es jefa de Maternidad en un hospital público. Yo soy abogado de carrera, pero ahora, en España, trabajo en un centro de cooperación internacional para los refugiados. Les enseño español, mi lengua materna.

3. **Estos son los mensajes del foro de intercambios lingüísticos del colegio internacional. Lee y relaciona a cada estudiante con sus padres.**

☐ ¡Hola! Soy **Carlos** y tengo 15 años. Mis padres son de Guatemala, pero vivimos en el sur de España. Mi madre es doctora y mi padre abogado, pero ahora colabora en un centro de inmigrantes.

☐ ¿Qué tal? Me llamo **Cloe** y tengo 14 años. Soy nueva en la ciudad. Hablo inglés y español porque mi madre es de Uruguay y mi padre es estadounidense.

☐ Me llamo **Gabriel** y tengo 15 años. Mi padre es brasileño y mi madre es de aquí. Yo hablo español y portugués, pero mi padre habla ¡portuñol!

4. **Lee de nuevo los textos y elige la opción correcta.**

1. ¿Por qué vive Carlos en España?
- **a.** Porque su padre es un refugiado.
- **b.** Porque sus padres trabajan en España.
- **c.** Porque quiere aprender la lengua de sus padres.

2. ¿Qué hace la madre de Carlos?
- **a.** Es abogada.
- **b.** Es médica.
- **c.** Es profesora de español.

3. ¿De dónde es el padre de Cloe?
- **a.** De Uruguay.
- **b.** De Estados Unidos.
- **c.** De España.

4. ¿Qué lengua habla el padre de Gabriel?
- **a.** Español.
- **b.** Portugués.
- **c.** Una mezcla de español y portugués.

5. ¿De dónde es la madre de Gabriel?
- **a.** Es española.
- **b.** Es portuguesa.
- **c.** Es brasileña.

6. ¿Dónde trabaja el padre de Cloe?
- **a.** En la embajada de Estados Unidos en España.
- **b.** En una empresa multinacional.
- **c.** En un colegio internacional.

5. **DELE** **Escribe un mensaje en el foro: preséntate y explica por qué estudias español.**

EL ESPAÑOL EN NÚMEROS

1. **Lee la información. ¿Te sorprende algún dato?**

Datos

El español es una lengua que hablan **595 millones** de personas en el mundo.

Según el Instituto Cervantes, **496 millones** de personas tienen el español como lengua materna.

El español es la **segunda** lengua materna del mundo por número de hablantes y el segundo idioma de comunicación internacional.

El español es la **tercera** lengua más utilizada en internet.

Casi **24 millones** de personas estudian español como lengua extranjera.

La mayor parte de los hablantes de español vive en el continente americano.

La **pronunciación** y el **uso del español** varían según el país, pero las diferencias, que afectan a la pronunciación y al léxico principalmente, no impiden el entendimiento entre las personas de las distintas comunidades hispanohablantes. Es importante saber, sin embargo, que **no se habla un único español** y que si viajas a Hispanoamérica oirás acentos y palabras a veces muy diferentes.

Fuente: *El español: una lengua viva* en https://cvc.cervantes.es/lengua/espanol_lengua_viva/

2. **Escribe los nombres de las capitales de los países representados en las fotos. Luego compara con tu compañero/a.**

3. COMPETENCIA DIGITAL **Busca en internet las capitales del resto de países hispanos y escríbelas en el mapa que te va a dar tu profesor/a.**

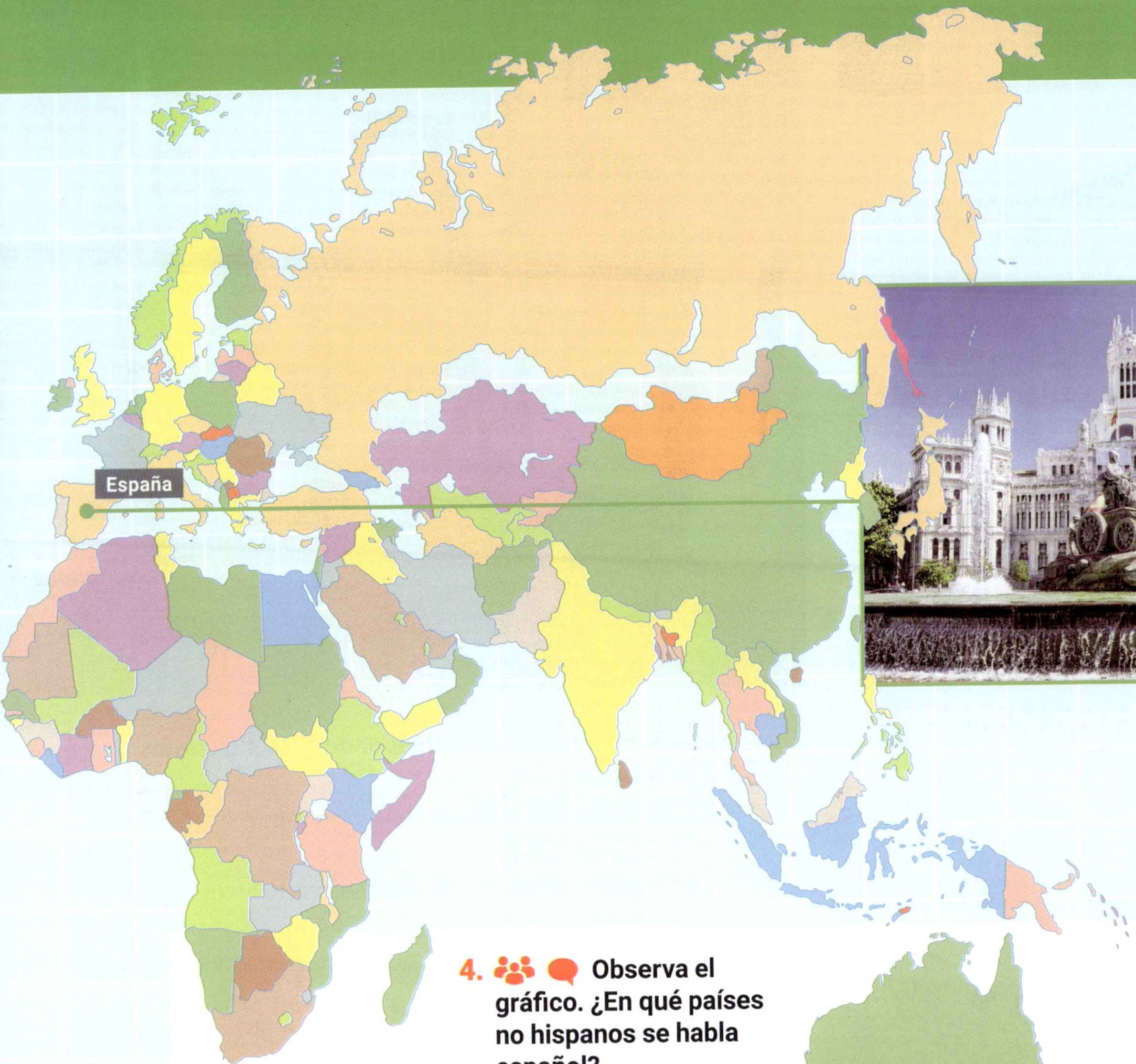

4. Observa el gráfico. ¿En qué países no hispanos se habla español?

Fuente: *El español: una lengua viva* en https://cvc.cervantes.es/lengua/espanol_lengua_viva/

5. **COMPETENCIA DIGITAL** Con tus compañeros/as de clase, dibuja un mapa de Hispanoamérica para colgar en clase. Luego elige un país y busca tres datos interesantes sobre él. Comparte la información y completa el mapa con los datos obtenidos.

Cuaderno
p. 128, ej. 26-28

A DEBATE

3 SALUD Y BIENESTAR · 10 REDUCCIÓN DE LAS DESIGUALDADES · 17 ALIANZAS PARA LOGRAR LOS OBJETIVOS

Ser inmigrante

Objetivo

Conocer cómo es la vida de un/a estudiante extranjero/a de tu instituto o entorno y qué problemas tiene en su día a día.

Tarea

Hacer una entrevista a un/a estudiante extranjero/a de tu instituto o entorno y compartirla en una historia en redes con la etiqueta #adebateA1_1.

1. Con la clase. Responde a las siguientes preguntas.

- En tu ciudad, ¿hay muchas personas extranjeras? ¿De dónde son?
- ¿Hay personas de otros países en tu instituto? ¿De dónde son? ¿Los conoces?
- ¿Qué problemas crees que tienen estas personas cuando llegan?
- ¿Crees que la lengua es un problema?

Investigación

2. Lee lo que dice una estudiante extranjera que vive en Salamanca. Luego responde a las preguntas y compara tus respuestas con tu compañero/a.

1. ¿Cómo se llama?
2. ¿Cuántos años tiene?
3. ¿Cuál es su nacionalidad?
4. ¿Con quién vive?
5. ¿Dónde vive?
6. ¿Cuál es el trabajo de su padre? ¿Y el de su madre?
7. ¿Qué hace por la mañana? ¿Y por la tarde?
8. ¿Tiene muchos amigos? ¿Por qué?
9. ¿Por qué quiere ir a una escuela de español?

Me llamo Mawra Aslam. Tengo 15 años y soy de Pakistán. Vivo con mi madre y mi hermano en Salamanca. Mi padre es periodista y viaja mucho por trabajo. Mi madre es administrativa y trabaja por la tarde en la universidad. Por la mañana se ocupa de mi hermano, que tiene un año, es un bebé. Por la mañana, voy al instituto y por la tarde cuido de mi hermano. Tengo una amiga española que se llama Alicia, pero la verdad es que no tengo muchos amigos porque no hablo bien español. Quiero ir a una escuela para mejorar el idioma y no tener errores. Espero aprender pronto y hacer nuevos amigos.

Manos a la obra

3. **En grupos de cuatro. Contacta con una persona extranjera de tu instituto, de tu entorno o a través de las redes sociales para hacerle una entrevista y conocerlo/a mejor. Puedes preguntarle sobre estos temas. Toma nota de sus respuestas.**

- datos personales (nombre, nacionalidad, edad...)
- su familia
- por qué emigra
- amigos
- ¿Tiene problemas por ser extranjero/a?

4. COMPETENCIA DIGITAL **Con tu grupo. Usa tus notas para escribir en español una historia en redes y compartirla con tus seguidores.**

Para escribir la historia en redes:

- Escribe en español.
- Utiliza el titular: "Entrevista a (nombre de la persona)".
- Si usas dos o más historias, ordénalas con "1/2", "2/2".
- Menciona a tus amigos/as con "@(nombre)".
- Usa la etiqueta #adebateA1_1.

Presentación

5. COMPETENCIA EMOCIONAL **Con la clase. Comparte la historia. ¿Cuál de las personas entrevistadas necesita más ayuda?**

Y TÚ, ¿QUÉ PIENSAS?

6. PENSAMIENTO CRÍTICO **Con la clase. Responde a estas preguntas.**

1. ¿Qué piensas ahora sobre la situación de las personas extranjeras en tu país?
2. ¿Qué puedes hacer tú para ayudar a los estudiantes extranjeros?
3. Imagina que tienes que ir a otro país, ¿qué sentimientos tienes?

7. ICULTURA **¿Quieres saber cómo puedes ayudar a los estudiantes extranjeros? Consulta el material digital extra y descúbrelo.**

2 HOGAR, DULCE HOGAR

1. **Escribe la palabra correcta para cada descripción y, luego, relaciónalas con su imagen correspondiente.**

1. piso
2. casas adosadas
3. chalé
4. bungalós

a. Un .... es una casa independiente y generalmente grande.
b. Los .... son casas pequeñas para el turismo.
c. Un .... es una vivienda en un edificio con más viviendas.
d. Las .... están juntas, son iguales e independientes.

2. ICULTURA **¿Cómo se llaman estas viviendas en tu lengua? ¿Conoces otros tipos de casas? ¿Sabes cómo se llaman en español? Y tú, ¿en qué tipo de casa vives?**

3. COMPETENCIA DIGITAL **En grupos de cuatro. Busca en internet el *ranking* de los países con más personas sin hogar. ¿Qué lugar ocupa España? ¿Cuál es el país con más personas sin hogar?**

4. PENSAMIENTO CRÍTICO **¿Por qué crees que sucede esto? ¿Es necesario ayudar a estas personas?**

5. Completa los nombres de las estancias de esta casa con las palabras del recuadro.

despacho | dormitorio | salón | cocina | baño | comedor

6. Observa de nuevo la casa anterior y completa las frases.

1. El ordenador está encima de la ....
2. El .... está a la derecha del dormitorio.
3. El .... está entre la lavadora y la ducha.
4. Entre la mesilla de noche y la ventana está la ....
5. El .... está al lado de las escaleras.

7. 11 Escucha la conversación y escribe qué imagen representa al mercado, al supermercado y al centro comercial, respectivamente.

1. ....

2. ....

¿Sabías que...?

En España, 8 de cada 10 personas piensan que la energía solar es la mejor alternativa energética para sus hogares.

3. ....

1. **Mira la imagen y el vocabulario. Luego lee el texto y fíjate en las palabras resaltadas.**

VOCABULARIO: Casa, mobiliario y características

Cuaderno p. 129, ej. 1-3

Vivo en un apartamento de alquiler, en un edificio **con ascensor** y **garaje**. Mi apartamento está en el tercer piso. Es una casa **amueblada**, **exterior** y muy **luminosa**. Tiene cocina, un dormitorio, un baño y un salón-comedor. No tiene **pasillo** ni **balcones**, pero sí hay una terraza grande con una mesa y tres sillas. También hay algunas plantas. En el baño hay una bañera con **ducha**. En la cocina hay varios electrodomésticos: lavadora, nevera, **lavavajillas**... Los muebles del salón son todos **nuevos**. La casa tiene **calefacción central** y **aire acondicionado**.

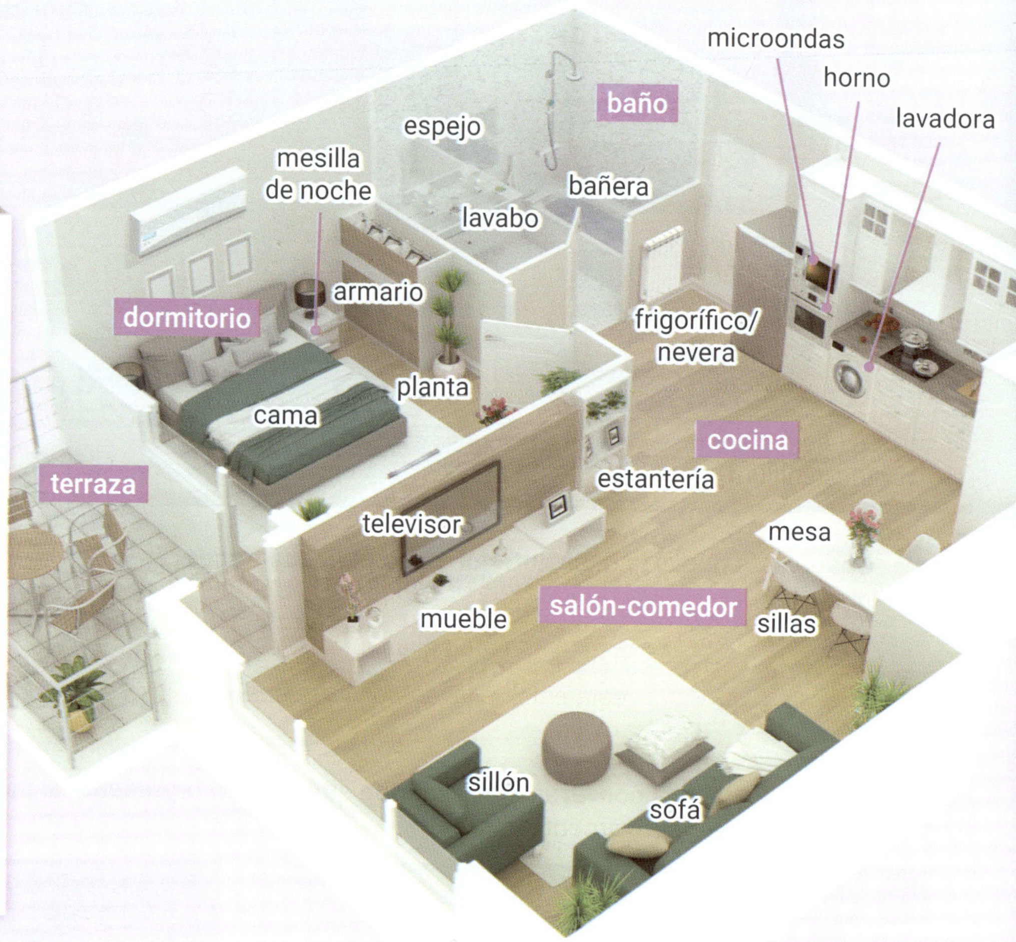

2. **Completa la tabla con las palabras resaltadas del texto anterior. Compara con tu compañero/a.**

Partes de la casa	Características

Eletrodomésticos	Otros

3. **Relaciona cada palabra o expresión con su contraria.**

individual | interior | viejo | oscuro | sin amueblar | sin ascensor

1. exterior/..........
2. nuevo/..........
3. con ascensor/..........
4. calefacción central/..........
5. amueblado/..........
6. luminoso/..........

APRENDE A APRENDER

Si aprendes el antónimo de una palabra es más fácil recordarla.

4. **Lee estos anuncios de alquiler y complétalos con algunas de las palabras de la actividad 2.**

CALLE VIRIATO
965 €/mes
65 m² | 2.º piso
Alquiler

Piso de 65 m², exterior, muy céntrico y luminoso. Salón, dos dormitorios, cocina, baño y un **1** .... que da a la calle. Completamente **2** ....

Características

Edificio
- Cuatro plantas.
- Sin **3** ....

Equipamiento
- Cocina de gas.
- **4** ....
- Lavadora.
- Aire acondicionado.
- **5** .... central.

URBANIZACIÓN MIRAMAR
1800 €/mes
200 m²
Alquiler

Precioso chalé de 200 m². Dos plantas con vistas al mar. Tiene tres dormitorios, un salón amplio, cocina, dos baños con bañera y **6** ...., terraza de 35 m², **7** .... para dos coches y jardín.

Equipamiento
- Muebles: camas, armarios, dos sofás, sillón, mesa y sillas. Todos **8** ...., a estrenar.
- **9** .... y calefacción en todas las habitaciones.
- Cocina equipada con vitrocerámica, frigorífico, lavadora, horno y microondas.

VOCABULARIO: Tipos de vivienda

Cuaderno p. 129, ej. 4

chalé adosado

casa baja

casa con jardín y piscina

edificio de pisos/apartamentos

casa con patio

urbanización

5. 12 **Lee y escucha este diálogo entre Julia, su hermana María y su amigo Carlos. Puedes buscar las palabras que no conoces en el diccionario.**

Carlos: ¡Qué bonita es tu casa, Julia!
Julia: No está mal, pero mi habitación es un poco pequeña.
Carlos: ¡Qué va! Es grande y tienes muchas cosas interesantes.
Julia: Lo mejor de esta casa es la piscina comunitaria.
María: Sí, pero todavía no está abierta porque hace frío.
Carlos: Y, además de la piscina, ¿qué más hay en el jardín?
Julia: Pues hay muchos árboles, columpios, bancos para sentarse y mesas. Nosotros tenemos una mesa muy grande para comer en verano.
Carlos: ¡Qué suerte! Podéis comer al aire libre.
Julia: Sí, pero no la usamos mucho. En el barrio hay un restaurante muy bueno y en verano comemos ahí muchos días. Pero sí hacemos fiestas con amigos en el jardín, ¡eso es genial!
Carlos: ¡Qué guay! ¡Fotos, fotos, por favor!
María: Sí, sí, espera... Tengo muchas fotos del jardín en verano con amigos, pero... no veo mi *tablet*.
Julia: Creo que está en el salón, encima del sofá.
Carlos: Sí, hay una *tablet* azul en el salón, pero está encima de la mesa.
María: La *tablet* azul es de mamá, Julia. Mi *tablet* es roja.
Julia: Seguramente está en el cajón de tu armario, en tu habitación. ¿Sabes, Carlos? Cuando algo desaparece en esta casa, siempre aparece en el cajón de mi hermana, ja, ja, ja...
María: ¡Qué graciosa eres! ¿Nos hacemos un selfi?

6. **En tu opinión, ¿en qué tipo de casa vive Julia? Justifica tu respuesta.**

7. 12 **Vuelve a escuchar. Luego escribe en tu cuaderno las respuestas a estas preguntas.**

1. ¿Por qué no está abierta la piscina? **2.** ¿Qué cosas hay en el jardín? **3.** ¿Dónde está la *tablet* azul?

Cuaderno p. 129, ej. 5-6

FUNCIONES: Expresar ubicación en el espacio

Para decir dónde está **algo o alguien** se usa el verbo ***estar*** y estas expresiones:

encima de | debajo de | al lado de | dentro de | a la izquierda de | entre | a la derecha de | delante de | detrás de

8. **Pregunta a tu compañero/a cómo es su habitación, qué objetos y muebles tiene y dónde están. Dibuja el plano con las cosas más importantes que hay en ella.**

Entre el armario y la cama está la mesilla. Encima de la mesilla hay...

9. COMPETENCIA EMOCIONAL **¿Qué parte de tu casa te gusta más? ¿En cuál te sientes mejor? ¿Por qué?**

Cuaderno p. 130, ej. 7-11

VOCABULARIO: Lugares del barrio y establecimientos

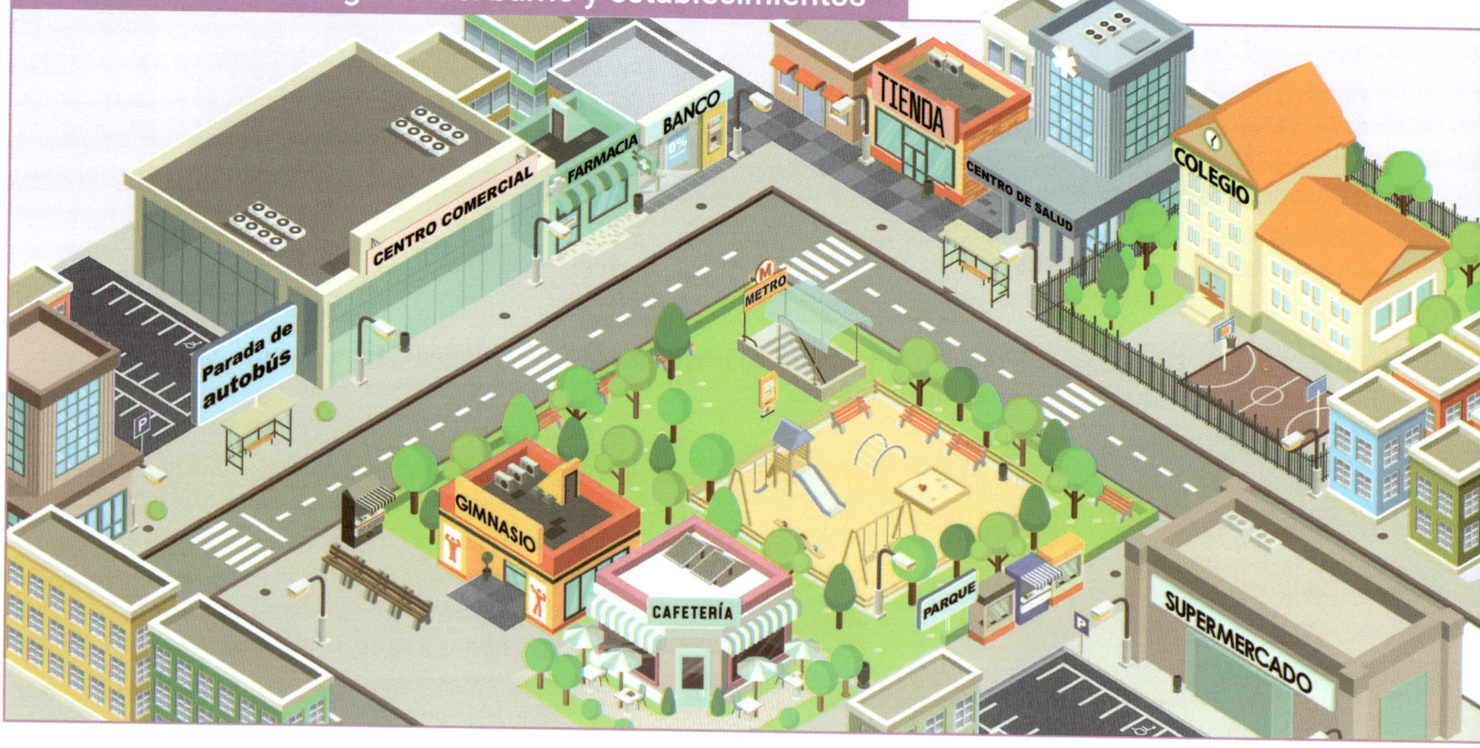

10. **Elige un establecimiento del plano y dile a tu compañero/a dónde está: qué hay al lado, delante, detrás, a la izquierda, a la derecha... Él/Ella tiene que decir qué lugar es.**

11. **Lee el siguiente diálogo, fíjate en las palabras resaltadas y une cada una con el antónimo que le corresponde.**

- Mi barrio es muy **céntrico**, es **antiguo** y un poco **ruidoso**.
- Pues yo vivo en un barrio **moderno**. Es muy **tranquilo** porque es un barrio **residencial**.

12. DELE **¿Qué puedes comprar y dónde puedes hacerlo? Relaciona productos, tiendas e imágenes. ¿Qué dos tiendas no están en las fotografías?**

Qué se vende	Dónde se vende	Imagen
1. carne	**a.** droguería	A
2. pescado	**b.** tienda de ropa	B
3. pan	**c.** joyería	C
4. jamón, mortadela…	**d.** charcutería	D
5. pantalones	**e.** pescadería	E
6. verdura y fruta	**f.** carnicería	F
7. joyas	**g.** panadería	
8. productos de limpieza	**h.** verdulería y frutería	

No están estas tiendas: .... y ....

APRENDE A APRENDER

Como ves, en español, muchos nombres de establecimientos se forman con la terminación *-ería*.

13. **¿Cómo es tu barrio? ¿Qué tipo de establecimientos hay?**

Puerta del Sol, Madrid (España)

14. COMPETENCIA DIGITAL **Con tu grupo, elige uno de estos lugares y búscalo en una web de mapas. Fíjate en los edificios que hay, en los establecimientos y monumentos, y en la ubicación de unos respecto a otros. Luego, con el mapa, presenta los resultados de tu investigación en clase.**

- Puerta del Sol, Madrid (España)
- Calle Florida, Buenos Aires (Argentina)
- Avda. Francisco I. Madero (Ciudad de México)
- Plaza de Cataluña, Barcelona (España)
- Plaza de Armas, Lima (Perú)
- Calle Empedrado, La Habana (Cuba)

Cuaderno pp. 130-131, ej. 12-14

Género y número de nombres y adjetivos

- Género **masculino**
  - Nombres terminados en *-o*: apartament**o**, niñ**o**, lavab**o**...
  - Nombres terminados en *-aje*: gar**aje**, vi**aje**...
- Género **femenino**
  - Nombres terminados en *-a*: cas**a**, niñ**a**, amig**a**...
  - Nombres terminados en *-ción*, *-sión*, *-dad*: esta**ción**, televi**sión**, nacionali**dad**...

Excepciones:
la mano, **la** foto, **la** moto, **la** radio...; **el** día, **el** problema, **el** idioma, **el** tema, **el** sofá...

- Los nombres referidos a **personas y animales** generalmente tienen los dos géneros: niñ**o**/niñ**a**, gat**o**/gat**a**...
- Hay nombres que **usan palabras diferentes** para el masculino y el femenino: **hombre/mujer**, **padre/madre**, **caballo/yegua**...
- Los nombres que se refieren a **cosas** tienen un solo género: **el** libr**o**, **la** cas**a**...
- Los nombres terminados en **consonante** o en **-e** pueden ser masculinos o femeninos: **el** lápi**z**, **la** pare**d**, **el** puent**e**, **el** restaurant**e**, **el** coch**e**, **la** fuent**e**, **la** noch**e**, **la** call**e**...
- Formación del **plural**
  - Cuando el nombre termina en **vocal**, se añade **-s**: piso → piso**s**; gato → gato**s**
  - Cuando el nombre termina en **consonante**, se añade **-es**: móvil → móvil**es**; televisión → television**es**

lápi**z** → lápi**ces**

- Los **adjetivos concuerdan** en género y número **con el nombre** al que acompañan: **un** barri**o** bonit**o**/**una** tienda modern**a**/**unos** apartament**os** céntric**os**/**unas** cas**as** ruidos**as**...
- Los adjetivos terminados en **consonante** o en **-e** no varían en el género: interesant**e**, agradabl**e**, dulc**e**, difíci**l**, fáci**l**, úti**l**...: el libro es interesant**e**/la película es interesant**e**...

1. **Completa la tabla. Recuerda que algunas palabras solo tienen un género.**

	Masculino singular	Femenino singular	Masculino plural	Femenino plural
1.	amigo			amigas
2.		ciudad		
3.		calefacción		
4.			estudiantes	
5.	sofá			
6.	profesor			
7.				actrices
8.	perro			

2. **Escribe un nombre para cada uno de los siguientes adjetivos.**

1. terrazas grandes
2. .... luminosa
3. .... fáciles
4. .... céntrica
5. .... tranquilo
6. .... bonitas
7. .... útiles
8. .... nueva
9. .... modernos

Cuaderno p. 131, 15-18

Artículos indeterminados y determinados

	Indeterminado		Determinado	
	Masculino	**Femenino**	**Masculino**	**Femenino**
Singular	**un** restaurante	**una** cafetería	**el** restaurante	**la** cafetería
Plural	**unos** restaurantes	**unas** cafeterías	**los** restaurantes	**las** cafeterías
	– Sirve para hablar por **primera vez** de un nombre desconocido: Tengo **un** apartamento en Ibiza.		– Sirve para hablar de un nombre **ya conocido**: **El** apartamento tiene dos dormitorios.	

- Delante de un nombre femenino singular que empieza por ***a*** o ***ha*** tónicos, se usa ***el***: el alma, un alma, pero las almas, unas almas.
- En español solo existen dos contracciones: *a* + *el* → ***al*** y *de* + *el* → ***del***, que se usan delante de un nombre masculino singular:
  Voy **al** parque. Venimos **del** colegio.

3. Escribe los artículos adecuados delante de cada nombre.

1. un/el bolígrafo
2. unas/las mesas
3. ..../.......... días
4. ..../.......... calefacción
5. ..../.......... viaje
6. ..../.......... fotos
7. ..../.......... idioma
8. ..../.......... relojes
9. ..../.......... madre
10. ..../.......... problemas
11. ..../.......... cocinas
12. ..../.......... sillón
13. ..../.......... sofás
14. ..../.......... televisión
15. ..../.......... coche
16. ..../.......... fuentes
17. ..../.......... calle
18. ..../.......... nacionalidad
19. ..../.......... mujeres
20. ..../.......... móvil
21. ..../.......... garajes
22. ..../.......... ciudad

APRENDE A APRENDER

Para conocer el género de los nombres puedes fijarte en la información que hay en el diccionario:

Mujer Del lat. *mulier, -ēris.*
1. f. Persona del sexo femenino.

4. Completa el texto con el artículo determinado, indeterminado o las contracciones *al* y *del*.

Vivo en 1 .... apartamento muy bonito. Tiene 2 .... dormitorio, 3 .... salón y 4 .... cocina americana. 5 .... dormitorio es muy luminoso y tiene 6 .... terraza. 7 .... terraza es pequeña, pero muy agradable, con 8 .... mesa de madera y muchas plantas. 9 .... baño está al lado 10 .... dormitorio.

Mi apartamento está en 11 .... barrio céntrico, pero tranquilo. Hay muchos restaurantes y tiendas. Al lado de mi casa hay 12 .... parque y detrás 13 .... parque está 14 .... estación de metro, solo a cinco minutos de casa. Yo no lo uso. Mi oficina está muy cerca y, por eso, siempre voy andando 15 .... trabajo.

- El adjetivo *mucho* concuerda en género y número con el nombre al que acompaña: mucha luz, muchas cosas, muchos restaurantes.
- El contrario de *mucho/a/os/as* es *poco/a/os/as*.
- Delante de un adjetivo no se usa *mucho*, se usa ***muy***: **muy** grande.

Contraste *hay/estar/ser*

Cuaderno pp. 132-133, ej. 19-24

- Hablar la **existencia de algo o de alguien** → **hay** + **(un/una/unos/unas)**/número **cardinal** + nombre:
  En mi clase **hay una** pizarra. En el instituto **hay** alumnos extranjeros.
- Hablar de la **ubicación de algo o de alguien** → **el/la/los/las** + nombre + **está/están**:
  La pizarra **está** detrás de la mesa. **Los** niños **están** en clase de Matemáticas.
- Hablar de la **ubicación de un evento** (cumpleaños, fiesta, conferencia...) → **el/la/los/las** + nombre + **es/son**:
  El cumpleaños **es** en mi casa. **Las** reuniones **son** en la sala blanca.

!

- Fíjate que ***hay*** es una forma **invariable** y que va siempre **delante** del nombre. Este nombre puede ir **solo**, con **artículo indeterminado** o con otros determinantes como, por ejemplo, ***mucho/a/os/as*** o los **numerales**, entre otros:
  En el parque **hay muchos** árboles. En tu piso **hay dos** baños.
- Las siguientes combinaciones no son posibles en ningún caso:
  ~~**Un**~~ **El** garaje **está** al lado de la peluquería. En mi barrio **hay** ~~**la**~~ **una** farmacia.

5. Crea frases en tu cuaderno con los elementos de las tres columnas.

1. En mi casa		al lado del gimnasio.
2. La televisión		muchos libros.
3. Los Juegos Olímpicos		en Suecia.
4. En mi ciudad	hay	mucho tráfico.
5. La parada de autobús	está	al final de la calle.
6. La farmacia	están	debajo de la cama.
7. En casa de mi prima	es	en el centro cultural.
8. Tus zapatillas	son	tres baños.
9. En el frigorífico		poca fruta.
10. La clase de Arte		en el salón.

6. Elige la opción correcta.

1. No **hay/está** leche en la nevera.
2. La fiesta **es/está** en mi casa.
3. El instituto **hay/está** muy cerca.
4. ¿**Hay/están** tiendas en esta calle?
5. ¿Dónde **hay/están** mis libros?
6. Los exámenes **son/están** mañana.
7. El partido de fútbol **es/está** mañana.
8. **Hay/Está** un parque detrás del museo.
9. La conferencia **es/está** en el teatro, que **es/está** lejos del instituto.
10. **Hay/Está** un restaurante en el pueblo. **Es/Está** muy cerca de mi casa.

7. Completa el texto con *hay* o *está/están*.

Mi habitación **1** .... entre el salón y el baño. No es muy grande, pero **2** .... muchas cosas. Debajo de la ventana **3** .... la cama y, al lado, **4** .... un armario. A la izquierda de la cama **5** .... la mesilla de noche. También **6** .... un escritorio y una silla.

En el escritorio **7** .... el ordenador, también **8** .... muchos cuadernos, carpetas y lápices. A la derecha del escritorio **9** .... una estantería. En la estantería **10** .... los libros y también **11** .... muchos cómics. En las paredes **12** .... pósteres de mis cantantes favoritos. Las fotos de mis amigos **13** .... en el tablón de anuncios. Todas las cosas que me importan **14** .... en mi habitación. Es mi lugar favorito de la casa.

8. **Fíjate en la imagen y responde a las preguntas en tu cuaderno.**

1. ¿Qué hay delante del sofá?
2. ¿Dónde está el perro?
3. ¿Qué hay debajo de la mesita?
4. ¿Cuántos cuadros hay?
5. ¿Dónde está la calefacción?
6. ¿Qué hay al lado del cuadro?
7. ¿Cuántas plantas hay?
8. ¿Dónde está el reloj?
9. ¿Qué hay entre la puerta y la calefacción?
10. ¿Qué hay a la derecha del sofá?

aderno pp. 33-134, 25-29

Preposiciones *a* y *en*

La preposición ***a*** sirve para:

- Expresar la **dirección** y el **destino**:
  Este verano voy **a** Cuba.

  Recuerda: a + el → **al**:
  Pueden ir **al** centro andando.

- Expresar la **distancia** o el **tiempo**:
  El centro está **a 3 kilómetros** del hotel, pero hay una estación de metro **a 5 minutos** de aquí.

La preposición ***en*** sirve para:

- **Localizar** personas, lugares u objetos:
  El hotel está **en** el centro de la ciudad.
- Hablar del **medio de transporte**:
  ¿Por qué no vas a Sevilla **en** tren?

Excepciones:
ir **a** pie - ir **andando** - ir **a** caballo

9. **Lee estas frases y corrige las que son incorrectas.**

1. Mañana voy del campo.
2. Marta no vive en el centro de la ciudad.
3. Estoy a la escuela, ¿dónde estás tú?
4. Voy por tren a Lima.
5. Vamos en pie, está muy cerca.
6. Vamos en el hotel, es tarde.

10. **Elige la opción correcta.**

Yo vivo 1 **a/en** un pueblo de Madrid que está un poco lejos de mi instituto. Por eso, voy 2 **a/en** metro. El metro está cerca de mi casa. Mis amigos viven 3 **al/en el** centro y todos los días vienen 4 **al/en el** instituto 5 **a/en** pie. Normalmente tomo algo 6 **a/en** la cafetería y después de comer vuelvo 7 **a/en** clase hasta las cuatro. En cambio mis amigos comen 8 **a/en** casa. Ellos dicen que prefieren vivir 9 **al/en** el centro porque es más divertido, pero yo creo que la vida 10 **a/en** los pueblos es mucho más tranquila. Cuando necesito comprar algo, voy con mis padres 11 **a/en** coche 12 **al/en el** centro comercial.

1 ☐

2 ☐

3 ☐

1. 👥 🔊 13 **Escucha a estas personas y anota las características de la casa que necesitan. Después compara tus notas con las de tu compañero/a.**

4 ☐

5 ☐

6 ☐

2. **Ahora lee estos anuncios de venta y alquiler de casas. Puedes usar el diccionario si no entiendes alguna palabra.**

a Alquiler de habitaciones para estudiantes

Zona centro.
Sin amueblar.
Exteriores.
400 €/mes.
Contacto: 675 29 68 44 (preguntar por Rosa).

b encuentrapiso.com

Alquiler de pisos amueblados de 2 y 3 dormitorios en zona centro. Interiores.
Ascensor y calefacción central.
Bien comunicados.
Entre 1200 y 1800 €/mes.
Contacto: juan@encuentrapiso.com

c Venta de estudios y pisos de 2 dormitorios en zona centro

Céntricos, interiores y exteriores, con ascensor, garaje y trastero.
Amueblados, con cocina equipada y calefacción central.
Tiendas y supermercados.
Cafeterías y restaurantes.
Colegios y zonas verdes.
Más información en www.vendealquila.com

d ¡Nueva promoción!

Alquiler y venta de estudios en el barrio de Buenos Aires (a 5 minutos del centro en metro).
Interiores/exteriores.
Plaza de garaje (opcional).
Zona con supermercados, bares y tiendas de barrio.
Ver más en info@alquinova.es

e Inmobiliaria Los Peñotes

Venta y alquiler de chalés en urbanización La Casona (a 50 km del centro de la capital).
1 planta + garaje (2 plazas).
3 dormitorios. 2 baños.
Jardín de 155 m^2. Zonas comerciales.
Colegios.
Alquiler desde 1500 €.
Ver precios de venta en www.inmopeñotes.es

f Inmobiliaria Villar

Venta de chalé adosado de 185 m^2 en la urbanización Los Pinares (a 30 km del centro).
2 plantas + garaje (1 plaza).
3 dormitorios. 2 baños.
Jardín de 100 m^2. Urbanización privada.
Colegios. Zonas comerciales.
450 000 €.
Contacto: 658 45 78 92

g Alquilo piso sin amueblar en zona centro

110 m^2.
3 dormitorios.
Primera planta.
Exterior.
Calefacción individual.
Ascensor.
Zona de restaurantes y tiendas.
Contacto:
Juan: 698 587 110

Hay **zonas comerciales**. Está **sin amueblar**. Está **bien comunicado**.

CORPES XXI VOCABULARIO

- Hispanoamérica
  renta/rentar: –Perdone –dijo ella–, ¿es este el departamento que **rentan**?
  elevador: Ahí tomé el **elevador** hasta el piso n.º 5.
  cochera: La casa que habitaron en la colonia Condesa no tenía **cochera**.
- España
  alquiler/alquilar: La Comunidad ofrecerá este año 7600 pisos en **alquiler** para jóvenes.
  ascensor: Bajamos en **ascensor** a la planta baja.
  garaje: Todas las viviendas incluyen plaza de **garaje**.

3. ¿Qué vivienda de las anteriores es más adecuada para las personas de la actividad 1? ¿Por qué?

4. 14 Escucha el precio de estos alquileres y anótalo. Después escríbelo en letras.

1. ………… € → ……………………………………
2. ………… € → ……………………………………
3. ………… € → ……………………………………
4. ………… € → ……………………………………
5. ………… € → ……………………………………
6. ………… € → ……………………………………
7. ………… € → ……………………………………
8. ………… € → ……………………………………
9. ………… € → ……………………………………

Números desde 100

- **100 cien**
- **101 ciento** un(o)/una
- **102** ciento dos
- **115** ciento quince
- **168** ciento sesenta y ocho
- **200 dos**cien**tos/as**
- **300 tres**cien**tos/as**
- **400 cuatro**cien**tos/as**
- **500 quinientos/as**
- **600 seis**cien**tos/as**
- **700 setecientos/as**
- **793** setecientos/as noventa y tres
- **800 ocho**cien**tos/as**
- **900 novecientos/as**
- **1000 mil**
- **1001** mil un(o)/una
- **1439** mil cuatrocientos/as treinta y nueve

Números ordinales

- 1.º → **primero** (primer)
- 2.º → **segundo**
- 3.º → **tercero** (tercer)
- 4.º → **cuarto**
- 5.º → **quinto**
- 6.º → **sexto**
- 7.º → **séptimo**
- 8.º → **octavo**
- 9.º → **noveno**
- 10.º → **décimo**

piso **primero** → **primer** piso
piso **tercero** → **tercer** piso

Concuerdan en género y número con el nombre al que acompañan o al que se refieren:
Vivo en la **décima** planta de este edificio.
Somos los **terceros** de la clase.

h **Iberinmo alquila pisos en el centro desde 900 €**

Zona bien comunicada.
2 o 3 dormitorios.
Exteriores o interiores.
Calefacción central.
Ascensor.
Sin amueblar.
Barrio con colegios, parques, tiendas y supermercados.
Contacto:
info@iberinmo.es

i **Alquilo habitación en zona universitaria**

Bien comunicada.
Habitación interior con cama, escritorio y armario.
450 €/mes.
(Preguntar por Ana).
Tel.: 698 74 25 36

5. **Haz esta encuesta a tu compañero/a para saber cómo son su casa y su barrio.**

1. ¿Qué tipo de casa es?
☐ estudio ☐ apartamento ☐ chalé
☐ piso ☐ casa ☐ otros

2. ¿Cuántos metros cuadrados tiene?
☐ menos de 80 m^2
☐ entre 80 m^2 y 120 m^2
☐ más de 120 m^2

3. ¿Cuántas habitaciones tiene?

4. ¿Qué equipamiento tiene la casa? ¿Está amueblada? ¿Tiene garaje, calefacción...?

5. ¿En qué planta está?

6. ¿En qué barrio está?

7. ¿Qué tipo de barrio es?
☐ residencial ☐ moderno ☐ antiguo
☐ céntrico ☐ tranquilo ☐ alegre

6. **Con la información obtenida de tu compañero/a, escribe un breve anuncio de venta o alquiler de su casa. Incluye los datos del recuadro y ponle un precio.**

tipo de vivienda | metros cuadrados | localización | número de habitaciones equipamiento | características del barrio

7. ICULTURA **¿Qué tipo de vivienda es más habitual en tu país? ¿Cuántos dormitorios y baños tiene normalmente?**

Cuaderno | p. 134, ej. 30-31

HOSTAL Babel

Este barrio

Antes del vídeo

1. **Mira la cocina del hostal Babel. Marca las cosas que ves en ella. Trabaja con tu compañero/a.**

- ☐ lámpara
- ☐ nevera
- ☐ sillas
- ☐ plantas
- ☐ armario
- ☐ horno
- ☐ mesa
- ☐ lavadora
- ☐ lavavajillas
- ☐ aire acondicionado
- ☐ microondas

2. **¿Cómo es la cocina del hostal Babel? ¿Qué tiene? Puedes usar algunas de estas palabras para describirla.**

grande · totalmente equipada · vieja · sin amueblar · luminosa · pequeña · moderna

Durante el vídeo

3. **Marca los establecimientos típicos de un barrio que se mencionan en el fragmento 00:30 ▸ 03:23.**

- ☐ aparcamiento
- ☐ centro comercial
- ☐ entrada de metro
- ☐ estudio de yoga
- ☐ colegio
- ☐ discoteca
- ☐ farmacia
- ☐ gimnasio
- ☐ centro de salud
- ☐ hostal
- ☐ biblioteca
- ☐ cafetería
- ☐ parada de autobús (colectivo)
- ☐ tienda de alimentos ecológicos (naturistas)
- ☐ restaurante
- ☐ supermercado
- ☐ parque infantil
- ☐ hotel

4. **En el vídeo se mencionan tres establecimientos que no hay en el barrio donde está el hostal Babel. ¿Cuáles son? Habla con tu compañero/a y luego visiona el fragmento 01:09 ▸ 03:10 para comprobar tu respuesta.**

5. **Carla, Tere y Leo le explican a Hugo dónde están sus dormitorios. Visiona el fragmento 04:20 ▸ 04:40 y relaciona la información.**

1. El cuarto de Carla está...
2. El cuarto de Leo está...
3. El cuarto de Tere está...
4. El cuarto de Bea está...

a. enfrente del cuarto de Tere.
b. a la izquierda del pasillo.
c. a la derecha del pasillo.
d. al lado del baño chico.

- Las palabras ***habitación***, ***dormitorio*** y ***cuarto*** son sinónimas.
- El adjetivo ***chico/a*** es sinónimo de ***pequeño/a***. Se usa en Hispanoamérica y en Andalucía.

Después del vídeo

6. **Dibuja el plano de tu casa y explícales a tus compañeros/as qué habitaciones tiene. Después di dónde está tu habitación.**

Esta es mi casa. Este es el salón, esta es la cocina... Aquí está mi habitación, está a la izquierda del baño.

7. **¿Qué lugares de tu barrio visitas con más frecuencia?**

1. **Observa estas imágenes. ¿Qué tipo de barrio crees que representan las fotografías? Habla de los edificios, establecimientos, elementos urbanísticos, etc., que hay normalmente en esos barrios.**

1 ☐

2 ☐

3 ☐

2. **Lee estas entradas de un foro en el que algunas personas hablan de su barrio y relaciónalas con su imagen correspondiente de la actividad 1.**

foro

a **Juan** Yo vivo en el barrio de Bellavista, en Santiago de Chile. Es uno de los lugares con más encanto de Santiago. Está al lado del Cerro San Cristobal y el río Mapocho. Es un barrio céntrico, pero hay poco tráfico y es muy tranquilo. Hay muchos restaurantes y calles coloridas con arte urbano. También está la casa del escritor Pablo Neruda.

b **Ana** Yo vivo en una urbanización nueva que se llama Montesol, en Almería. En la urbanización hay pocas tiendas. Solo hay un supermercado, un banco y, a la izquierda de mi casa, una farmacia. Hay dos paradas de autobús, que están en la entrada de la urbanización. ¡Ah! Y hay un parque para pasear al perro. Yo creo que el único problema es que todavía no hay colegios ni guarderías cerca de la urbanización.

c **Luisa** Yo vivo en el barrio El Carmen, en el centro antiguo de Valencia. En mi barrio hay muchas cafeterías, un mercado y muchas tiendas de ropa. Delante de mi casa está el supermercado y detrás, el gimnasio donde voy habitualmente. Además, hay una estación de metro. ¡Es el lugar perfecto para vivir!

! En una enumeración de elementos negativos, se usa la partícula ***ni***:
No tengo tiempo **ni** de ir al cine **ni** de ir al gimnasio. **Ni** Luis **ni** Eva viven en un barrio histórico.

3. **Responde en tu cuaderno a las siguientes preguntas.**

1. ¿Quién vive en la urbanización Montesol?
2. ¿Dónde está el barrio de Bellavista?
3. ¿Qué hay en el barrio El Carmen de Valencia?
4. ¿Dónde están las paradas de autobús en Montesol?
5. ¿Cómo es Bellavista en cuanto al tráfico?
6. ¿En qué barrios hay un supermercado?
7. ¿Qué problema ve Ana en su barrio?
8. ¿Quién dice que está feliz de vivir en su barrio?
9. ¿Hay parque en todos los barrios?
10. ¿Por qué dice Juan que su barrio es tranquilo?

4. **Hazle estas preguntas a tu compañero/a. Toma notas.**

En tu barrio...

- ¿Hay restaurantes? ¿Muchos o pocos?
- ¿Qué tiendas hay?
- ¿Hay colegios? ¿Dónde están?
- ¿Hay parques?
- ¿Hay centros de salud?
- ¿Qué transportes hay?

5. **DELE** **Con la información obtenida, escribe en tu cuaderno una entrada para el foro anterior con las características del barrio de tu compañero/a. Añade alguna imagen de internet.**

Las Ramblas

1. **Esta es una de las calles más populares de Barcelona. Lee la información.**

Las Ramblas es una de las calles más emblemáticas de Barcelona. Está entre la Plaza de Cataluña y el monumento a Colón. Cada año la visitan unos 78 millones de personas. En las Ramblas siempre hay mucha gente. También hay muchos quioscos de prensa y flores, actores callejeros, cafeterías, restaurantes y tiendas.

Farmacia Nadal

La farmacia Nadal está situada en el número 121 de las Ramblas. Es un lugar que, al igual que la Casa de los Paraguas, representa el estilo modernista catalán. Fue construida en torno a 1920. Conserva gran parte de la decoración original. Destaca el arco de medio punto del primer piso y las paredes serigrafiadas.

Mercado de la Boquería

El mercado de Sant Josep, conocido popularmente como la *Boquería*, tiene una superficie de 2583 m² con más de 300 puestos que ofrecen una gran variedad de productos locales y exóticos. Es de 1840.

Teatro del Liceo

El Gran Teatro del Liceo de Barcelona, conocido como el *Liceu*, es el teatro en activo más antiguo y prestigioso de Barcelona y uno de los más importantes del mundo. Se usa sobre todo como teatro de ópera.

Fuente de Canaletas

Se trata de una fuente-farola que se instaló en 1892. Es uno de los lugares más emblemáticos de la ciudad para los aficionados del Fútbol Club Barcelona, ya que allí celebran sus victorias.

Casa de los Paraguas

La Casa Bruno Cuadros de Barcelona, conocida como *la Casa de los Paraguas*, es un buen ejemplo del modernismo catalán. En el edificio se mezclan elementos decorativos chinos, japoneses y egipcios. Lo más llamativo es el gran dragón chino de la fachada.

Monumento a Colón

Al final del paseo de Las Ramblas de Barcelona encontramos el grandioso monumento a Cristóbal Colón. Construido en 1888, mide 60 metros. Es el monumento dedicado a Colón más grande del mundo y es famoso porque su dedo no señala hacia América, sino hacia hacia el mar.

2. COMPETENCIA DIGITAL **Busca en internet el mapa de una calle importante de Hispanoamérica y haz una descripción como la de las Ramblas con fotos e información sobre sus habitantes, historia y curiosidades.**

Cuaderno
p. 135, ej. 32-34

A DEBATE

11 CIUDADES Y COMUNIDADES SOSTENIBLES | 12 PRODUCCIÓN Y CONSUMO RESPONSABLES

Comercio local

Objetivo

Conocer la importancia de comprar en tiendas locales.

Tarea

Escribir cinco razones por las que comprar en los establecimientos del barrio para hacer un cartel y ponerlo en la clase.

1. Con la clase. Responde a las siguientes preguntas.

- ¿Hay muchas tiendas en tu barrio? ¿Qué tipo de tiendas son?
- ¿Compras en tiendas locales? ¿Qué compras en estas tiendas?
- ¿Dónde compra tu familia la comida, en tiendas locales o en supermercados? ¿Por qué?

2. Con la clase. Lee esta frase y di si estás de acuerdo con ella y por qué.

"El comercio local es sinónimo de calidad, buen servicio y sostenibilidad. Además, se cuida el medioambiente, pues se reducen los trayectos que deben realizar los productos hasta llegar a las manos de los clientes".

Investigación

3. COMPETENCIA DIGITAL En grupos de cuatro. Cada persona del grupo elige uno de estos temas e investiga en internet para obtener información.

PRECIOS

- ¿Cuánto cuesta una barra de pan en una panadería de tu barrio? ¿Y en un supermercado?
- Para hacer tortilla de patatas se necesita ½ kilo de patatas, una cebolla, ½ litro de aceite de oliva y seis huevos. Investiga cuál es el precio total en un supermercado y en una tienda local.

SOSTENIBILIDAD

- ¿Dónde se usa más plástico, en los comercios locales o en los supermercados? Busca algunas fotografías para mostrarlo.
- Busca este dato: ¿cuánto contamina el plástico en la industria alimentaria?
- ¿Qué alternativas hay a las bolsas de plástico?

ECONOMÍA

- ¿En qué sentido perjudican los grandes supermercados a la economía local?
- ¿Qué beneficios tiene para la economía local comprar productos en tiendas de tu barrio?
- ¿Qué es la competencia desleal?

INTERNET VS. BARRIO

- ¿Qué beneficios tiene comprar por internet?
- ¿Por qué no es sostenible?
- Piensa en un producto. Busca información sobre cuánto contamina comprar ese producto por internet y cuánto contamina si lo compras en tu barrio.

Enlaces:
https://url.edinumen.es/c/esp-a-tope-nivel-A1

Manos a la obra

4. **Con tu grupo. Comparte la información que tienes y toma notas.**

5. **Con tu grupo. Escribe cinco beneficios que tiene comprar en comercios locales. Confecciona un cartel para colgar en clase con los beneficios, con fotos de las tiendas del barrio y el siguiente título:**

¿Por qué debemos comprar en tiendas de nuestro barrio?

Presentación

6. **Con la clase. Presenta tu cartel. ¿Hay algún beneficio del resto de grupos que tu cartel no tiene? ¿Te parece interesante?**

Y TÚ, ¿QUÉ PIENSAS?

7. PENSAMIENTO CRÍTICO **Con la clase. Responde a estas preguntas.**

1. Describe una tienda de tu barrio que te gusta especialmente.
2. ¿Vas a comprar más en las tiendas de tu barrio a partir de ahora? Explica por qué.
3. ¿Vas a hablar con tu familia sobre este tema? ¿Te parece importante?

8. **¿Quieres saber más sobre la importancia de comprar en el comercio local? Consulta el material digital extra y descúbrelo.**

3 MI TIEMPO LIBRE

1. **Haz el siguiente test de compatibilidad a tu compañero/a y descubre qué tenéis en común.**

¿TE GUSTA/N...

ME GUSTA/N

NO ME GUSTA/N

... los perros?

☐ ☐

... jugar al fútbol?

☐ ☐

... los burritos?

☐ ☐

... las matemáticas?

☐ ☐

... jugar a los videojuegos?

☐ ☐

... el surf?

☐ ☐

... montar en bicicleta?

☐ ☐

... los libros?

☐ ☐

... ir de compras?

☐ ☐

... el rap?

☐ ☐

... visitar a la familia?

☐ ☐

... las películas de terror?

☐ ☐

... viajar a otros países?

☐ ☐

2. Busca estas partes del cuerpo en la sopa de letras y escríbelas en su forma correcta.

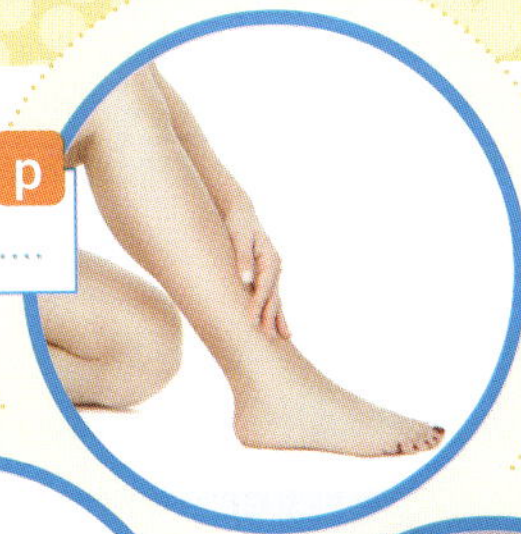

n e i r a p

1. ....

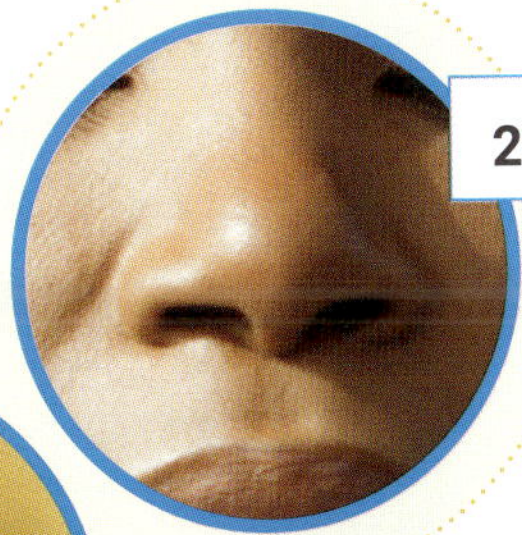

z n i r a

2. ....

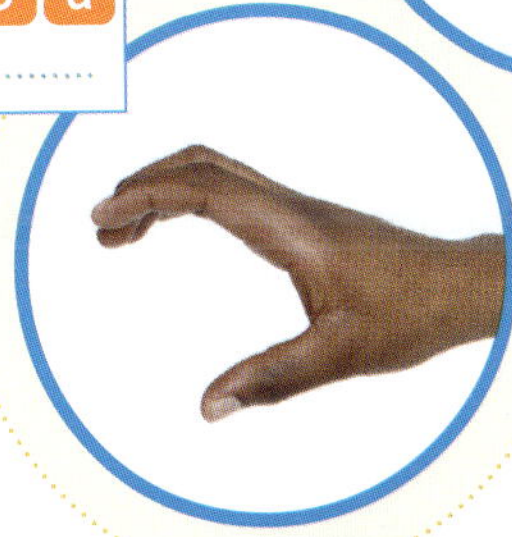

n m o a

3. ....

M	A	N	O	F	E	D	W
E	S	P	A	L	D	A	E
Y	C	A	R	A	D	Y	F
C	A	B	E	Z	A	N	I
L	U	F	B	B	O	C	A
V	G	B	R	A	Z	O	G
O	Z	X	N	A	R	I	Z
P	I	E	R	N	A	Y	Y

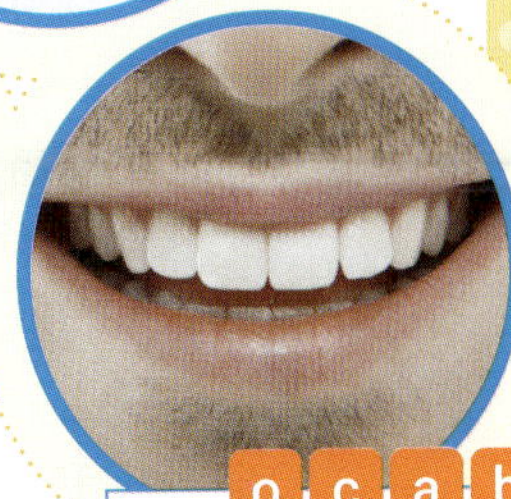

o c a b

4. ....

o b a z r

5. ....

a a r c

6. ....

e z c b a a

7. ....

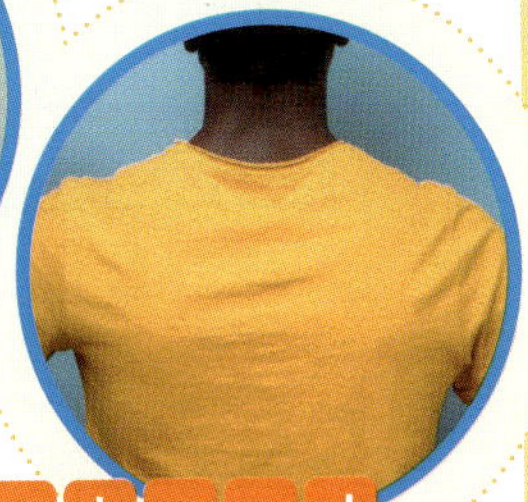

a p s l e a d

8. ....

3. Completa las frases con las palabras del recuadro. ¿Qué partes del cuerpo se usan principalmente para practicar estos deportes?

voleibol | natación | waterpolo
baloncesto | tenis | atletismo

1. En el .... hay diez jugadores/as.

2. El .... se juega en la piscina.

3. Puedes jugar al .... en la playa.

4. El crol y la mariposa son estilos de la ....

5. El .... es el deporte más antiguo de la historia.

6. El .... se juega con raquetas.

4. **COMPETENCIA EMOCIONAL** Lee la información del cuadro de *¿Sabías que...?* y responde a las preguntas. Habla con tu compañero/a.

- ¿Te da miedo la soledad?
- ¿Te sueles sentir solo/a?
- ¿Es necesario aprender a estar solo/a?

¿Sabías que...?

Los jóvenes dedican un tercio de su tiempo libre a usar dispositivos electrónicos. Sin embargo, según los estudios, el 80 % de los y las jóvenes de entre 18 a 25 años afirman que se sienten solos.

Fuente: https://www.antena3.com/noticias

FUNCIONES: Hablar del tiempo libre

Cuaderno pp. 138-139, ej. 1-11

- **Ver** + espectáculo *(una película, una obra de teatro, una exposición...)*:
  Algunos domingos por la tarde **veo una película** en mi ordenador.
- **Ir a** + lugar *(al cine, al teatro, a un museo, al gimnasio, a cenar fuera...)*:
  Este sábado **voy al Museo** del Prado para ver el famoso cuadro de *Las meninas*.
- **Jugar a** + deporte o juego *(al fútbol, al baloncesto, a los videojuegos...)*:
  Los viernes mis amigas y yo **jugamos al baloncesto** en el patio del instituto.
- **Hacer** + actividad *(deporte, senderismo, fotos...)*:
  Me gusta mucho **hacer fotos** cuando voy al monte.

• Otras expresiones: *montar en bicicleta, patinar, bailar, escuchar música, leer un libro...*:
  Mis amigas y yo **montamos en bicicleta** todos los domingos.

CORPES XXI VOCABULARIO

Hispanoamérica → andar: Caminar, **andar** en bicicleta, patinar, bailar o jugar a la pelota o con la raqueta son buenas maneras de quemar calorías y mantenerse en forma.
España → montar: Complementen este ejercicio con deportes como correr, nadar o **montar** en bicicleta.

1. 15 DELE **Escucha y relaciona cada diálogo con su imagen correspondiente.**

A 
B 
C 
D 
E 
F 
G 
H 
I 

2. **Cuéntale a tu compañero/a cuáles de las actividades anteriores realizas, con qué frecuencia y con quién.**

3. **Relaciona cada actividad con el lugar donde se realiza normalmente.**

1. Comer/Cenar fuera.	**a.** gimnasio/polideportivo
2. Leer un cómic.	**b.** casa
3. Ver una película.	**c.** parque/calle
4. Hacer deporte.	**d.** restaurante/pizzería
5. Ver una exposición.	**e.** montaña
6. Hacer senderismo.	**f.** cine
7. Correr.	**g.** piscina/playa
8. Nadar.	**h.** museo/galería

Hacer senderismo.

4. 16 DELE **Lee y escucha este diálogo entre Miguel y Laura. Luego elige la opción correcta.**

Laura: Hola, Miguel, ¡bienvenido al barrio! ¿Qué tal estás?

Miguel: Hola, Laura. Pues ahora mismo un poco perdido por este parque... El barrio es muy grande... Estoy buscando el polideportivo. ¿Lo conoces?

Laura: Sí, sí, es estupendo, está muy cerca de aquí. Yo voy mucho, tiene pistas de atletismo, gimnasio, piscina...

Miguel: Pues eso es lo que me interesa, la piscina.

Laura: Si quieres, te acompaño. Yo también tengo que ir, necesito hablar con Andrés.

Miguel: ¿Andrés? ¿Es un amigo del barrio?

Laura: No, es el responsable de actividades del polideportivo.

Miguel: ¿Sí? ¡Estupendo! Yo también voy a hablar con él, me interesa mucho el curso de buceo. ¿Te gusta bucear? ¿Te interesa el curso?

Laura: Prefiero otras actividades. No me gusta practicar deportes en el agua... Andrés organiza excursiones y esas sí que me interesan bastante.

Miguel: A mí el buceo me encanta, pero me duele la espalda y no sé si es un deporte adecuado; por eso quiero hablar con él. ¿De verdad que no te gustan los deportes de agua? ¿No te gusta nadar?

Laura: Sí, me gusta, pero...

Miguel: A mí también, me encanta...

Laura: ... pero prefiero otro tipo de actividades y a mí me encanta caminar... ¿Hoy vas a nadar?

Miguel: Pues la verdad, hoy no, es que estoy un poco cansado... Voy contigo, hablo con Andrés del curso de buceo y vuelvo a casa. Tengo un par de cómics nuevos que quiero leer y un videojuego de fútbol superchulo...

Laura: ¡Me encantan los cómics y los videojuegos! Una tarde quedamos.

Miguel: ¡Genial!

1. Miguel es...
- **a.** un vecino de Laura.
- **b.** el responsable del polideportivo.
- **c.** nuevo en el barrio.

2. Laura quiere...
- **a.** ir a la piscina.
- **b.** hacer gimnasia.
- **c.** hacer una excursión.

3. Miguel está perdido...
- **a.** porque es nuevo en el barrio.
- **b.** porque está enfermo.
- **c.** porque no tiene un plano.

4. Andrés es...
- **a.** un amigo de Laura.
- **b.** un amigo de Miguel.
- **c.** el responsable de deportes.

5. Laura va al polideportivo para...
- **a.** hablar con el responsable de deportes.
- **b.** tomar un café.
- **c.** nadar.

6. Miguel y Laura...
- **a.** tienen gustos similares.
- **b.** tienen gustos diferentes.
- **c.** quieren hacer deporte acuático.

7. El centro deportivo ofrece...
- **a.** cursos de atletismo y buceo.
- **b.** cursos de buceo y excursiones.
- **c.** cursos de natación.

8. Después de hablar con Andrés, Miguel quiere...
- **a.** jugar al fútbol.
- **b.** descansar.
- **c.** leer unos cómics.

5. **Fíjate en la imagen de la derecha. Lee las pistas. ¿Sabes qué es y dónde está? ¿A quién representa?**

1. Mide 70 metros.
2. Se puede jugar con la figura.
3. Representa a un personaje muy famoso de una novela.

6. **Lee la oferta de ocio de Valencia y comprueba tu respuesta anterior. Luego clasifica las actividades de ocio que se mencionan en la tabla. Compara tu clasificación con la de tu compañero/a.**

Valencia

tomar = comer y/o beber

Ciudad de las Artes y las Ciencias

Aquí puedes visitar el mayor acuario de la Unión Europea, un museo interactivo y un planetario, con una sala IMAX donde puedes ver películas en 3D, entre otras actividades.

Playa de la Malvarrosa

Es la playa más conocida y animada de la ciudad. Dispone de un canal para practicar deportes acuáticos y también es posible jugar al voleibol o hacer *fitness*.

Jardín del Turia

Está en el lugar del antiguo río Turia y es uno de los jardines urbanos más grandes de España; una zona ideal para hacer deporte, pasear, montar en bici, patinar o hacer un pícnic.

Barrio del Carmen

Sus calles están llenas de historia con edificios medievales, palacios, tiendas y bares de tapas. Además, es un importante centro de arte urbano.

Parque Gulliver

En este lugar hay una escultura de Gulliver que mide 70 metros con rampas, toboganes y escaleras para jugar. Además, tiene un espacio para patinar.

Barrio de Ruzafa

Es el barrio de moda, con infinidad de locales de ocio, tiendas, galerías de arte y los mejores restaurantes y terrazas para probar la paella valenciana o tomar una buena horchata.

Kinépolis Valencia

Con 24 salas de cine, dispone de las últimas innovaciones tecnológicas en imagen y sonido. Además, hay muchos restaurantes que ofrecen cocina local e internacional.

Palacio de las Artes

Está en la Ciudad de las Artes y las Ciencias. En su auditorio se pueden ver espectáculos de ópera, teatro, danza y conciertos. Su programación es muy variada y extensa.

Actividades culturales	Deporte	Comida y bebida	Actividades al aire libre

7. COMPETENCIA DIGITAL **Selecciona una de las cuatro categorías anteriores y busca lugares de tu ciudad con ese tipo de actividades. Toma nota de sus aspectos más interesantes y busca imágenes.**

8. **Presenta tu trabajo a la clase.**

VOCABULARIO: Partes del cuerpo

aderno pp. 39-140, 12-13

9. **Relaciona.**

1. pelo
2. ojos
3. dedos
4. rodillas
5. codos

a. piernas
b. pies
c. cabeza
d. brazos
e. cara

VOCABULARIO: Deportes

uaderno p. 140, ej. 14

Jugar al baloncesto.

Patinar.

Hacer natación/Nadar.

Jugar al voleibol.

Montar en bicicleta.

Jugar al tenis.

Esquiar.

Jugar al fútbol.

10. ¿Qué deportes practicas normalmente? ¿Dónde los practicas? ¿Con quién? ¿Cuándo?

11. COMPETENCIA EMOCIONAL El deporte, además de mantenerte en forma, te ayuda a socializar, a trabajar en equipo, a liberar el estrés... ¿Qué aspecto es más importante para ti? ¿Por qué?

Verbos *gustar, encantar, interesar* y *doler*

Cuaderno pp. 140-141, ej. 15-21

- Estos verbos tienen una construcción especial:

Objeto indirecto				Verbo en 3.ª persona
(a mí)	(no)	me	+	gusta/encanta/interesa + infinitivo/nombre singular
(a ti)		te		
(a él, ella, usted)		le		
(a nosotros/as)		nos	+	gustan/encantan/interesan + nombre plural
(a vosotros/as)		os		
(a ellos, ellas, ustedes)		les		

(A mí) **Me gusta** jugar al tenis.
(A nosotros) **Nos encanta** el café.
(A usted) **Le interesan** los libros de historia.

- El verbo ***encantar*** expresa el gusto en grado máximo: significa 'me gusta mucho'.
- Otro verbo muy usado que tiene esta misma estructura es el verbo ***doler***:
  (A mí) **Me duelen** los pies. (A ellos) **Les duele** la cabeza.

> Fíjate:
> **A mí me** gusta el cine.
> **Me** gusta el cine.
> Pero ~~A mí gusta el cine.~~

1. **Completa el texto con el pronombre de objeto indirecto correcto.**

En el campamento de verano somos muchos estudiantes con aficiones diferentes. A nosotros 1 .... encantan las clases de teatro y el deporte. En cambio, a otros 2 .... gustan mucho las clases de música y han formado un grupo de música muy divertido. A mis mejores amigos, Marina y Carlos, 3 .... gusta mucho comerse un helado gigante cuando salimos a pasear por la tarde o cuando **vamos de compras**, pero ¿a quién no 4 .... gusta el helado? ¡A mí 5 .... encanta! A David y a Julia 6 .... interesa bastante el inglés y pasan mucho tiempo viendo series inglesas o norteamericanas subtituladas. Un gusto que tenemos en común es que a todos 7 .... encanta el cine de verano por la noche, pero no 8 .... interesan mucho las películas de amor. Y a vosotros, amigos, ¿qué 9 .... gusta?

> En español, se diferencia entre *ir de compras* (ropa u otros objetos) e *ir a/hacer la compra* (alimentos):
> Me voy **de compras** con mis padres, necesito ropa.
> Mañana tengo que **ir a la compra**, no tengo nada en el frigorífico.

2. **Completa las frases con la forma correcta de los verbos entre paréntesis y el pronombre correspondiente.**

1. A Luis .... (encantar) las series de suspense.
2. ¿....... .... (gustar, ustedes) salir a cenar fuera?
3. Esta clase no .... (interesar, a ti) mucho.
4. A mí .... (gustar) leer antes de dormir.
5. ¿A vosotras .... (interesar) el teatro?
6. A nosotros .... (encantar) este parque.
7. ▶ ¿....... .... (gustar, a ti) los perros?
   D ¡....... .... (encantar, a mí)!
8. A Sara .... (interesar) los patines que vendes.

3. ¿Qué cosas le gustan a Daniel? ¿Qué cosas no le gustan? ¿Y qué le encanta?

CORPES XXI VOCABULARIO

Hispanoamérica → básquet, básquetbol : Siempre dije que mi deporte preferido es el **básquet**. Lo jugué en mi pueblo, en América.
España → baloncesto : David me espera solo en la pista de **baloncesto**, jugando a encestar con su pelota naranja de la NBA.

4. **Pregunta a tu compañero/a si esas cosas le gustan o no. ¿Coincidís?**

5. **Fíjate en las imágenes y completa las frases con el verbo *doler*.**

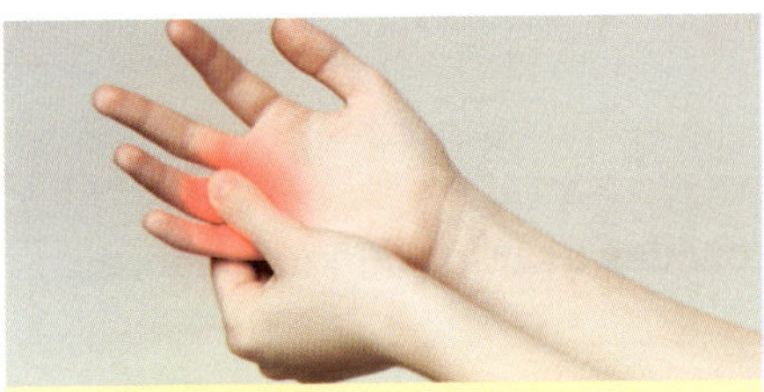

1. A ella ....
....

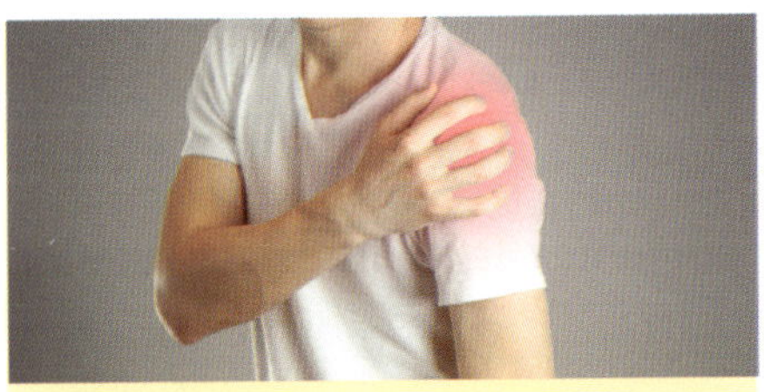

2. A nosotros ....
....

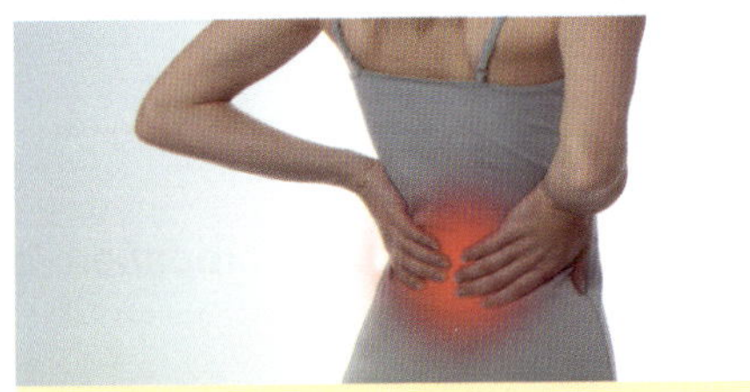

3. A ti ....
....

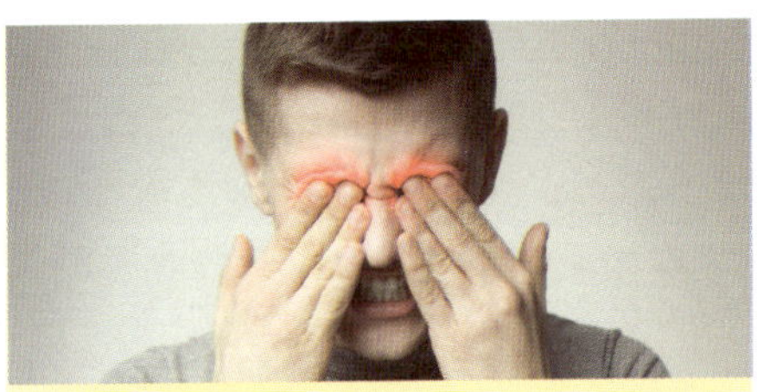

4. A mí ....
....

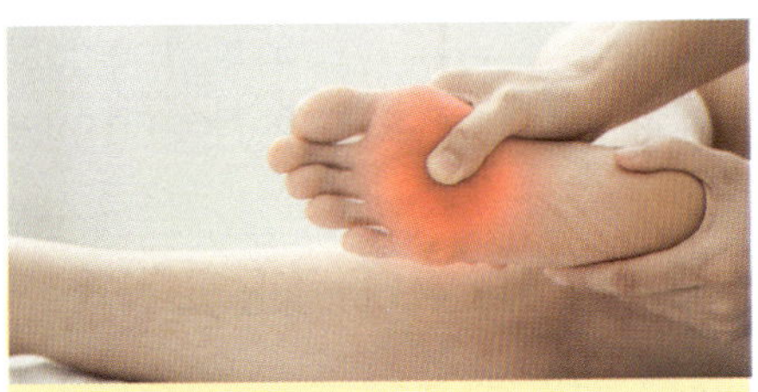

5. A ellas ....
....

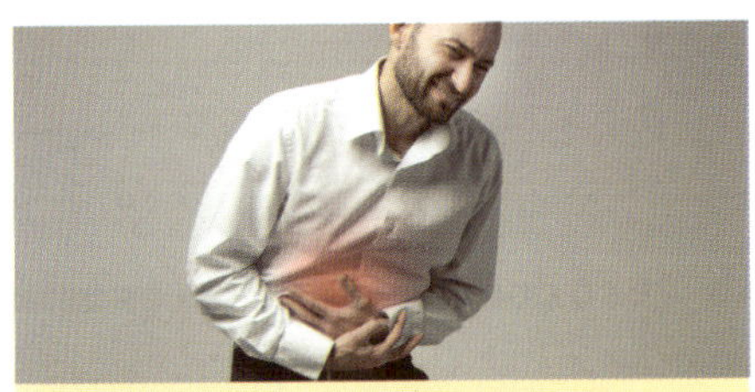

6. A vosotros ....
....

El verbo ***doler*** se puede sustituir por ***tener dolor de***:
Tengo dolor de cabeza. **Tienen dolor de** brazos.

Cuantificadores: *mucho, bastante, poco, nada*

Cuaderno pp. 141-142, ej. 22-24

Me gusta **mucho** el fútbol.
Me gusta **bastante** cocinar.
Me gusta **poco** bailar. = No me gusta **mucho** bailar.
No me gustan **nada** los deportes de riesgo.

- El verbo ***encantar*** indica el grado máximo de satisfacción y, por tanto, no se puede graduar:
  Me encanta ~~mucho~~ el cine.
- Estos cuantificadores se pueden usar con otros verbos:
  No **hay nada** para merendar. **Me duele mucho** el pie.

6. **Completa el texto con *mucho, poco, bastante* o *nada*.**

Voy 1 .... al cine porque me encanta y porque no me gusta 2 .... ver las películas en la tele o en el ordenador. Al teatro voy 3 ...., solo cuando la profesora de Literatura nos lleva, porque no me gusta 4 ...., me aburro. Hago 5 .... deporte, por eso voy 6 .... al gimnasio. También voy a nadar a la piscina dos veces a la semana; no es 7 ...., pero creo que es 8 ....

7. 17 **Escucha la entrevista a la escritora Aurora Valle sobre sus gustos y completa la tabla.**

	Mucho	Bastante	Poco	Nada
1. el cine	☐	☐	☐	☐
2. las películas en casa	☐	☐	☐	☐
3. la televisión	☐	☐	☐	☐
4. las series	☐	☐	☐	☐

8. **Hazle a tu compañero/a las preguntas de la entrevista anterior. No olvides usar los cuantificadores.**

9. **Completa libremente las siguientes frases.**

1. Me encanta(n) ....
2. Me gusta(n) mucho ....
3. Me gusta(n) bastante ....
4. Me gusta(n) poco ....
5. No me gusta(n) mucho ....
6. No me gusta(n) nada ....

10. **¿Con qué frecuencia haces estas cosas? Fíjate en el ejemplo.**

¿Con qué frecuencia...

1. vas al cine? Voy poco, veo las películas en el ordenador.
2. ves a tus amigos? ....
3. vas a la playa? ....
4. haces deporte? ....
5. juegas a videojuegos? ....

derno
. 142,
25-27

A mí también/tampoco, A mí sí/no

Acuerdo				Desacuerdo			
Me gusta(n).	**A mí también.**	No me gusta(n).	**A mí tampoco.**	Me gusta(n).	**A mí no.**	No me gusta(n).	**A mí sí.**

11. **Elige la opción correcta.**

1. A Carmen le encanta hacer senderismo, a mí **también/tampoco**, pero a ti **sí/no**.
2. A Eva no le gusta mucho el cine, a Juan **también/tampoco**, pero a mí **sí/no**.
3. Javi estudia mucho, Marta **también/tampoco**, pero Luis **sí/no**.
4. A mi hermano no le interesa el fútbol, pero a mí **sí/no** y a mi madre **también/tampoco**.
5. Mis padres van mucho al teatro, pero yo **sí/no** y mi hermana **también/tampoco**.

12. **Fíjate en lo que dice Elena y reacciona según tus gustos y costumbres.**

- Los fines de semana salgo a comer fuera con mis padres.
- Me encanta hacer fotos y compartirlas con mis amigos.
- Me interesan más las series que las películas.
- Cuando juego mucho en el ordenador, me duelen los ojos.
- ¡Me gusta mucho leer cómics!
- En invierno esquío en los Alpes con mi familia.
- Todos los días estudio dos horas.
- Muchos sábados hago excursiones por el monte.

13. 18 DELE **¿Qué les gusta hacer a David y a Sara en su tiempo libre? Escucha y completa con las expresiones que tienes a continuación.**

hacer excursiones | en las redes sociales | ir de compras | oye música | dar un paseo
salir | juega a algún videojuego | cómics | revistas | va en el autobús

1. A David, después de clase, le gusta .... por el centro comercial.
2. Sara .... con su hermano y chatea .... con sus amigos.
3. Sara lee .... y David prefiere leer ....
4. David a menudo .... Sara, solo cuando ....
5. A Sara, los fines de semana, le encanta .... con su familia.
6. A ninguno de los dos les gusta ...., prefieren .... con los amigos.

14. 18 **Escucha de nuevo y completa las frases con las expresiones de acuerdo y desacuerdo.**

1. Sara sale con sus amigos, David ....
2. A David no le gusta ir de compras; a Sara ....
....
3. David lee cómics, Sara ....
4. David oye música, Sara ....
5. Sara hace excursiones, David ....

1. Lee lo que les gusta a estas personas y decide cuál es el mejor plan para ellas. Justifica tu respuesta.

A mi marido y a mí nos encanta la música clásica; por eso, siempre que podemos, vamos a escuchar un concierto al auditorio o a la ópera. También nos gusta el teatro y la danza clásica... La danza moderna no nos encanta.

Arturo y Mercedes

A mí me encanta el teatro, pero no me gusta nada el teatro clásico porque es muy aburrido para mí. También me gusta el cine contemporáneo, especialmente el europeo.

Ana

A mi nieta le gustan mucho las obras de teatro infantil y las actividades para niños de los museos, pero yo prefiero ir con ella a escuchar conciertos porque me encanta la música. También me gusta ir al zoo y las películas para niños, que a las dos nos encantan.

Maite y Lidia

A nosotros nos encanta ir a exposiciones. Nos interesa todo tipo de arte, pero, sobre todo, nos gustan las exposiciones de fotografías antiguas. También nos gusta ir a conciertos de música *rock* y pop y bailar *swing*.

Luis y Olivia

Música

NOCHES DE *JAZZ*
Conciertos viernes, sábados y domingos
Lugar: Sala Caracola
23:30

ORQUESTA SINFÓNICA
Obras de Prokófiev y Rajmáninov
Lugar: Auditorio Nacional
20:30

***ROCK* EN DIRECTO**
Conciertos viernes y sábados
Lugar: Sala Rock-Ola
22:30

Cine

CINE CAPITOL
Spiderman 3
Director: S. Raimi
País: Estados Unidos
No recomendada para menores de 13 años.

CINE EN FAMILIA
El ratoncito Pérez
Director: J. P. Buscarini
País: Argentina
Apta para todos los públicos.

FILMOTECA
La cena de los idiotas
Director: F. Veber
País: Francia
No recomendada para menores de 13 años.

Teatro y danza

COMPAÑÍA NACIONAL DE TEATRO CLÁSICO
La dama duende
Lugar: Teatro de la Comedia
20:00

TEATRO INFANTIL
Los cuentilocos
Lugar: Teatro Victoria
17:00

DANZA CONTEMPORÁNEA
All Ways
Lugar: Teatros del Canal
19:00

Museos y salas de exposiciones

ARTE CONTEMPORÁNEO
David Bestué
Lugar: Museo Reina Sofía
De 10:00 a 21:00

FOTOGRAFÍA
Instagrammers gallery
Lugar: Fundación Telefónica
De 10:00 a 20:00

TALLER: MUSEO EN FAMILIA
Cuentos con historia
Lugar: Museo Arqueológico Nacional
De 18:00 a 19:45

2. 🔊 19 **Escucha la entrevista que les realizan a estas personas y completa la tabla.**

😊 Le gusta mucho 🙂 Le gusta ☹ No le gusta 😖 No le gusta nada

Actividades	Él 😊	Él 🙂	Él ☹	Él 😖	Ella 😊	Ella 🙂	Ella ☹	Ella 😖
1. Salir con amigos.	☐	☐	☐	☐	☐	☐	☐	☐
2. Ir al cine.	☐	☐	☐	☐	☐	☐	☐	☐
3. Pasear por la ciudad.	☐	☐	☐	☐	☐	☐	☐	☐
4. Salir a correr.	☐	☐	☐	☐	☐	☐	☐	☐
5. Hacer deporte.	☐	☐	☐	☐	☐	☐	☐	☐
6. Ver un concierto en directo.	☐	☐	☐	☐	☐	☐	☐	☐
7. Ver la televisión.	☐	☐	☐	☐	☐	☐	☐	☐
8. Chatear.	☐	☐	☐	☐	☐	☐	☐	☐

Si algo no te gusta nada, puedes usar el verbo ***odiar***:
Odio los concursos de televisión.

3. 🔊 19 **Vuelve a escuchar el audio y anota en qué gustos coinciden y en cuáles no.**

	Sí	No		Sí	No
1. Salir con amigos.	☐	☐	**5.** Hacer deporte.	☐	☐
2. Ir al cine.	☐	☐	**6.** Ver un concierto en directo.	☐	☐
3. Pasear por la ciudad.	☐	☐	**7.** Ver la televisión.	☐	☐
4. Salir a correr.	☐	☐	**8.** Chatear.	☐	☐

4. **Diles a tus compañeros/as lo que te gusta y no te gusta hacer en tu tiempo libre y reacciona a lo que ellos te cuentan con *a mí sí*, *a mí no*, *a mí también* o *a mí tampoco*.**

- Lo que más me gusta hacer en mi tiempo libre es ver series en mi *tablet*.
- Pues a mí no. Me gusta más jugar al baloncesto. Me divierte mucho.
- A mí también. Pero, si hace frío, me gusta quedarme en casa y jugar a videojuegos.

Cuaderno | p. 143, ej. 28-30

HOSTAL Babel

¿Enferma?

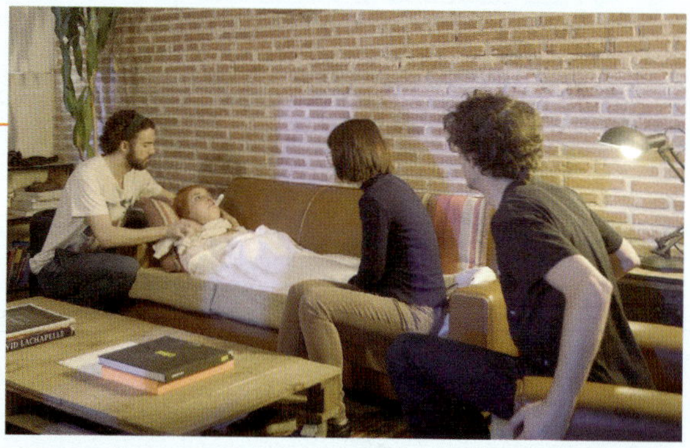

Antes del vídeo

1. **Fíjate en esta escena del episodio de hoy. ¿Qué pasa? ¿Cómo se sienten los personajes? Utiliza estos adjetivos para describir su estado de ánimo. Hay un adjetivo que no es adecuado. ¿Cuál?**

preocupado/a | enfermo/a
contento/a | nervioso/a | tranquilo/a

2. COMPETENCIA EMOCIONAL **¿Sueles prestar atención al estado de ánimo de tus amigos/as? Si ves que les pasa algo, ¿qué haces?**

Durante el vídeo

¿Cómo llama Hugo a la comida basura?

....

3. **Visiona el fragmento 00:30 ▶ 02:00 y responde a las siguientes preguntas. Compara con tu compañero/a.**

1. ¿Qué le duele a Leo? ¿Por qué? ....
2. ¿Qué tipo de comida come normalmente Leo? ....
3. ¿Qué alimentos no come Leo nunca? ....

4. **¿Quién crees que da estos consejos a Leo? Señala si es Hugo (H) o Carla (C). Luego visiona el fragmento 01:22 ▶ 02:00 para comprobar tu respuesta.**

1. No debes comer eso. .... H C
2. Tenés que alimentarte bien. .... H C
3. En serio, hacele caso a Hugo. .... H C
4. Tienes que comer más proteínas y sobre todo mucha verdura. .... H C
5. ¡No podés comer solo papas fritas! .... H C
6. Vos hacenos caso y comé bien. .... H C

Recuerda que en Argentina, Uruguay y Paraguay se usa el pronombre *vos* en lugar de *tú* y que tiene formas especiales para el presente de indicativo y el imperativo.

5. **Visiona el fragmento 03:23 ▶ final. ¿Qué le pasa a Tere en realidad?**

1. ☐ Está enferma.
2. ☐ Está cansada porque ha estado bailando.
3. ☐ Ha dormido mucho.
4. ☐ Se ha levantado muy temprano.

Después del vídeo

6. **Hazle estas preguntas a tu compañero/a.**

1. ¿Qué parte del cuerpo te duele con más frecuencia? ¿Por qué?
2. ¿Qué haces cuando te duele la cabeza?
3. ¿Con qué frecuencia vas al dentista?
4. Cuando no puedes dormir, ¿qué haces?
5. ¿Qué haces cuando una persona se siente mareada y se desmaya?
6. ¿Qué haces cuando estás nervioso/a?

CONSOLIDA | Comprensión y expresión escritas

1. Relaciona estas expresiones con su significado.

a. taller | b. concurso | c. concejal | d. proyección | e. ciclo de cine | f. clausura

1. ☐ competición
2. ☐ último día de un evento
3. ☐ representante político local
4. ☐ acción de poner una película
5. ☐ grupo de películas
6. ☐ curso práctico

2. Observa estas imágenes. ¿Qué actividades de ocio representan?

APRENDE A APRENDER

Relacionar imágenes y textos te puede ayudar a entender las nuevas expresiones.

3. Lee los textos y comprueba tus respuestas anteriores. ¿En qué actividades colaboran los dos centros?

Centro Municipal de Cultura

Estimados vecinos:

Les escribimos para enviarles el programa de actividades de este trimestre. La novedad son los cursos de cocina, todos los jueves y viernes por la tarde de 18:00 a 20:00.

También queremos informales de que terminamos nuestros talleres de teatro para niños con una obra de teatro en la Fundación La Gaviota. En su lugar comenzamos un curso de pintura para jóvenes todos los sábados por la mañana de 10:00 a 12:30.

Por último, les recuerdo que el domingo 16 de abril hay un concurso de fotografía para las personas aficionadas matriculadas en nuestro curso.

Para conocer el resto de las actividades culturales y deportivas pueden consultar la web del ayuntamiento www.municultura.com

Un cordial saludo,

Iván Herrero, concejal de Cultura y Deportes.

Fundación Cultural La Gaviota
Programación semanal

Lunes **10 de abril** Proyección del documental *El origen de España*.

Martes **11 de abril** Ciclo de cine asiático, esta semana dedicado al director de cine Akira Kurosawa.

Miércoles **12 de abril** Inauguración de la exposición fotográfica de diferentes artistas locales.

Jueves **13 de abril** Representación teatral infantil *La niña que quería volar*.

Viernes **14 de abril** Concierto de *jazz* del grupo Virginia Flies.

Sábado **15 de abril** Conferencia del escritor y exciclista Alfredo Urrieta sobre el deporte en el cine.

Domingo **16 de abril** Clausura de la exposición fotográfica y entrega de premios a las fotografías ganadoras del concurso realizado en colaboración con el ayuntamiento de la ciudad.

4. Vuelve a leer los textos y elige las afirmaciones correctas.

1. ☐ El Centro Municipal de Cultura y la Fundación La Gaviota ofrecen cursos.
2. ☐ El responsable del Centro Municipal de Cultura escribe a quienes van al centro para informarles del final de algunos cursos.
3. ☐ En la Fundación La Gaviota puedes ir al cine.
4. ☐ El Centro Municipal de Cultura y la Fundación colaboran en algunos eventos.
5. ☐ La Fundación La Gaviota no abre los fines de semana.

5. COMPETENCIA SOCIAL Crea con tu compañero/a un programa cultural para tu ciudad, indicando la fecha, el lugar y el tipo de actividades que incluye. Debéis tener en cuenta los intereses y necesidades de vuestra ciudad o barrio. Escribid el programa y después presentádselo a la clase.

CON RITMO LATINO

1. Cuatro de estos instrumentos son de origen latino. ¿Sabes cuáles son?

2. COMPETENCIA DIGITAL **Antes de leer el texto, busca información en internet sobre los siguientes artistas latinos. Toma notas. Luego lee el texto y complétalo. Trabaja con tu compañero/a.**

Juan Luis Guerra | Marc Anthony | Camila Cabello | Henry Santos | Rauw Alejandro

Camila Cabello

Géneros musicales en Latinoamérica

Entre los diferentes ritmos y músicas de América Latina y el Caribe, los más populares son el merengue, la bachata, la salsa, el reguetón, el pop latino, la ranchera, el bolero, la cumbia, el tango y la milonga. Vamos a ver algunos de ellos.

La **bachata** es un ritmo bailable originario de la República Dominicana. Es una combinación entre el bolero rítmico y el son cubano. Sus principales representantes son 1 ...., Mr. Don y Xtreme.

La **salsa** es una síntesis de influencias cubanas con otros elementos de música latinoamericana y *jazz*. La salsa se desarrolló en el Caribe y también en Nueva York. Sus exponentes más importantes en la actualidad son Víctor Manuelle, 2 .... y Septeto Santiaguero.

También el **merengue** procede del Caribe, concretamente de la República Dominicana, donde lo consideran el género musical nacional. Destacan entre sus intérpretes 3 ...., Ala Jaza y Proyecto Uno.

Rauw Alejandro

Shakira

Karol G

J Balvin

El **reguetón** nace de la fusión del *reggae* jamaicano y el hiphop. Es el género más popular entre los jóvenes de habla hispana. Sus figuras más representativas son J Balvin, 4 .... y Bad Bunny.

El **pop latino** surge de la confluencia de estilos tradicionales hispanos (bolero, balada, salsa...) con la música pop anglosajona de los años 60 del siglo XX. Los intérpretes más representativos de este género en la actualidad son 5 ...., Camilo y Shakira.

Maluma

Natti Natasha

3. COMPETENCIA DIGITAL **¿Conoces a alguno de los artistas anteriores? Elige uno de los géneros, busca en internet alguna canción representativa, y, con el permiso de tu profesor/a, ponla en clase. ¿Qué canción os gusta más?**

4. ICULTURA **En esta lista aparecen varios de los cantantes y grupos latinos más famosos actualmente. Señala a los que conoces. ¿Qué tipo de música hacen?**

☐ Kali Uchis	☐ Nathy Peluso	☐ J Balvin
☐ Maluma	☐ Ozuna	☐ Luis Fonsi
☐ Becky G	☐ Myke Towers	☐ Reik
☐ Karol G	☐ Natti Natasha	☐ Sebastián Yatra

Cuaderno
p. 144, ej. 31-35

A DEBATE

3 SALUD Y BIENESTAR

Ocio saludable

Objetivo

Saber qué hacen los jóvenes en su tiempo libre.

Tarea

Crear una lista de recomendaciones de actividades saludables de ocio y tiempo libre para poner en clase.

1. **Con la clase. Observa el gráfico de la derecha y léelo. Luego responde a las siguientes preguntas.**

- ¿Piensas que los jóvenes de España y de tu país realizan actividades similares?
- ¿Qué sueles hacer después de clase?
- ¿Cuánto tiempo dedicas a leer cada semana? ¿Y al deporte?
- Pon un ejemplo de una actividad de ocio saludable.
- En tu tiempo libre, ¿prefieres quedarte en casa o salir?

Ocio y tiempo libre de los jóvenes en España

Ver series o películas
Al 68.5 % le gusta ver series o películas en *streaming* o a la carta.

Chatear o navegar por internet
El 74.6 % de los jóvenes españoles prefieren chatear o navegar por internet en su tiempo libre.

Estar con amigos/as
El 54.6 % afirma que prefiere pasar su tiempo libre con amigos/as sin dar importancia a la actividad.

Jugar por internet
El 42.4 % de los jóvenes usa su tiempo libre para comprar u ojear catálogos por internet; el 41.5 % para jugar a videojuegos.

Salir fuera de casa
El 40.8 % prefiere salir con amigos/as o hacer deporte (40.6 %).

Fuente: https://www.rtve.es/noticias/

Investigación

2. COMPETENCIA DIGITAL **En grupos de cuatro. Cada persona del grupo elige uno de estos aspectos relacionados con el ocio y busca información en su entorno (amigos, familiares, redes sociales...) y en internet para responder a las preguntas.**

ESPACIO

- ¿Qué lugares suelen visitar los jóvenes de tu país en su tiempo libre? ¿Qué hacen allí?
- ¿Pasan más tiempo dentro de casa o fuera?
- Busca actividades de ocio saludables que se pueden hacer en diferentes lugares de tu ciudad.

ACTIVIDADES

- ¿Qué hacen los jóvenes de tu país en su tiempo libre?
- ¿Qué actividades de ocio hacen en país? ¿Y fuera de casa?
- Busca actividades de ocio saludables que se pueden hacer dentro y fuera de casa.

Continúa →

RELACIONES

- ¿Prefieren los jóvenes de tu país pasar su tiempo libre solos o en compañía? ¿Por qué?
- ¿Qué actividades prefieren hacer solos? ¿Cuáles acompañados de amigos o familiares?
- Busca actividades de ocio saludables que los jóvenes pueden hacer solos y en compañía.

TECNOLOGÍA

- ¿Qué actividades suelen hacer los jóvenes de tu país usando la tecnología?
- ¿Cuántas horas al día suelen usar el móvil?
- Busca actividades de ocio saludables relacionadas con la tecnología.

Enlaces:
https://url.edinumen.es/c/esp-a-tope-nivel-A1

Manos a la obra

3. **Con tu grupo. Comparte la información que tienes y organiza las recomendaciones de cada apartado.**

4. **Con la clase. Crea una lista de actividades de ocio y tiempo libre saludables. Sigue estos pasos.**

1. Primero, cada miembro de cada grupo lee las recomendaciones de su apartado mientras el profesor o la profesora toma nota en la pizarra.
2. Entre todos/as tenéis que elegir tres de las actividades propuestas para cada apartado.
3. Una vez elegidas, una persona de la clase escribe las frases en una cartulina y el resto realiza ilustraciones o busca imágenes sobre los diferentes temas.
4. Por último, se pone la lista en clase para poder consultarla durante el curso.

Presentación

5. **Con la clase. Comenta dónde has buscado la información para hacer tu lista de recomendaciones y a quién has entrevistado.**

Y TÚ, ¿QUÉ PIENSAS?

6. PENSAMIENTO CRÍTICO **Con la clase. Lee la siguiente información y responde a las preguntas.**

El artículo 24 de la Declaración Universal de los Derechos Humanos establece que toda persona tiene derecho al descanso y al disfrute del tiempo libre.

1. ¿Por qué es importante tener tiempo libre?
2. ¿Cómo crees que las actividades del ocio ayudan a desarrollar la personalidad?
3. ¿Qué actividades de ocio saludable vas a incorporar a tu tiempo libre?

7. ICULTURA **¿Qué actividades de ocio son populares entre los jóvenes de otros países? Descúbrelo con este material digital extra.**

4 FAMILIAS

1. **Relaciona estos tipos de familia con la foto correspondiente.**

1. ☐ familia extensa
2. ☐ familia nuclear
3. ☐ familia adoptiva
4. ☐ familia monoparental

¿Sabías que...?

En España, las familias monoparentales representan el 11 % del total de familias; el 47.9 % de estas familias monoparentales se encuentran en riesgo de pobreza y/o exclusión social; y el 83 % de ellas están al cargo de una mujer.

2. **¿Qué tipo de familia es la tuya?**

3. **Lee los textos y, con tu compañero/a, relaciónalos con las familias anteriores. Después completa los textos con las palabras del recuadro.**

abuelos | padre | mujer | hermana | hijo

1. ☐ Me llamo Luis, tengo 8 años y vivo con mi familia en Málaga, al sur de España. Mi .... trabaja en un restaurante y mi madre en un colegio. En mi casa también viven mis .... Los quiero mucho. Me ayudan con los deberes, juegan conmigo y también cuidan de Gabriela, mi hermana pequeña.

2. ☐ ¡Hola! Soy Hiroshi. Mi familia y yo somos japoneses, pero vivimos en Madrid, la capital de España. Mi .... se llama Akiko y es una persona muy simpática y trabajadora. Tenemos dos hijos: el mayor, Katsuro, no es muy hablador, pero es amable y siempre está sonriendo; la pequeña, Ohara, es una niña dulce y muy inteligente. ¡Ah!, también vivimos con nuestro perro Max.

3. ☐ Soy Susana, la mamá de Álex. Mi .... y yo vivimos en una bonita casa a las afueras de Salamanca, España. Mi hijo Álex tiene 2 años y es un niño muy divertido. Yo soy abogada y, la verdad, a veces estoy un poco estresada porque es difícil trabajar y cuidar de mi hijo, pero afortunadamente trabajo desde casa y así todo es más fácil.

4. ☐ Me llamo Alika, tengo 15 años y vivo con mi familia en Buenos Aires, Argentina. Somos una familia muy diversa. Mi .... Kioni y yo somos de Kenia. Mi madre es de Polonia y mi padre es argentino. El pequeño de la casa se llama Juan y también es de Argentina. Me gusta mucho porque en mi familia ¡somos de todo el mundo!

C

D

4. Mira las imágenes y elige la opción correcta.

1.
- ☐ Lleva una camisa roja.
- ☐ Tiene los ojos verdes.
- ☐ Es moreno.

2.
- ☐ Tiene el pelo largo.
- ☐ Es rubia.
- ☐ Lleva una camiseta azul.

3.
- ☐ Lleva zapatillas negras.
- ☐ Es alto.
- ☐ Tiene el pelo rubio.

4.
- ☐ Lleva un vestido verde.
- ☐ Es pelirroja.
- ☐ Tiene el pelo rizado.

5.
- ☐ Es mayor.
- ☐ Lleva gafas.
- ☐ Tiene el pelo corto.

5. Rosalía es una cantante española. Mira su fotografía, lee el texto y encuentra cuatro datos incorrectos.

Rosalía Vila (Barcelona, España, 1992) es una cantante española muy famosa en todo el mundo. Tiene el pelo corto y moreno. Siempre lleva las uñas muy largas. Es una persona muy vaga porque compone y produce todas sus canciones.

En 2017, con su primer álbum, se hace muy famosa y gana muchos premios. Rosalía es un poco bajita y tiene los ojos azules.

Es una chica muy maleducada porque siempre habla con sus fans.

1. **Esta es la familia de Sergio. Lee el texto y completa las frases con las palabras que faltan.**

Cuaderno pp. 145-146, ej. 1-6

VOCABULARIO: Familia

Mi **padre** se llama Manuel y mi **madre**, Eva. Tengo una **hermana pequeña** que se llama Maribel. Yo soy el **mayor**. Mi madre tiene un **hermano pequeño**, mi tío Rubén, que **está casado** con Almudena, mi tía. Son **marido** y **mujer**. Almudena y Rubén tienen dos **hijos**: mi **primo** Mario y mi **prima** Malena; los dos tienen 14 años, son gemelos. Mis **tíos** cuidan de Maribel, su **sobrina**, cuando mis padres están fuera. Todos vamos muchas veces a comer a casa de mis **abuelos**, Mati y Juan, que se alegran mucho cuando ven a sus cuatro **nietos**.

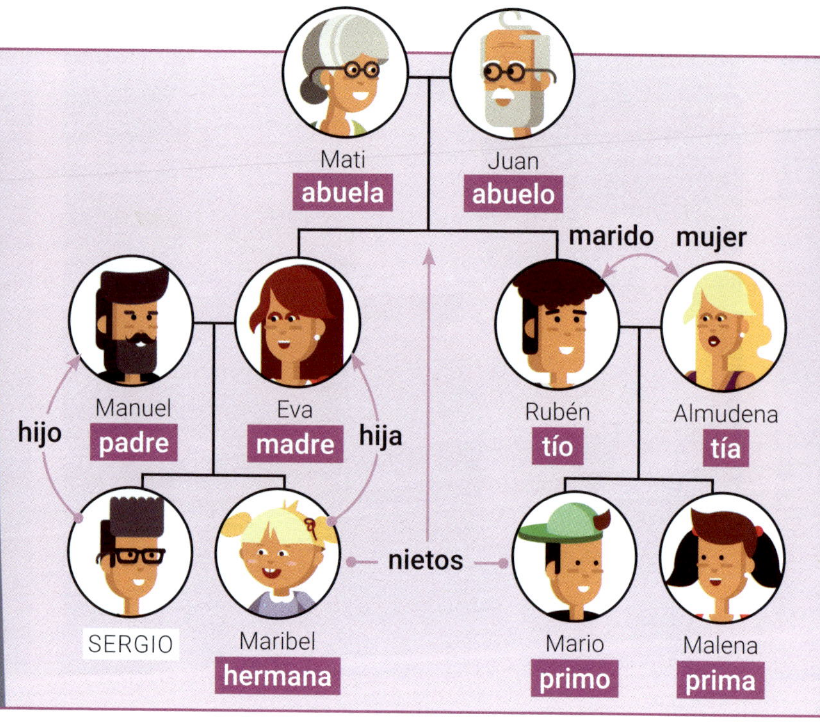

1. La mujer de Manuel se llama ....
2. Los sobrinos de Manuel y Eva se llaman .... y ....
3. El marido de Almudena se llama ....
4. Mati está casada con ....
5. .... es la abuela de Sergio, Maribel, Mario y Malena.

2. **Lee las pistas para completar este árbol genealógico. Sigue el modelo. Trabaja con tu compañero/a.**

1. abuelo — Daniel
2. .... — ....
3. .... — ....
4. .... — ....
5. .... — ....
6. .... — ....
7. hermana mayor — Sofía
8. .... — ....
9. .... — ....
10. .... — ....

Yo soy la hermana mayor, me llamo Sofía. Guillermo es mi hermano pequeño. El padre de mi madre se llama Daniel. Daniel está casado con Laura. Daniel y Laura tienen dos hijos. Marian, la mayor, y mi tío Alberto. Marian está casada con Juanjo, mi padre. La mujer de Alberto se llama Lucía. Todos los fines de semana vamos a casa de mis tíos y jugamos con mi prima mayor, Luna. También nos gusta mucho cuidar de mi primo pequeño, Diego, ¡es un bebé PRECIOSO!

3. **Busca fotos de tu familia y haz tu árbol genealógico. También lo puedes inventar. En la próxima clase, presenta a tu familia explicando quién es quién.**

aderno
). 146,
ej. 7

FUNCIONES: Hablar del aspecto físico

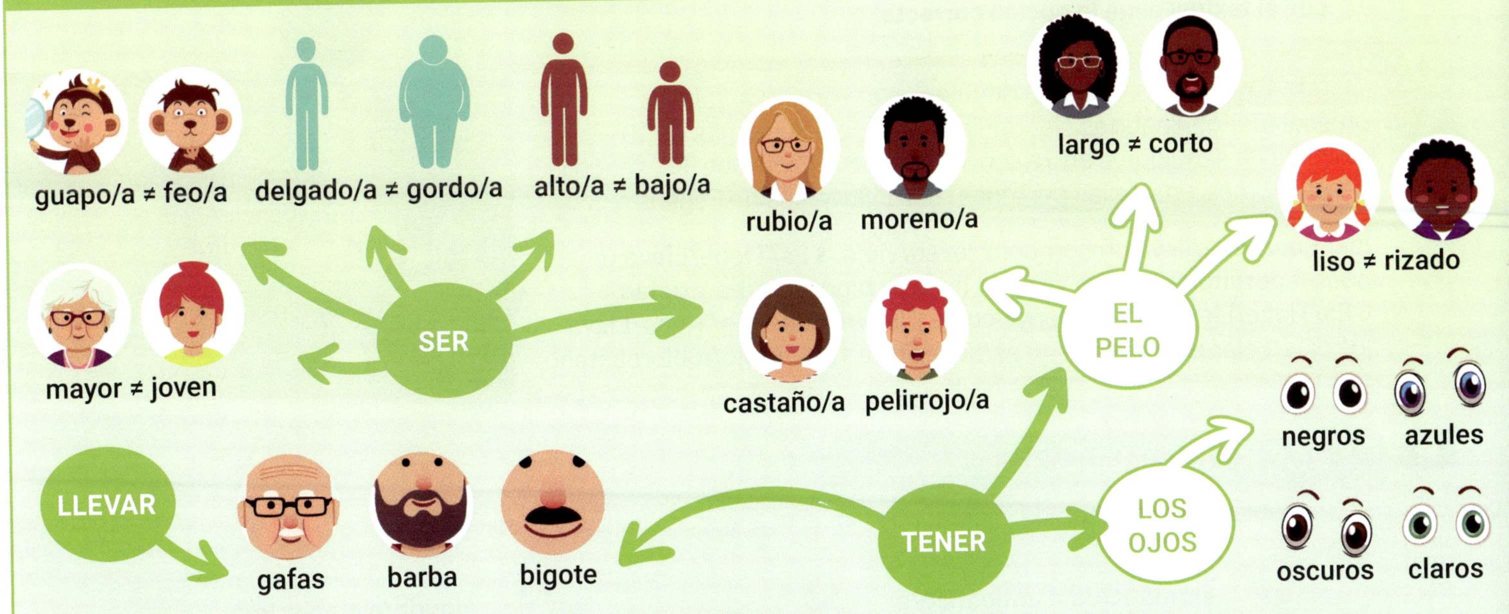

- ***Llevar*** y ***tener*** se pueden usar indistintamente cuando hablamos de características físicas que pueden cambiar:
  Raquel **lleva/tiene** gafas en la foto.
- Para describir **aspectos negativos** se usa ***un poco*** y/o la terminación ***-ito/a/os/as***: Juan es muy guapo, pero es **un poco bajito**.

4. 20 **Lee y escucha el diálogo. Luego marca las afirmaciones correctas.**

Raquel: ¡Qué rincón tan bonito! Me encantan las fotos...
Susana: Gracias, Raquel, eres muy amable.
Julia: A mi madre le gusta mucho poner fotos de la familia por toda la casa.
Raquel: Ya veo... ¿Y esa foto tan grande? ¡Cuánta gente! ¿Es tu familia? ¿Quién es tu padre?
Julia: Bueno, es una foto del cumpleaños del hermano de mi padre, o sea, mi tío Juan, el hombre moreno y alto del medio... Mi padre siempre está haciendo fotos en las fiestas.
Raquel: Ah, claro, por eso no está en la foto... Susana, ¿esa eres tú? Es difícil reconocerte, en la foto tienes el pelo muy largo y estás más gordita.
Susana: Sí, sí, soy yo. Es verdad, ahora voy a correr y estoy más delgada.
Julia: ¿A que no sabes quién es esa señora?
Raquel: Mmm... Es rubia, tiene los ojos azules, es mayor, parece muy simpática... No sé... ¿Tu abuela?
Susana: Pues sí, es mi madre, ¡qué buen ojo tienes! Ella es rubia y yo pelirroja como mi padre, pero las dos tenemos los ojos azules.
Julia: En cambio, yo tengo el pelo castaño y liso, como papá.
Susana: Es verdad. Por cierto, Raquel, ¿no ves a Julia en la foto? Ella sí que está diferente ahora.
Raquel: A ver, a ver...
Julia: ¿No me ves?
Raquel: Pues..., chica, no te reconozco... ¡Ayuda, porfa!
Susana: Vale, te ayudamos... ¿Necesitas gafas?
Raquel: ¡Ah! Ya veo... ¡En la foto llevas gafas y ahora no!
Julia: ¡Exacto! Ahora llevo lentillas, ¿no estoy más atractiva así?
Susana y **Raquel:** Claro que sí, ja, ja, ja.

1. ☐ En la casa hay muchos cuadros.
2. ☐ El padre de Julia se llama Juan.
3. ☐ El padre de Julia no está en la foto.
4. ☐ Susana ahora no hace deporte.
5. ☐ Raquel reconoce a Julia en la foto.
6. ☐ La foto familiar no es actual.

5. 20 **Vuelve a escuchar el diálogo, mira la fotografía y decide con tu compañero/a quién es Juan, Susana, la madre de Susana y Julia.**

ADQUIERE | Vocabulario y funciones

6. **Lee el texto y elige la opción correcta.**

Ibai Llanos (Bilbao, España, 1995) es un *streamer, youtuber* y presentador de deportes electrónicos español. Tiene más de 10 millones de seguidores en Twitch y más de 8 en YouTube. Es, según la revista *Forbes*, una de las personas más influyentes de España.

Ibai 1 **es/tiene/lleva** un hombre 2 **joven/viejo**. 3 **Es/Tiene/Lleva** un poco 4 **gordito/delgadito** y lleva 5 **barba y bigote/barba y gafas**. 6 **Es/Tiene/Lleva** el pelo 7 **largo/corto** y **liso/rizado**. 8 **Es/Tiene/Lleva** los ojos 9 **claros/oscuros** y 10 **es/tiene/lleva** 11 **pelirrojo/rubio/castaño**.

FUNCIONES: Hablar del carácter

Cuaderno p. 147, ej. 8-9

- Para hablar del carácter o de la personalidad se usa la estructura ***ser*** + adjetivo.

simpático/a ≠ antipático/a
educado/a ≠ maleducado/a
nervioso/a ≠ tranquilo/a
generoso/a ≠ egoísta
tímido/a ≠ abierto/a
alegre ≠ triste
trabajador/a ≠ vago/a
inteligente ≠ torpe

7. **Completa las frases con el adjetivo adecuado del cuadro anterior.**

1. Sara contesta mal a sus profesores. Es ....
2. María siempre está contenta. Es ....
3. Carlos no estudia ni ayuda a las tareas de casa. Es ....
4. Amanda se pone roja cuando alguien desconocido le habla. Es ....
5. Antonio siempre le cuenta a todo el mundo lo que le ocurre. Es ....
6. Edu siempre llama de usted a las personas mayores. Es ....
7. ¡No entiendo! Soy .... resolviendo problemas de ecuaciones.
8. A Clara no le gusta compartir. Es ....

8. **DELE** **Escribe en tu cuaderno un texto de 50 palabras para describir el físico y el carácter de tu persona famosa favorita. Di también su edad y profesión.**

9. **Describe al famoso o a la famosa anterior sin decir su nombre. Puedes consultar tu texto para hacer la presentación. Tus compañeros/as tienen que adivinar quién es.**

VOCABULARIO: Colores

Cuaderno p. 147, ej. 10

- **rojo/a**
- **azul**
- **blanco/a**
- **gris**
- **naranja**
- **negro/a**
- **marrón**
- **verde**
- **rosa**
- **amarillo/a**

- Los colores concuerdan en género y número con el nombre al que acompañan:
  la falda **roja**/el pantalón **rojo**
  las camisetas **negras**/los zapatos **negros**
- Algunos colores no cambian de género (*rosa, gris, verde, marrón, naranja, azul*):
  el abrigo **rosa**/la falda **rosa**
  las camisetas **verdes**/los pantalones **verdes**

10. 🔊 21 **Escucha y señala los colores que se dicen.**

- ☐ rojo/a
- ☐ azul
- ☐ blanco/a
- ☐ gris
- ☐ naranja
- ☐ negro/a
- ☐ marrón
- ☐ verde
- ☐ rosa
- ☐ amarillo/a

VOCABULARIO: Ropa

...derno p. 147, 11-12

Mujer -40%

Pantalones vaqueros
~~50 €~~ 39.99 €

Mujer

Jersey de lana rojo
65 €

Hombre

Abrigo negro
230 €

Hombre ENVÍO 48 h

Camisa de manga larga
59.90 € varios colores

Mujer

Zapatos verdes **de tacón**
75 €

Niño

Zapatillas
desde 99.99 € diferentes modelos y colores

Niño

Camiseta (blanca, azul, roja y amarilla)
30 € varios colores

Hombre

Pantalones cortos
29.90 € varios colores

Mujer ENVÍO 48 h

Falda corta de rayas
85 €

Mujer ENVÍO 48 h

Bolso de cuero
desde 75 € varios colores

Hombre

Zapatos marrones de piel
120 €

11. 🔊 22 **Escucha las ofertas de ropa de tuarmario.com. ¿Qué ropa quiere comprar Luis? ¿Y Maite?**

- Estos son los nombres en español de los tejidos más comunes:

algodón lana piel/cuero seda

- Para describir la ropa y los complementos se utiliza el verbo ***llevar***:
  Lleva un pantalón rojo.

12. **¿Qué llevan estas personas?**

13. **Describe qué lleva hoy un/una compañero/a. El resto de la clase tiene que adivinar quién es.**

14. **PENSAMIENTO CRÍTICO** **¿Qué importancia tiene para ti el aspecto externo de una persona, su físico y la ropa que lleva?**

15. **ICULTURA** **En la cultura hispana, el color rojo simboliza la pasión. En tu cultura, ¿hay colores que simbolizan algún sentimiento?**

Contraste *ser/estar* para hablar del físico y del carácter

Cuaderno pp. 147-148, ej. 13-16

- Para **describir el físico** y **el carácter** de las personas se usa el verbo ***ser***:
  Juan **es alto** y **moreno**. Marta **es** un poco **tímida**, pero muy **amable**.
- Para hablar del **estado de ánimo** de una persona, se usa ***estar***:
  Hoy Marta **está triste** porque ha suspendido el examen de Matemáticas.
- Cuando una persona cambia alguna de sus características físicas, también se usa ***estar***:
  Juan **está** más **fuerte** porque este año ha ido al gimnasio.

Algunos estados de ánimo comunes son:
contento/a, enfadado/a, nervioso/a, estresado/a, tranquilo/a, de buen/mal humor, cansado/a...

1. Elige la opción correcta.

1. Ana y Juan **son/están** altos, como su madre, ella también **es/está** muy alta.
2. Pedro últimamente **es/está** más delgado porque **es/está** muy estresado.
3. Javi **es/está** de mal humor porque Julia **es/está** enfadada con él.
4. José hoy **es/está** muy simpático; es raro porque **es/está** muy serio y nunca habla con nadie.
5. ¿Después de una hora estudiando ya **eres/estás** cansado? **Eres/Estás** muy vago, Jaime.
6. **Somos/Estamos** nerviosos porque el profesor **es/está** muy exigente en los exámenes.
7. Irene **es/está** muy morena porque está de vacaciones en la playa.

Estar + gerundio

Cuaderno pp. 148-149, ej. 17-18

estoy estás está estamos estáis están	+	cocin**ando** aprend**iendo** escrib**iendo**

– verbos en *-ar* → -ando
– verbos en *-er, -ir* → -iendo

La estructura ***estar*** + gerundio se usa para hablar de acciones en desarrollo:
Este año **estoy estudiando** español.

! Algunos gerundios irregulares comunes son:
- dormir → d**u**rmiendo
- leer → le**y**endo
- pedir → p**i**diendo
- vestir → v**i**stiendo
- ir → **y**endo
- morir → m**u**riendo
- decir → d**i**ciendo
- oír → o**y**endo

2. Completa las frases con la estructura *estar* + gerundio de los verbos entre paréntesis.

1. Silvia y yo .... **(hacer)** los deberes.
2. Mi hermana .... **(oír)** un pódcast de unos humoristas muy famosos.
3. (Yo) .... **(ir)** a la biblioteca a buscar un libro.
4. ¿Qué .... **(preparar)** Iván y tú para la fiesta de fin de curso?
5. Lidia, ¿con quién .... **(hablar)**?

3. ¿Qué están haciendo estas personas? Escribe debajo de cada imagen la frase correspondiente.

1. ....

2. ....

3. ....

4. ....

Cuaderno p. 149, 19-21

Presente de indicativo irregular: irregularidades vocálicas

	e → ie		o → ue		e → i		u → ue
	Cerrar	**Otros verbos**	**Dormir**	**Otros verbos**	**Pedir**	**Otros verbos**	**Jugar**
yo	cierro	empezar	duermo	recordar	pido	reírse	juego
tú	cierras	querer	duermes	volver	pides	vestirse	juegas
él, ella, usted	cierra	preferir	duerme	contar	pide	medir	juega
nosotros/as	cerramos	despertarse	dormimos	costar	pedimos	elegir	jugamos
vosotros/as	cerráis	entender	dormís	acostarse	pedís	corregir	jugáis
ellos, ellas, ustedes	cierran	divertirse sentirse	duermen	poder probarse	piden	repetir servir	juegan

- ***Jugar*** es el único verbo con la irregularidad **u → ue**.
- Las personas ***nosotros/as*** y ***vosotros/as*** no son irregulares.
- Recuerda que para hablar de **acciones habituales** se usa el presente de indicativo:
  Todos los días **me despierto** a las 7 de la mañana.

4. **Conjuga en tu cuaderno los verbos *divertirse, volver, vestirse, preferir, probarse* y *elegir* en todas las personas del presente de indicativo.**

APRENDE A APRENDER

Asociar y agrupar los verbos por el tipo de irregularidad te permite memorizarlos más rápidamente.

5. **Contesta a las preguntas.**

1. ¿A qué hora te acuestas? ....
2. ¿Cuánto mides? ....
3. ¿Qué asignatura prefieres? ....
4. ¿A qué juegas con tus amigos? ....
5. ¿Cuántas horas duermes? ....
6. ¿Quién corrige tus deberes? ....

6. **Completa las frases con la forma correcta del presente de indicativo de los verbos entre paréntesis.**

1. ¿A qué hora .... **(comenzar)** el partido entre la Juventus y el Barcelona?
2. Yo .... **(seguir)** a Raúl en redes, ¿a quién .... **(seguir)** tú?
3. ¿Con qué instituto .... **(competir)** el vuestro en el campeonato de tenis?
4. Marta .... **(acordarse)** mucho de ti, ... **(pensar, ella)** que eres muy divertido.
5. ¿...................... **(Encender, yo)** la luz o .... **(querer, tú)** dormir?
6. Siempre .... **(perder, tú)** las gafas y las .... **(encontrar)** yo.
7. Lo .... **(sentir, nosotros)**, pero no .... **(conseguir, nosotros)** entender la pregunta.
8. Yo .... **(merendar)** un bocadillo, ¿tú qué............................ **(merendar)**?

7. **Clasifica los verbos de la actividad anterior en la tabla.**

e → ie	o → ue	e → i

REFLEXIONA | Gramática

Demostrativos

Cuaderno p. 149, ej. 22

	Masc. singular	Fem. singular	Masc. plural	Fem. plural	
Aquí	este	esta	estos	estas	(+ nombre)
Ahí	ese	esa	esos	esas	
Allí	aquel	aquella	aquellos	aquellas	

- Los demostrativos indican **la distancia** entre los interlocutores y el objeto o persona a los que se refieren. Pueden utilizarse como **adjetivos** (si acompañan al nombre) o como **pronombres** (si van solos).

> Es frecuente utilizar las manos para señalar el objeto del que estamos hablando, reforzando así la idea de cercanía o lejanía.

- Los **demostrativos neutros *esto*, *eso*** y ***aquello*** son pronombres y se refieren a un objeto desconocido:
  - ¿Qué es **aquello** de allí? Hay mucha gente...
  - Es un mercadillo de ropa.
- Las formas ***acá*** y ***allá*** se usan preferentemente en Hispanoamérica.

8. Elige el demostrativo correcto.

1. ¿Qué libro prefieres, **este/ese/aquel** que tengo yo o **este/ese/aquel** que está ahí?
2. No me gusta mucho **esta/esa/aquella** película que dices, ¿vemos una de acción?
3. ¿Qué es **esto/eso/aquello** que tienes en la mano?
4. **Esta/Esa/Aquella** chica de allí es mi prima.
5. **Estos/Esos/Aquellos** pantalones que llevas son más caros que **estos/esos/aquellos** de allí.

9. Vuelve a escribir las frases sustituyendo la parte en negrita por el pronombre demostrativo correcto.

1. No me gusta **ir de compras**. → No me gusta eso.
2. ¿Puedes pasarme **el diccionario de ahí**? → ....
3. **La serie de ese director** es mejor. → ....
4. ¿Te gusta **la bicicleta que hay allí**? → ....
5. Prefiero **los videojuegos de esta marca**. → ....

10. Completa con el demostrativo adecuado teniendo en cuenta la distancia.

1. Oye, ¿qué pone en .... cartel de allí? No lo veo.
2. ▸ Mira, Lidia, ... son mis padres: se llaman Antonio y Carmen.
   ▹ Encantada.
3. Perdona, ¿.............................. chica de allí es Ana Mena? ¡Quiero una foto con ella!
4. .... edificio de aquí es la biblioteca del instituto.
5. ▸ Aquella falda del escaparate tiene un color muy bonito.
   ▹ Sí, pero es más bonita .... de aquí.
6. ▸ ¿Cómo me quedan .... zapatos?
   ▹ Pues..., no me gustan mucho..., ¿por qué no te pruebas .... marrones de ahí?
7. .... familia de la que hablas vive en .... casa de allí.

Ana Mena

Posesivos

derno
. 150,
23-24

	Singular	Plural	
Un poseedor	mi	mis	(yo)
	tu	tus	(tú)
	su	sus	(él, ella, usted)
Varios poseedores	nuestro/a	nuestros/as	(nosotros/as)
	vuestro/a	vuestros/as	(vosotros/as)
	su	sus	(ellos, ellas, ustedes)

- Los posesivos indican **de quién** es un objeto o la relación de **parentesco** entre las personas y concuerdan en **género** y **número** con la persona o la cosa poseída:
  Ella lleva **nuestros libros** en una bolsa. Estos son **mis padres**.
- Los posesivos ***su/sus*** pueden referirse a uno o a varios poseedores:
  Voy a **su casa**. (Puede ser la casa *de él, de ella, de ellos, de ellas, de usted* o *de ustedes*)
  Estos son **sus libros**. (Pueden ser los libros *de él, de ella, de ellos, de ellas, de usted* o *de ustedes*)
- Posesivos **pospuestos**:

	Singular		Plural		
	Masculino	Femenino	Masculino	Femenino	
Un poseedor	mío	mía	míos	mías	(yo)
	tuyo	tuya	tuyos	tuyas	(tú)
	suyo	suya	suyos	suyas	(él, ella, usted)
Varios poseedores	nuestro	nuestra	nuestros	nuestras	(nosotros/as)
	vuestro	vuestra	vuestros	vuestras	(vosotros/as)
	suyo	suya	suyos	suyas	(ellos, ellas, ustedes)

– Estos posesivos pueden ser adjetivos o pronombres:
▶ Es un error **tuyo**. (Adjetivo) ▷ ¿**Mío**? (Pronombre) ▶ Sí, **tuyo**. (Pronombre)

11. **Completa el diálogo con el posesivo adecuado.**

▶ Tus tías están casadas, ¿no?
▷ 1 .... tía Eva no está casada, pero mi tía Luisa sí. 2 .... marido es de Canadá y tienen dos hijos de 4 y 5 años. Son muy simpáticos.
▶ ¿Y en qué lengua hablan con 3 .... hijos?
▷ En inglés y en español.
▶ ¡Qué suerte tienen 4 .... primos! Yo tengo 13 años y no hablo inglés con fluidez...

12. **Completa el texto con los adjetivos posesivos necesarios.**

1 .... mejor amiga se llama Laura. Ella y yo estudiamos juntas. 2 .... instituto está cerca de la casa de Laura, pero lejos de la 3 .... Nos gustan mucho 4 .... profesores, en especial 5 .... profesora de Música. 6 .... nombre es Eva y 7 .... clases son muy divertidas. Eva vive al lado de Laura, es vecina 8 ....

13. **Responde con un pronombre posesivo, como en el ejemplo.**

1. Mi habitación es bastante pequeña. → (Yo) La mía es muy grande.
2. Vuestras amigas son españolas. → (Nosotros) ....
3. Tu padre es muy serio. → (Ella) ....
4. Nuestra profesora está de buen humor. → (Vosotros) ....
5. Mis libros son nuevos. → (Tú) ....

PRACTICA | Comunicación

1. ¿Quién es quién en esta reunión familiar? Lee las descripciones y escribe el nombre de cada miembro de la familia. Trabaja con tu compañero/a.

LUCAS

Es el hermano mayor de Patricia. Está hablando con su prima Eva, la hija del tío Pedro, una chica morena, alta y muy guapa que lleva una falda vaquera azul y una camisa blanca.

ANA

Es la hermana menor de Patricia. Lleva una falda roja y una camiseta blanca. A la izquierda está el tío Pedro, el hermano mayor de su padre, que está bebiendo agua al lado del ventilador porque tiene mucho calor y no se siente bien.

CORPES XXI VOCABULARIO

Hispanoamérica → jean(s), bluyín (bluyines): Insistió en aparecer de camisa de manga corta y **bluyines**.
España → vaquero(s): Solía vestirse con pantalones **vaqueros** y chaquetas muy elegantes.

JOSÉ LUIS Y ARANTXA

Son los padres de Patricia. Están comiendo unos canapés cerca del mueble. Su padre es alto, moreno y tiene bigote, y su madre es morena y un poco bajita. José Luis lleva un traje gris y Arantxa un vestido negro. Cerca de ellos están los abuelos de Patricia, Antonio y Pepa, que también están comiendo unos canapés. Su abuelo tiene el pelo blanco y lleva bigote. Su abuela tiene también el pelo blanco y lleva gafas. Prefiere estar sentada.

M.ª LUISA

Es su tía, la mujer de su tío Pedro. Es una mujer muy elegante que lleva un vestido verde. Juega con su nieto, Alfonso, que tiene 3 años. Detrás está Javi, el marido de Eva. Es muy guapo, alto y rubio. Lleva unos vaqueros y una camiseta amarilla. Está hablando con Patricia sobre su hijo, Alfonso. El niño se divierte mucho con su tía.

2. Ahora completa el árbol genealógico de Patricia.

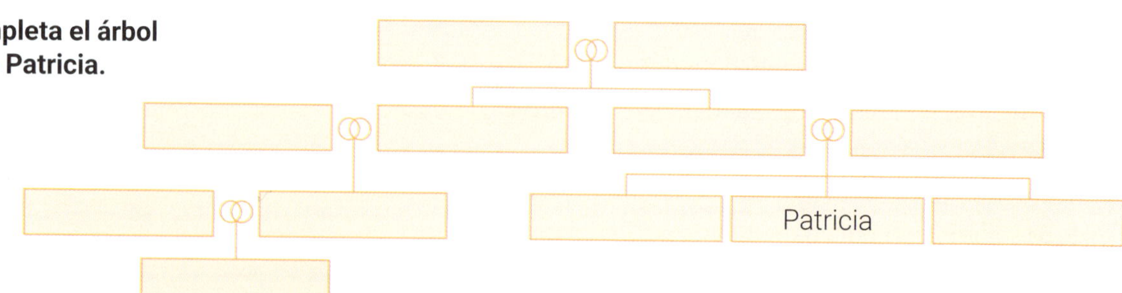

3. 23 **DELE** **Escucha las conversaciones y relaciona las descripciones con las fotos.**

A ☐

B ☐

C ☐

D ☐

4. 23 **DELE** **Vuelve a escuchar el audio y marca en el cuadro los adjetivos de carácter con los que se describe a estas personas. Luego compara con tu compañero/a.**

	Ernesto es...	Juan es...	Julia es...	Claudia es...
simpático/a	☐	☐	☐	☐
sociable	☐	☐	☐	☐
divertido/a	☐	☐	☐	☐
trabajador/a	☐	☐	☐	☐
tímido/a	☐	☐	☐	☐
alegre	☐	☐	☐	☐
inteligente	☐	☐	☐	☐

5. Busca una foto de una persona de tu familia o de un/a amigo/a y escribe un texto para decir cómo se llama esa persona, cómo es físicamente, cuál es su carácter y qué está haciendo en la foto.

Esta es una foto de mi/mis... ....

....

....

6. **COMPETENCIA EMOCIONAL** **Enseña a tus compañeros/as la fotografía de la actividad anterior y lee el texto. ¿Es una persona importante para ti? ¿Por qué?**

7. 24 **Escucha esta conversación entre Ana y Mónica, dos amigas que hablan de la familia, y responde a las preguntas sobre Ana.**

1. ¿A quién ve con más frecuencia? A...
2. ¿Con quién toma café y habla? Con...
3. ¿Con quién come frecuentemente? ....
4. ¿Con quién cena en restaurantes? ....
5. ¿Con quién celebra la Navidad? ....
6. ¿Con quién va al parque? ....
7. ¿A quién lee cuentos? ....
8. ¿Con quién pasea por el parque los domingos? ....

Expresar frecuencia (1)

\+
- siempre
- normalmente
- a menudo
- a veces
- de vez en cuando
- (casi) nunca

\-

Cuando una pregunta comienza con una preposición, se usa la misma preposición para responder:

- ¿**Con** quién celebras tu cumpleaños?
- **Con** mi familia y mis amigos.

8. **Hazle preguntas a tu compañero/a para conocerlo/la mejor. Utiliza la estructura *¿A quién...?* y *¿Con quién...?***

Cuaderno | p. 150, ej. 25-26

HOSTAL Babel — Navidad en Babel

Antes del vídeo

1. **Fíjate en la fotografía. ¿Qué están haciendo Carla y Leo? ¿Qué están preparando?**

2. **¿Tú adornas tu casa en Navidad? ¿Cómo?**

Durante el vídeo

3. **Visiona el fragmento 00:30 ▸ 01:00 y comprueba tus respuestas de la actividad 1.**

4. **Hugo siempre se reúne con su familia en Navidad. Visiona el fragmento 01:53 ▸ 04:22 y marca la información correspondiente a cada familiar.**

	Su madre	Su tía	Su padre	Su hermano	Su primo	Su prima
1. Lleva una camiseta de cuadros.	☐	☐	☐	☐	☐	☐
2. Es gordita.	☐	☐	☐	☐	☐	☐
3. Tiene el pelo largo y rubio.	☐	☐	☐	☐	☐	☐
4. Es un poco serio.	☐	☐	☐	☐	☐	☐
5. Lleva corbata.	☐	☐	☐	☐	☐	☐
6. Es muy tímido.	☐	☐	☐	☐	☐	☐
7. Tiene el pelo corto.	☐	☐	☐	☐	☐	☐
8. Tiene bigote.	☐	☐	☐	☐	☐	☐
9. Tiene el pelo largo y negro.	☐	☐	☐	☐	☐	☐
10. Es simpática.	☐	☐	☐	☐	☐	☐
11. Lleva una camisa azul.	☐	☐	☐	☐	☐	☐
12. Tiene 46 años.	☐	☐	☐	☐	☐	☐

¿Cómo llama Hugo a los platos típicos de México?

....

5. **Carla está un poco triste porque está lejos de su familia. Visiona el fragmento 04:22 ▸ final y escribe qué planes proponen para animar a Carla.**

1. .... juntos en el hostal.
2. .... platos típicos de México y Argentina.
3. .... de fiesta.
4. .... de compras.

Después del vídeo

6. **Después de ver este episodio, ya conoces un poco mejor a los habitantes del hostal Babel. En grupos de tres, describe cómo son y qué llevan hoy. Si es necesario, puedes volver a ver el vídeo.**

7. **¿Tú también celebras la Navidad? ¿Con qué familiares la celebras normalmente? ¿Dónde la celebras? ¿Qué ropa te pones?**

1. Lee el texto y responde verdadero (V) o falso (F).

www.humana-spain.org

HUMANA

¿Quiénes somos?
Humana es una fundación que protege el medioambiente y se dedica al fomento del reciclaje y la reutilización de ropa usada desde 1987.

¿Qué hacemos?
No queremos hacer negocios; trabajamos en proyectos de cooperación y desarrollo en diferentes países de África, Sudamérica y Asia, y nuestro propósito es fomentar el consumo responsable y sostenible, así como la educación y sensibilización sobre este tema en los países desarrollados.

¿Qué puedes hacer tú?
Puedes donar la ropa y los zapatos que no utilizas en nuestros 5000 contenedores o en nuestras tiendas: tenemos 44 en Barcelona, Madrid, Sevilla y Granada. También puedes comprar ropa de segunda mano: ropa original, de **calidad** y muy barata que no hay en otras tiendas. Cuando vienes y compras, ayudas a crear una moda sostenible y puedes conocer nuestros proyectos de cooperación.

1. Humana es una compañía que produce ropa ecológica. .... V F
2. Uno de los objetivos de Humana es convencer a la gente de las ventajas del reciclaje y la reutilización de la ropa. .... V F
3. Humana vende ropa usada que dona la gente para colaborar. .... V F
4. En Humana puedes encontrar ropa económica y diferente. .... V F
5. Cuando compras en Humana, perjudicas a la industria de la moda. ...... V F

! La palabra *calidad* se refiere a las cosas (si algo es bueno o malo) y la palabra *cualidad* se refiere a los aspectos positivos de las personas. Para los aspectos negativos se usa la palabra *defecto*.

2. Estas personas tienen alguna relación con Humana. Lee las intervenciones e indica a quién corresponde cada una. Hay una persona que no interviene, ¿quién es?

A Viviana, clienta

B Adriana, donante

C Laura, voluntaria

D Camila, beneficiaria de un proyecto de cooperación

1. ☐ Tengo tres hijos, dos niñas gemelas y un niño. La ropa de las gemelas no la puede usar el pequeño Miguel, así que, cuando ya no nos sirve, la depositamos en un contenedor de Humana.

2. ☐ Me encanta cooperar con organizaciones concienciadas con el medioambiente. Siempre reciclo todo lo que puedo y me encanta comprar ropa en tiendas como Humana.

3. ☐ Mis padres siempre dicen que es necesario reciclar y que hay que consumir de manera responsable; por eso desde hace un año somos miembros de Humana y ayudamos en las campañas de recogida de ropa de nuestro barrio.

3. Escribe en tu cuaderno el testimonio que falta. Fíjate en los textos anteriores como modelo.

4. COMPETENCIA SOCIAL **Con ayuda de tus compañeros/as de grupo, crea una asociación. Piensa a quién queréis ayudar y cómo. Redactad un texto como el de Humana y elegid una imagen. Llevad vuestra presentación a la clase.**

MODA HISPANA

Custo Dalmau

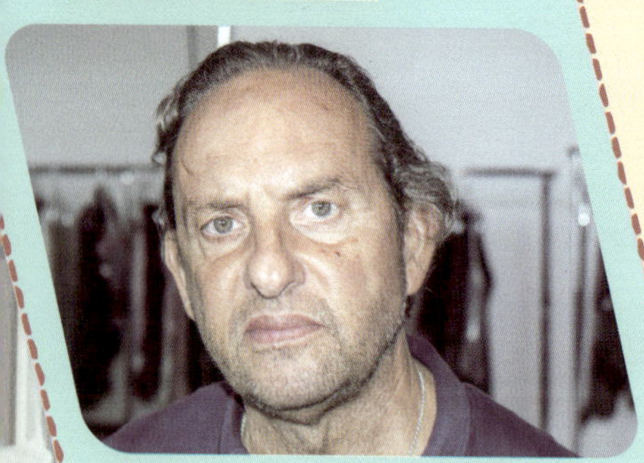

Custo Dalmau y su hermano **David** tienen su propia marca, Custo Barcelona, por la que son mundialmente conocidos. Sus camisetas, con un estilo diferente y colorido, son famosas por series de televisión como *Friends*. Las camisetas son su producto estrella, pero en la actualidad Custo Barcelona tiene también una línea completa de moda.

Desfile de Custo Barcelona en la Mercedes Benz Fashion Week de Nueva York.

Carolina Herrera

Carolina Herrera, nacida en Venezuela, es la diseñadora hispana más reconocida mundialmente. Llevan sus diseños celebridades como Nicole Kidman, Jessica Alba, Angelina Jolie, Salma Hayek, Lucy Liu, Renée Zellweger y Lady Gaga, entre otras. Sus líneas de maquillaje y perfumes también son muy famosas.

La abogada, escritora y periodista Jannet Mock en la entrega de los premios Peabody, Nueva York (traje de Carolina Herrera).

Manolo Blahnik

Hijo de padre checo y de madre canaria, Manuel Blahnik Rodríguez, más conocido como **Manolo Blahnik**, es el fundador de una de las marcas de zapatos más prestigiosas del mundo. Sus diseños son sofisticados y modernos, por lo que su nombre es sinónimo de "calzado de lujo". Cada par de zapatos pasa por cincuenta fases diferentes en el proceso de producción y todos están realizados a mano en Italia.

Exposición *El arte del zapato*, Manolo Blahnik, Milán

1. **¿Cuál es el diseñador o la diseñadora de moda más famoso/a de tu país? ¿Qué tipo de ropa hace?**

2. Fíjate en estas personas. ¿Qué ropa llevan? Descríbela. ¿Dónde crees que están? ¿Sabes cuál es su profesión?

3. Vas a leer información sobre Moda Incluyente, una agencia de modelos fundada en 2012. ¿Cuál crees que era su objetivo? Coméntalo con tu compañero/a.

4. Lee el texto y comprueba tu respuesta anterior. Usa el diccionario si lo necesitas.

MODA INCLUYENTE

Nacida en Hermosillo (Sonora, México), Annett Castro es diseñadora de moda y fue fundadora de Moda Incluyente, una agencia mexicana de modelos con discapacidad que organizaba desfiles de moda, cursos y talleres, además de desarrollar proyectos que promueven la inclusión en la industria de la moda.

En 2019 la revista *Quién* del grupo Expansión la reconoció como una de las 50 personas que transforman México. Actualmente es la directora de la Cámara Nacional de la Industria del Vestido de México.

Su objetivo era lograr una compañía socialmente responsable para unir la moda con la discapacidad y así visibilizar y normalizar a estas personas dentro de la sociedad actual.

Annett Castro también asesora a diseñadores y diseñadoras para crear prendas accesibles.

Adaptado de https://www.rionegro.com.ar/tag/annett-castro/

5. ICULTURA ¿Qué campañas de inclusión hay en tu comunidad? ¿Participas en ellas?

Cuaderno
p. 151, ej. 27-29

A DEBATE

8 TRABAJO DIGNO Y CRECIMIENTO ECONÓMICO · 12 PRODUCCIÓN Y CONSUMO RESPONSABLES · 13 ACCIÓN POR EL CLIMA

Moda (in)sostenible

Objetivo

Conocer el impacto que tiene la industria textil en el medioambiente y la situación de las personas que trabajan en ella.

Tarea

Crear una entrada en redes (#adebateA1_4) para compartir con tus seguidores los problemas de esta industria y presentar alguna alternativa sostenible.

1. **Con la clase. Lee los datos y responde a las siguientes preguntas.**

- ¿Cuánta ropa compras al año? ¿En qué tiendas la compras?
- ¿Sueles mirar los materiales con los que se hace la ropa que compras? ¿Y el lugar donde se fabrica?
- ¿Arreglas la ropa o la tiras?
- ¿Piensas alguna vez en cambiar tu forma de consumir ropa cuando oyes noticias sobre la crisis climática?

La industria textil en cifras

Los trabajadores de la industria textil suelen trabajar **96** horas a la semana.

La industria de la moda usa **1.5** billones de litros de agua cada año.

El **10 %** de las emisiones mundiales de CO_2 proviene de la industria textil.

190 000 toneladas de fibras de microplástico procedentes de tejidos acaban en el océano cada año.

El **5.2 %** de los residuos de nuestros vertederos son textiles.

Solo se recicla o se dona el **15 %** de nuestra ropa.

Investigación

2. COMPETENCIA DIGITAL **En grupos de cuatro. Cada persona del grupo elige uno de estos temas e investiga en internet para responder a las preguntas.**

EXPLOTACIÓN EN EL TRABAJO

- ¿En qué países del mundo se produce más ropa? ¿Por qué?
- En esos países, ¿trabajan más hombres o mujeres? ¿Trabajan niños?
- ¿Cuáles son sus condiciones de trabajo: salario, horario, seguridad, lugar de trabajo...?

MERCADO DE LA ROPA

- ¿Sabes qué son la *moda rápida* y la *moda lenta* ?
- ¿Qué es la ropa de bajo coste?
- En tu ciudad, ¿hay tiendas de ropa de segunda mano?

PROBLEMAS MEDIOAMBIENTALES

- ¿Cuánto contamina la industria de la moda?
- ¿Qué recursos naturales y qué tipo de materiales se utilizan en la fabricación de la ropa?

RECICLAJE

- ¿Cuánta ropa se tira al año?
- ¿Cuánta ropa se recicla?
- ¿Qué son las *ecoetiquetas*?

Enlaces:
https://url.edinumen.es/c/esp-a-tope-nivel-A1

Manos a la obra

3. **Con tu grupo. Comparte la información que tienes y toma notas.**

- Agrupa la información por temas.
- Elige qué es lo más importante de cada uno.
- Ordena la información de cada tema de más a menos importante.

4. COMPETENCIA DIGITAL **Con tu grupo. Crea una entrada en redes con la etiqueta #adebateA1_4. El objetivo es concienciar a la gente de los problemas humanos y medioambientales que produce la industria de la ropa en el mundo.**

Para escribir una entrada en redes ten en cuenta estos consejos:

- Utiliza un titular directo.
- Usa frases cortas y sencillas.
- Incluye imágenes y vídeos.
- Menciona a otras personas o empresas usando "@(nombre)".
- Comparte y comenta las publicaciones de otras personas.
- Haz preguntas para generar conversación.
- Haz un borrador y revisa los datos y la ortografía antes de publicar las entradas.

Presentación

5. **Con la clase. Explica el proceso de tu trabajo. ¿Cómo han reaccionado tus seguidores a tu entrada?**

Y TÚ, ¿QUÉ PIENSAS?

6. PENSAMIENTO CRÍTICO **Con la clase. Responde a las siguientes preguntas.**

1. ¿Qué opinión tienes ahora sobre la industria de la moda?
2. Según tu opinión, ¿cómo se puede hacer una moda más sostenible?
3. ¿Qué piensas hacer tú personalmente?

7. **¿Qué alternativas hay a la industria textil actual? Si quieres saber más sobre este tema, consulta el material digital extra.**

5 ¡QUÉ RICO!

1. Lee la receta del gazpacho y escribe el nombre de los ingredientes y sus medidas.

Gazpacho

Receta

Necesitas medio kilo de **tomates** maduros, medio **pimiento verde**, un diente de **ajo**, medio **pepino** y una rebanada de **pan** blanco. Primero, pelas los tomates y, después, lo cortas todo en trocitos, lo pones en una batidora y lo trituras durante unos segundos. Añades un poco de **sal**, cuatro cucharadas de **vinagre** y dos cucharadas de **aceite de oliva**. Después continúas triturando. Por último, metes el gazpacho en el frigorífico durante una hora.

Ingredientes

½ .... de ....
½ ....
1 ....
½ ....
1 .... de ....
Un .... de ....
4 .... de ....
2 .... de ....

¿Sabías que...?

El gazpacho es un plato tradicional de Andalucía, una comunidad al sur de España. Para su elaboración, se usan alimentos de la dieta mediterránea y, además, es una fuente natural de vitamina A, C y E.

2. ICULTURA **¿Conoces otros platos de la gastronomía española? ¿Te gusta cocinar? ¿Cuál es tu comida favorita?**

3. Relaciona los alimentos con su imagen correspondiente. Tres de ellos no tienen imagen.

1. cebolla | 2. lechuga | 3. pasta | 4. chocolate | 5. manzanas | 6. galletas | 7. jamón | 8. huevos | 9. pescado | 10. leche

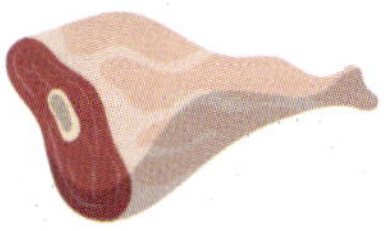
A ☐

B ☐

C ☐

D ☐

E ☐
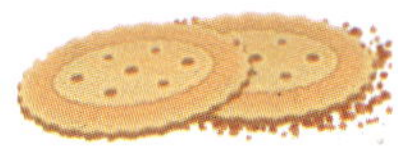
F ☐

G ☐

4. Lee los siguientes acertijos, ¿de qué alimentos hablan? Ayuda: son los tres que no tienen imagen en la actividad anterior.

Acertijo 1

Soy de Italia,
de diferentes formas
me puedes tomar,
todo el mundo
me quiere y la salsa
me gusta bailar.
¿Qué soy?

....

Acertijo 2

Soy redonda como una
pelota,
tengo cien abrigos
y cuando me los quitan,
todo el mundo llora.
¿Qué soy?

....

Acertijo 3

Soy blanca como la nieve,
y si grande quieres ser,
desde bebé
me tienes que beber.
¿Qué soy?

....

5. Ordena todos los alimentos de las actividades 1 y 3 de más a menos sanos. ¿Cuáles de ellos crees que hay que consumir a diario? Justifica tu respuesta.

Más sanos

Menos sanos

6. Visiona el siguiente vídeo en el que unos jóvenes hablan de su alimentación y responde a las preguntas.

1. ¿Cuál es el menú "ideal" de la primera chica?

....

2. ¿Qué alimentos suelen tomar con más regularidad?

....

3. ¿Qué alimentos no comen de forma habitual?

....

4. ¿Cuál es tu menú ideal? ¿Y el de tu compañero/a?

....

7. Lee la información de *¿Sabías que...?* ¿Consumes mucha carne? ¿Eres vegetariano/a? ¿Por qué?

¿Sabías que...?

La producción de un kilo de carne de vaca emite a la atmósfera el equivalente a un recorrido de 270 km en un coche diésel (27 kg de CO_2). La producción de un kilo de carne de pollo equivale a un recorrido de 69 km (6.9 kg de CO_2).

Cuaderno p. 154, ej. 1-4

VOCABULARIO: Alimentos, envases y medidas

- **Alimentos**

- **Envases**

una **botella** de aceite
un **brik** de leche
una **lata** de sardinas
una **bolsa** de patatas fritas
un **paquete** de harina
un **bote** de aceitunas

- **Medidas**

una/media docena de huevos
100/200/300... **gramos** de jamón
un kilo/medio (kilo)/(un) **cuarto** (de kilo) de manzanas
un/medio litro de leche
una barra de pan

1. 25 **Escucha la conversación y escribe en tu cuaderno qué ha comprado Juan y qué tiene que comprar.**

Ha comprado...	Tiene que comprar...
2 paquetes de harina	

2. 25 **Escucha de nuevo e indica la cantidad que dicen de estos productos.**

1. un kilo de manzanas
2. .... de aceitunas
3. .... de tomates
4. .... de leche
5. .... de huevos
6. .... de jamón

FUNCIONES: Comprar en una tienda

▸ **¿Qué le pongo/ponemos?/¿Qué desea?**
▹ **¿Me pone** un kilo de patatas, por favor**?**/
▹ **Un kilo de patatas**, por favor.
▸ **¿Desea algo más?**
▹ **Sí, póngame también** medio de cebollas./
▹ **No**, gracias, **nada más**.

- Para **preguntar el precio** de algo:

▸ **¿Cuánto cuesta** el pan/**cuestan** los huevos**?**
▹ **Cuesta** 90 céntimos./**Cuestan** 3 (euros) con 20.

- Para **pedir la cuenta**:

▸ **¿Cuánto es** (todo)**?**/
¿Cuánto le debo?
▹ **Son** 23 (euros) con 70.

3. **Fíjate de nuevo en el cuadro de vocabulario y pregúntale a tu compañero/a cuánto cuesta cada producto.**

4. 26 **Completa la información que falta en los diálogos. Después escucha el audio para comprobar tus respuestas.**

Diálogo 1

Charcutero: Buenos días, 1 ....

Juan: ¿2 .... 250 gramos de jamón serrano, por favor?

Charcutero: ¿Cuál prefiere? ¿El de la oferta?

Juan: Sí, porque es tan bueno como el otro, ¿no?

Charcutero: Sí, sí, es de muy buena calidad.

Juan: 3 ....

Charcutero: 4 .... 6 euros, por favor.

Diálogo 2

Tendero: Buenos días, ¿qué le ponemos?

Miguel: Una 5 .... de huevos.

Tendero: 6 ....

Miguel: 2 kilos de manzanas, por favor. 7 ....

Tendero: 8 .... 9 euros con 18.

Diálogo 3

Pastelera: Hola, buenos días, 9 ....

Lucía: ¿10 .... una bolsa de cruasanes caseros?

Pastelera: 4 euros. Son mucho más caros que los industriales...

VOCABULARIO: Menú del día

aderno
p. 155,
ej. 5

1

2

3

4

Menú del día

Lunes, 10 de marzo

PRIMER PLATO

1. Tortilla de patatas
2. Sopa de marisco
3. Ensalada mixta
4. Parrillada de verduras

SEGUNDO PLATO

5. Hamburguesa con queso
6. Pollo asado con patatas
7. Paella mixta
8. Filete de merluza a la plancha

POSTRE

- Fruta del tiempo
- Flan casero
- Helado

18,50€

(Pan, agua, refresco u otra bebida incluidos)

5

6

7

8

5. Completa esta definición de *menú del día* con las palabras del recuadro.

semana | tres | platos | elegir | postres

El menú del día es un tipo de menú de precio fijo que se sirve en muchos restaurantes y bares españoles. En el menú se puede 1 .... entre diferentes platos dentro de los 2 .... grupos (primeros, segundos y 3 ....). La denominación "del día" se debe a que el menú cambia los 4 .... cada día de la 5 .... Se considera un menú económico y generalmente no se ofrece los fines de semana.

6. ICULTURA **¿Existe un menú o plato del día en tu país? ¿Hay primer plato y segundo? ¿Cuáles son los postres típicos? ¿El precio incluye la bebida y el pan?**

7. DELE **Escribe un menú o plato del día típico del lugar donde vives.**

FUNCIONES: Interactuar en bares y restaurantes

Cuaderno p. 155, ej. 6

- **Camarero/a**
  - **¿Qué quiere/quieren tomar?** (Formal).
  - ¿Qué **quieres/queréis** tomar? (Informal).
  - ¿Qué **va/vas a tomar**?
  - **¿Y de segundo?**
    ¿Y de beber?
    ¿Y de postre?
  - ¿Quiere/Quieres tomar **café/algo más**?
- **Cliente/a**
  - **De** + **primero / segundo / beber / postre** + (yo) **quiero**... / (yo) **voy a tomar**...
    De beber, yo voy a tomar agua.
  - **Para mí**...
  - **¿Qué me recomienda?**
  - **Perdone, ¿me trae** un tenedor/un poco de pan/agua...**?**

8. 27 **Lee y escucha esta conversación en un restaurante. Luego marca las imágenes de los platos que se mencionan.**

Camarera: ¿Saben ya qué quieren tomar?
Luis: Para mí, de primero, las verduras a la plancha y, de segundo, el pollo asado.
Camarera: Muy bien. ¿Y usted?
Ana: Prefiero pedir a la carta... De primero, crema de verduras y, de segundo, pescado del día a la plancha con ensalada.
Camarera: Fenomenal...
Héctor: Yo prefiero pedir solo un plato; ¿qué me recomienda?
Camarera: En ese caso le recomiendo la paella de marisco. Dentro de cinco minutos puedo servirla.
Héctor: Perfecto, me encanta el arroz.
Camarera: ¿Y de beber?
Luis: Agua para todos.
Camarera: ¿Con o sin gas?
Ana: Sin gas, por favor.
Camarera: Si les parece bien, el postre me lo dicen luego.
Ana: Perfecto. Gracias.

1 ☐

2 ☐

3 ☐

4 ☐

5 ☐

6 ☐

7 ☐

8 ☐

9. 27 **Escucha de nuevo y marca las afirmaciones incorrectas.**

1. ☐ Todos toman menú del día.
2. ☐ Ana prefiere pedir a la carta.
3. ☐ Uno de ellos solo pide un plato.
4. ☐ La paella está casi preparada.
5. ☐ Para beber, piden agua y refrescos.
6. ☐ Prefieren el agua con gas.

10. **Lee el siguiente texto sobre la dieta mediterránea. Fíjate en las categorías de alimentos resaltadas y en la imagen que les corresponde.**

VOCABULARIO: Categorías de alimentos

aderno pp. 5-156, ej. 7-9

1 

2 

3 

4 

La dieta mediterránea se practica desde hace siglos y forma parte de nuestra cultura. Se trata de una dieta que equilibra los alimentos de tal modo que resulta muy beneficiosa para la salud. En ella podemos encontrar desde sus productos básicos –el aceite de oliva, las 1 **frutas**, las verduras, los 2 **cereales**, el pan, el arroz y la pasta–, hasta otros que se consumen ocasionalmente, como los 3 **dulces**. También hay sitio para todos los tipos de carne, aunque se recomienda más la 4 **carne blanca** que la 5 **carne roja** o que los 6 **embutidos**. Además de la leche, otros 7 **lácteos**, como el yogur y los quesos, son fundamentales en la dieta mediterránea. Otros alimentos que la completan y le aportan un gran valor son el pescado, el marisco, los huevos y las 8 **legumbres**.

 5

 6

 7

 8

11. **¿Sabes qué representa la siguiente imagen? ¿Qué relación tiene con la comida? Habla con tu compañero/a y luego visiona el vídeo para comprobar tu respuesta.**

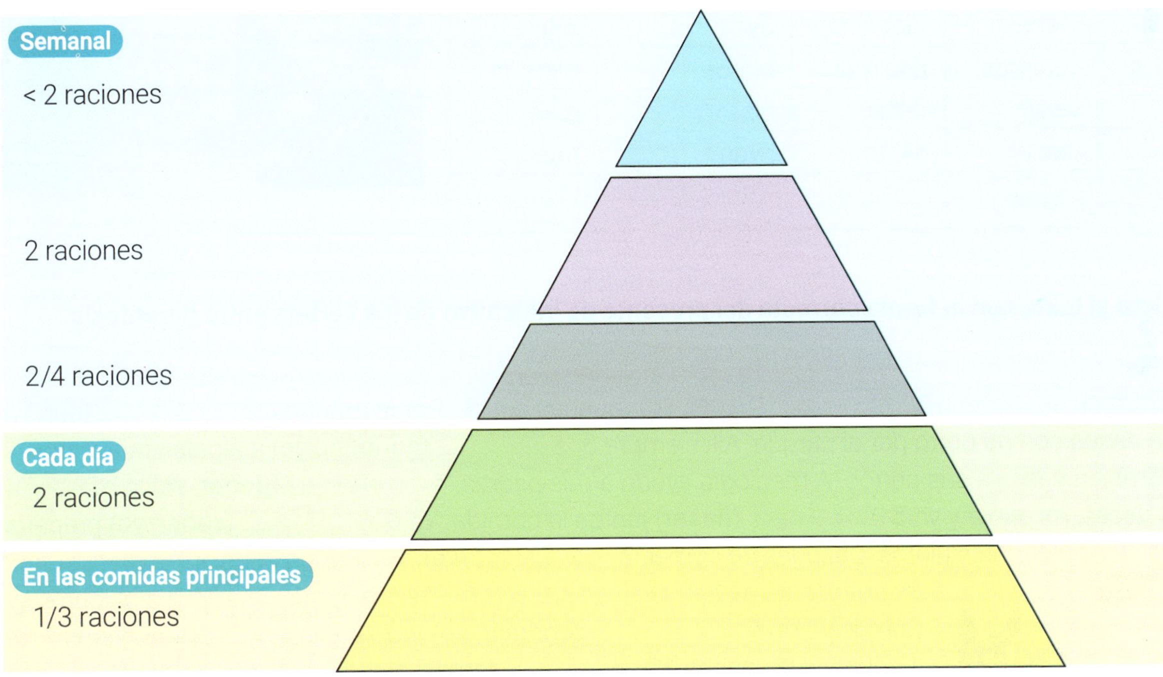

12. **Clasifica los alimentos que se mencionan en la actividad 10 dentro de la pirámide alimentaria. Luego visiona el vídeo para comprobar tu respuesta.**

13. **PENSAMIENTO CRÍTICO** **Mira qué alimentos hay en tu casa y escribe un informe teniendo en cuenta la pirámide de la dieta mediterránea y estas preguntas:**

1. ¿Crees que en tu casa lleváis una dieta equilibrada?
2. ¿Cómo puedes mejorar la alimentación en casa?
3. ¿Qué cosas tienes que quitar o incluir en tu dieta para tener una alimentación más sana?

Cuaderno pp. 156-157, ej. 10-12

Presente de indicativo irregular: verbos irregulares en la 1.ª persona y doble irregularidad

	Parecer	Hacer	Saber
yo	pare**zc**o	**hago**	**sé**
tú	pareces	haces	sabes
él, ella, usted	parece	hace	sabe
nosotros/as	parecemos	hacemos	sabemos
vosotros/as	parecéis	hacéis	sabéis
ellos, ellas, ustedes	parecen	hacen	saben

Otros verbos	
nacer → na**zc**o	salir → **salgo**
agradecer → agrade**zc**o	traer → **traigo**
conocer → cono**zc**o	caber → **quepo**
conducir → condu**zc**o	dar → **doy**
caer → **caigo**	estar → **estoy**
poner → **pongo**	ver → **veo**

La mayor parte de los verbos que terminan en ***-acer***, ***-ecer***, ***-ocer*** y ***-ucir*** se conjugan en 1.ª persona del singular con las terminaciones ***-azco***, ***-ezco***, ***-ozco*** y ***-uzco***, respectivamente.

- Verbos con **doble irregularidad**:

Tener	Venir	Decir	Oír
tengo	**vengo**	**digo**	**oigo**
t**ie**nes	v**ie**nes	d**i**ces	o**y**es
t**ie**ne	v**ie**ne	d**i**ce	o**y**e
tenemos	venimos	decimos	oímos
tenéis	venís	decís	oís
t**ie**nen	v**ie**nen	d**i**cen	o**y**en

- El verbo ***oler*** tiene también un cambio ortográfico:

Oler
huelo
hueles
huele
olemos
oléis
huelen

1. **Completa el texto con la forma correcta del presente de indicativo de los verbos entre paréntesis.**

Los fines de semana **1** .... **(hacer, yo)** muchas cosas. Por la mañana, **2** .... **(dar, yo)** un paseo con mi perro por el parque. Allí siempre **3** .... **(conocer, yo)** a alguien nuevo que también pasea a sus perros. A mediodía ayudo a mis padres, **4** .... **(poner, yo)** la mesa y, a veces, mi padre y yo **5** .... **(hacer)** juntos la comida. Ya **6** .... **(saber, yo)** preparar bastantes platos. Después de comer, **7** .... **(ver, yo)** alguna serie, **8** .... **(oír, yo)** música en mi habitación, leo... Los martes mi madre me lleva a baloncesto porque yo no **9** .... **(conducir, yo)** (no **10** .... **(tener, yo)** todavía 18 años) y la cancha **11** .... **(estar)** en otro pueblo. Los domingos por la tarde normalmente **12** .... **(salir, yo)** con mis amigos, **13** .... **(dar, nosotros)** una vuelta en bicicleta o **14** .... **(hacer, nosotros)** alguna pequeña excursión.

2. **Escribe una frase con cada uno de estos verbos en primera persona del singular.**

1. decir: ....

2. venir: ....

3. parecer: ....

4. traer: ....

3. **Contesta a las siguientes preguntas con ayuda de la imagen y con el verbo en primera persona del singular.**

1 

- ¿A qué hueles?
- Huelo a perfume.

2 

- ¿De dónde vienes?
- ....

3 

- ¿Qué instrumento sabes tocar?
- ....

4 

- ¿Quién traduce el menú?
- ....

5 

- ¿Te pareces a tu padre o a tu madre?
- ....

6 

- ¿Qué dices?
- ....

7 

- ¿Qué tienes en las manos?
- ....

8 

- ¿Qué oyes?
- ....

aderno
p. 157,
13-14

Contraste *pedir/preguntar, ir/venir, llevar/traer*

- ***Pedir*** significa 'solicitar algo': *pedir un favor, pedir dinero, pedir perdón, pedir información, pedir un papel...* ***Preguntar*** significa 'hacer una pregunta, pedir una información':
  ¿Quién **pide** la cuenta?
  Pregunta a María dónde vive.
- ***Ir*** y ***venir*** significan 'moverse de un lugar hacia otro'. Tomando como punto de referencia la persona que habla y el lugar donde está respecto a su interlocutor, ***ir*** se usa cuando el movimiento es hacia **allí** y ***venir*** cuando el movimiento es hacia **aquí**:
  ¿**Vienes** a mi fiesta?
  Esperadme, **voy** enseguida.
- ***Llevar*** y ***traer*** significan 'trasladar algo de una parte a otra'. Funcionan igual que ***ir*** y ***venir***:
  ¿Me podéis **llevar** a casa?
  ¿Podéis **traer** unos platos?

4. **Completa los diálogos con los verbos *ir* y *venir*. Fíjate en la situación y en el lugar donde están los interlocutores para responder correctamente.**

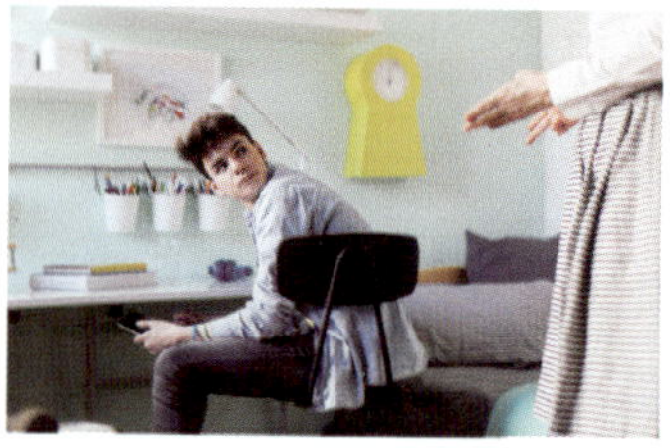

- ¿Puedes **1** .... a ayudarme un momento?
- Sí, **2** .... enseguida, mamá.

- Esta tarde Marta y yo **3** .... a tu casa a las seis.
- Podéis **4** .... antes si queréis.

- ¿Quién **5** .... a tu fiesta?
- **6** .... muchos amigos.

- ¿Mañana **7** .... a clase?
- No **8** .... porque debo **9** .... al médico.

5. **Elige la opción correcta.**

1. No sé qué **llevar/traer** a la cena de Eva.
2. Camarero, ¿me **lleva/trae** la carta, por favor?
3. Eva siempre me **lleva/trae** algo de sus viajes.
4. Hoy **llevo/traigo** el móvil a arreglar porque no funciona.
5. ¿Qué **llevas/traes** normalmente en la mochila?
6. Juan **lleva/trae** a su hermano si viene a mi casa.

6. **Juan y Luis están hablando por teléfono.Completa esta conversación telefónica con los verbos *pedir*, *preguntar*, *traer*, *llevar*, *ir* o *venir*.**

- Luis, ¿tus hermanas **1** .... esta tarde a mi cumpleaños?
- María está castigada y no **2** ...., pero Cristina va a **3** .... a mis padres para ver si la dejan **4** ....
- Vale, recuerda también **5** .... a tus padres si os pueden **6** .... a mi casa, porque vivo muy lejos.
- Oye, Juan, ¿tenemos que **7** .... algo de comer o beber?
- No, no hace falta **8** .... nada, mis padres han preparado muchas cosas.
- ¿Seguro? Puedo **9** .... otras cosas...
- Bueno, puedes **10** .... tu Nintendo para jugar a videojuegos.
- Vale, pero primero tengo que **11** .... a casa a por ella y luego **12** .... permiso a mis padres para **13** .... la consola a tu casa.
- ¡Estupendo! Si la **14** ...., lo vamos a pasar muy bien.

Cuaderno p. 158, ej. 15-18

Pronombres de objeto directo

Pronombres de objeto directo	
me	(yo)
te	(tú)
lo/la	(él, ella, usted)
nos	(nosotros/as)
os	(vosotros/as)
los/las	(ellos, ellas, ustedes)

Mi amiga Vanessa vive muy cerca de mi casa.
La veo todos los días en la calle.

- Los pronombres de objeto directo se colocan delante del verbo excepto con el imperativo afirmativo, el infinitivo y el gerundio. Con estas formas el pronombre de objeto directo siempre se coloca **a continuación** del verbo y unido a él:

  Coge **el libro** y déja**lo** encima de la mesa, por favor.
  Faltan dos **regalos**. Tienes que comprar**los** hoy.
  Esta tarta estoy haciéndola según la receta original.

7. **Fíjate en los pronombres y marca la opción correcta en cada frase.**

1. La como muy pocas veces.

a ☐ 

b ☐ 

c ☐ 

2. Los prefiero de frutas.

a ☐ 

b ☐ 

c ☐ 

3. La tomo siempre sin gas.

a ☐ 

b ☐ 

c ☐ 

4. Lo compro todos los días.

a ☐ 

b ☐ 

c ☐ 

5. Las tomo solo en los bares.

a ☐ 

b ☐ 

c ☐ 

8. **Reescribe las siguientes frases en tu cuaderno usando los pronombres de objeto directo.**

1. Mis abuelos viven cerca, por eso veo a mis abuelos casi todos los días.
2. Puedes coger las sillas de la cocina y llevar las sillas de la cocina al comedor.
3. ¿Te gustan los macarrones? Yo siempre hago los macarrones con tomate.
4. ¿Buscas el diccionario? ¿Necesitas el diccionario? Tengo el diccionario en mi escritorio.
5. Puedes comer paella en cualquier restaurante, muchos ofrecen paella los jueves.

9. **Transforma las siguientes frases según el ejemplo.**

1. Voy a pedir un perrito caliente. → Lo voy a pedir./Voy a pedirlo.
2. Mis padres quieren pagar la cuenta. → .... quieren pagar./Quieren ....
3. Tengo que invitar a Sara. → .... tengo que invitar./Tengo que ....
4. No quiero tomar sopa. → No .... quiero tomar./No quiero ....
5. Mi padre sabe preparar tapas muy ricas. → .... sabe preparar./Sabe ....

[Cu]aderno pp. [15]8-159, [1]19-21

Contraste *muy/mucho*

- ***Muy*** +adjetivo/adverbio

  Es **muy simpática**. Vivo **muy lejos**. Lo vamos a pasar **muy bien**.

- Verbo + ***mucho*** (invariable)

  Por la tarde **estudio mucho**. **Jugamos mucho** juntos con la Play.

- ***Mucho/mucha/muchos/muchas*** + (nombre)

  El niño tiene **mucha hambre**.
  Leo **muchos libros**.

  ▸ Tengo muy pocas pinturas.
  ▹ Pues yo tengo **muchas**.

10. **Completa con *muy* o *mucho/a/os/as*.**

1. Sandra es .... inteligente.
2. Conoces a .... gente, ¿verdad?
3. ¡Deprisa! Es .... tarde.
4. ¿Tienes .... amigos?
5. Julián trabaja ....
6. Hoy tengo .... cosas que hacer.
7. Laura y yo hablamos con .... frecuencia.
8. Este libro es .... interesante.
9. ▸ ¿Tienes .... libros en español?
   ▹ Sí, tengo .... y .... buenos.

1. Lee la carta del bar San Isidro y contesta a las siguientes preguntas.

TAPAS Y RACIONES

Patatas con alioli	8.50 €
Tabla de ibéricos	25.50 €
Tabla de quesos	20.50 €
Pincho de tortilla	5.50 €
Calamares a la romana	19.80 €
Croquetas de jamón	15.00 €

SÁNDWICHES Y BOCADILLOS

Sándwich mixto (jamón y queso)	5 €
Sándwich mixto con huevo	6.50 €
Sándwich vegetal	5.50 €
Bocadillos de tortilla, atún, queso, jamón...	5.50 €
Montaditos variados	2.50 €

HAMBURGUESAS

Sencilla (tomate, cebolla y lechuga)	9.99 €
San Isidro (tomate, queso, beicon, cebolla y lechuga)	15.50 €

(Las hamburguesas se sirven con patatas fritas o ensalada).

BEBIDAS Y REFRESCOS

Refrescos, zumo natural	3.00 €
Agua con gas/sin gas	2.00 €
Caña de cerveza sin alcohol	3.00 €

CAFÉ E INFUSIONES

Café solo	1.80 €
Café con leche o cortado	2.00 €
Té, menta-poleo, tila	1.50 €

MENÚ DEL DÍA

PRIMEROS
Huevos benedictine
Paella de marisco
Crema de verduras

SEGUNDOS
Salmón a la plancha
Pollo asado con patatas
Entrecot de ternera con salsa de setas

POSTRE
Flan casero
Tarta casera de chocolate
Fruta: piña, naranja o melón

Precio: **18.50 €**
El precio incluye pan, bebida y postre o café.

CORPES XXI VOCABULARIO

Hispanoamérica → torta:
La **torta** de boda tiene cuatro enormes pisos.
España → tarta:
De postre, una **tarta** de almendras excelente.
Hispanoamérica → botana:
Para abrir el apetito te presentamos esta gran variedad de **botanas**.
España → tapa:
Pasear por la ciudad y pararse a tomar unas **tapas** en alguno de los bares que han hecho de estas todo un arte.

1. ¿Qué platos de la carta son de carne?
2. ¿Qué platos de la carta son de pescado?
3. ¿Qué fruta puedes comer?

2. 28 **Escucha estos dos diálogos entre un camarero y unos clientes y completa la tabla.**

	Diálogo 1	Diálogo 2
¿Qué comen?		
¿Qué beben?		
¿Cuánto es todo?		

3. **Imagina que es la hora de comer y vas al bar San Isidro. Elige con tus compañeros/as de grupo una situación y pide la comida y la bebida que quieres tomar. Uno/a de vosotros/as es el/la camarero/a.**

Estás con una amiga. Tú eres vegetariano/a y no te gustan nada los refrescos con azúcar. A tu amiga no le gusta el queso y le gusta tomar un café después de comer.

Hoy tienes tiempo para comer tranquilamente con tu amigo. Tú tienes alergia al marisco. A tu amigo no le gusta mucho la carne y prefiere el pescado.

Vas al bar con tu compañero/a de clase. No tenéis tiempo para comer el menú del día. A ti te encanta la carne, pero no te gusta la cebolla. A tu compañero/a le encanta la tortilla de patatas.

Tu amiga y tú queréis tomar tapas, pero solo tenéis 30 € entre los dos. A los dos os gustan mucho los refrescos de naranja.

Vas con un amigo. Es tarde y ya no sirven el menú del día. A ti te gusta el pescado y a tu amigo no le gusta el queso. No os gusta comer con agua.

Pedir una explicación

- **¿De qué es** la tarta de la casa/**son** los bocadillos?
- **Una pregunta: ¿qué es/son...?**

Pedir la cuenta

- **¿Me/Nos trae la cuenta**, por favor**?**
- **La cuenta**, por favor.

4. **¿Sabes qué es la comida rápida? Completa la siguiente encuesta.**

ENCUESTA SOBRE CONSUMO DE COMIDA RÁPIDA

1. ¿Con qué frecuencia consumes comida rápida a la semana?
- ☐ 1 o 2 días
- ☐ 5 o más días
- ☐ 3 o 4 días
- ☐ Nunca

2. ¿Dónde comes normalmente comida rápida?
....

3. ¿Qué opinas de la comida rápida?
- ☐ Me gusta mucho.
- ☐ No me gusta mucho.
- ☐ Me gusta.
- ☐ No me gusta nada.

4. ¿Qué te parece más importante cuando consumes comida rápida? Puntúa de 4 (muy importante) a 1 (poco importante).

Sabor ☐ Calidad ☐ Precio ☐

5. Puntúa estos productos de comida rápida de 5 (me encanta) a 1 (no me gusta nada).

Sándwich .... ☐ Hamburguesa .... ☐
Tacos .... ☐ Perrito caliente .... ☐

6. ¿Cuándo consumes productos de comida rápida?
- ☐ Por la mañana.
- ☐ A mediodía.
- ☐ Por la tarde.
- ☐ Por la noche.

7. ¿Cuánto dinero gastas de media a la semana en comida rápida? ....

8. ¿Cuál es tu restaurante de comida rápida favorito?
....

5 **PENSAMIENTO CRÍTICO** **Ahora compara el resultado de tu encuesta con el de tus compañeros/as.**

- ¿Cuántos comen comida rápida? ¿Con qué frecuencia?
- ¿A cuántos les gusta la comida rápida? ¿Dónde comen? ¿Cuándo?
- ¿Se consume comida rápida porque es más barata?
- ¿Cuáles son las conclusiones?

6. **COMPETENCIA EMOCIONAL** **Piensa en una comida que tiene para ti un significado especial, que te trae buenos recuerdos o que te hace pensar en momentos y personas importantes de tu vida. Cuéntaselo a tus compañeros/as.**

Cuaderno | p. 159, ej. 22-23

HOSTAL Babel

Unas tapas muy ricas

Antes del vídeo

1. **En grupos de tres. ¿Te gusta esta cafetería? ¿Cómo se llama tu cafetería favorita? ¿Cómo es? ¿Qué se puede tomar en ella?**

Durante el vídeo

2. **Visiona el fragmento 00:30 ▸ 01:15. ¿Qué dice siempre Carla?**

"Me .... la cafetería donde trabajo".

"En la cafetería .... muy bien".

"Trabajo de ....".

¿Qué palabra utiliza Hugo para hablar de la profesión de Carla?

....

3. **¿Crees que Hugo puede tener algún problema para comer fuera de casa? Visiona el fragmento 01:39 ▸ 02:05 para comprobar tu respuesta.**

4. **¿De qué comidas hablan Tere, Carla y Hugo? Visiona el fragmento 02:06 ▸ final y márcalas en el siguiente menú.**

TAPAS

- jamón ibérico
- paella de marisco
- huevos estrellados
- pincho de tortilla
- patatas bravas
- croquetas
- tabla de quesos
- pulpo a la gallega

SÁNDWICHES

- mixto
- mixto con huevo
- vegetal

HAMBURGUESAS

- normal (lechuga, tomate y cebolla)
- normal con queso
- especial (cebolla, lechuga, pepinillo y tomate)

(Todas las hamburguesas se sirven acompañadas de patatas hervidas y ensalada).

5. **¿Qué pide Tere? ¿Y Hugo? Visiona de nuevo el fragmento y escríbelo.**

Tere: De comer .... De beber ....

Hugo: De comer .... De beber ....

Después del vídeo

6. **En grupos de tres. Como ves, Hugo tiene muchos problemas para comer cuando sale. ¿Puedes ayudarlo? Elabora una carta con platos para personas veganas.**

7. **Ahora presentad vuestra propuesta a la clase.**

APRENDE A APRENDER

Antes de empezar a hablar en una actividad de expresión oral como esta, es recomendable hacer un esquema mental y escrito de los puntos que vamos a tratar.

CONSOLIDA | Comprensión y expresión escritas

APRENDE A APRENDER

Hablar del tema que vas a leer te puede ayudar a entender el texto y a anticipar y activar el vocabulario que sabes sobre ese tema.

1. Hazle estas preguntas a tu compañero/a.

¿Qué tipo de comida tomas habitualmente?
Cuando comes o cenas fuera de casa, ¿mantienes esos hábitos?
¿Qué es lo más importante cuando comes fuera, el precio, la comida o el ambiente?

2. DELE Lee esta página web con la reseña de tres restaurantes y decide a cuál va cada persona.

www.restaurantes.com

Fresco y Ligero

230 opiniones

Comida económica, ligera y sana, baja en calorías para gente deportista y moderna. Puedes comer en nuestro confortable restaurante o llevarte la comida a casa. Menús vegetarianos y veganos disponibles. Especialidad en plato único y sándwiches.
(Precio del plato del día: 15 euros, no incluye bebida).

La Cocina de la Abuela

367 opiniones

Nuestros primeros y segundos platos llevan productos de temporada locales, ecológicos y respetuosos con el medioambiente: verduras y carnes a la parrilla y pescados frescos de la región. Tenemos carta y te ofrecemos nuestro variado menú del día de lunes a viernes.
(Precio del menú del día: 20 euros, bebida incluida).

Cadena de restaurantes SuperLleno

451 opiniones

¡Sabor internacional de Italia, México, España y USA para tus amigos y para toda la familia! Puedes disfrutar de nuestra gran oferta de hamburguesas, *pizzas*, nachos, bocadillos de tortilla de patatas...

1. Andrés, estudiante

Normalmente como en casa y mi alimentación es muy sana y variada: verdura, fruta, carne y pescado a la plancha... Por eso, a veces, cuando como fuera con amigos o con mi familia me gusta probar otras cosas, ¡también comida rápida! Muchos sábados voy a merendar con mis amigos a...

2. Diana, ejecutiva

Como mucho fuera de casa. No me gusta la comida rápida y estoy muy concienciada con el medioambiente y con la economía local. Intento mantener una alimentación sana pero variada. Me gusta pedir primero, segundo y postre. Soy muy tradicional para comer. Mi restaurante favorito es...

3. Mónica, funcionaria

Trabajo en la secretaría de la universidad y paso mucho tiempo sentada. Por mi horario, como todos los días fuera, pero intento cuidarme. No como carne ni pescado, pero sí huevos, leche, queso... Para mí es mejor comer solo un plato que el tradicional menú con primero, segundo y postre; por eso voy mucho a...

3. Marca las afirmaciones correctas.

1. ☐ Los tres restaurantes tienen menú del día.
2. ☐ La comida de SuperLleno es comida rápida.
3. ☐ Diana no cuida su alimentación.
4. ☐ Andrés come más comida rápida que Diana.
5. ☐ Mónica es vegetariana.
6. ☐ En La Cocina de la Abuela hay bocadillos.

4. COMPETENCIA DIGITAL Busca en internet información sobre un restaurante con el tipo de comida que más te gusta. Luego escribe un texto en tu cuaderno explicando las características del restaurante: comida, precios, servicios que ofrece, dónde está ubicado, etc.

Nos vamos de tapas

1. **Solo uno de estos platos es una tapa, ¿cuál? ¿Por qué?**

a

b

c

¿Sabías que...?

Una tapa es un aperitivo que se sirve con la bebida. En algunas ciudades la tapa es gratuita. La tapa de mayor tamaño y que se comparte entre varias personas se llama **ración**. Es bastante habitual salir a cenar o a comer tapas los fines de semana; esta forma de comer se llama **tapear** o **ir de tapas**. En algunas zonas del norte de España las tapas se llaman **pinchos** (*pintxos* en euskera) y no son gratuitos.

2. **Estas son algunas de las tapas más populares. Lee su descripción. Puedes usar el diccionario. ¿Cuál te gustaría probar?**

Croquetas

Son porciones de masa hecha con besamel y un picadillo de diversos ingredientes, que se rebozan en huevo y pan rallado y se fríen en aceite. Las más populares son las de jamón, bacalao y pollo.

Pulpo a la gallega

Es un plato típico de Galicia, aunque se come en toda España. El pulpo se cuece, se trocea y se sirve con pimentón por encima. A veces también se sirve con patatas cocidas.

Patatas bravas

Son patatas fritas que se sirven con una salsa picante, la salsa brava. Se sirven calientes y en algunas zonas de España se añade alioli, una salsa de mayonesa con ajo.

Pimientos de Padrón

Son pimientos verdes pequeños que suelen hacerse a la plancha o fritos. Algunos son particularmente picantes. Por eso, suele decirse que "los pimientos de Padrón, unos pican y otros no". Padrón es un pueblo de Galicia.

Huevos estrellados

Son huevos fritos acompañados generalmente de patatas fritas y jamón ibérico. A veces el jamón se sustituye por otros ingredientes como chorizo o setas. En este plato hay que mezclar los huevos con el resto de los ingredientes.

3. ICULTURA **¿En tu país hay tapas? ¿Existe algo similar? ¿Es habitual comer en los bares?**

4. ICULTURA **Vamos a hacer un listado de tapas de la clase. Piensa en un plato de tu país que se pueda servir como tapa y preséntaselo a la clase. Luego tu profesor/a recogerá todas las propuestas para hacer una lista con las tapas que se ofrecen.**

Nombre de la tapa	Ingredientes	Precio

Cuaderno
p. 160, ej. 24-26

A DEBATE

3 SALUD Y BIENESTAR · 10 REDUCCIÓN DE LAS DESIGUALDADES · 12 PRODUCCIÓN Y CONSUMO RESPONSABLES

2x1: Rico y saludable

Objetivo

Buscar información sobre las características que debe tener una dieta saludable, equilibrada y sostenible e investigar sobre la gastronomía de un país hispano.

Tarea

Crear una entrada de blog con una receta de un plato con estas características y compartirla en redes con la etiqueta #adebateA1_5.

1. **Con la clase. Lee los datos y responde a las siguientes preguntas.**

- ¿Cuántas veces comes verduras a la semana? ¿Y fruta?
- ¿Qué son las *grasas trans*?
- ¿Crees que tu dieta es equilibrada? Explica qué comes en un día normal.
- ¿Sueles tomar refrescos? ¿Con o sin azúcar?
- ¿Compras alimentos de comercio justo?

Datos sobre alimentación

La **dieta saludable** nos protege de las enfermedades e influye en nuestro **estado de ánimo**.

El consumo de productos de **comercio justo** en España ha aumentado un 3.6 % en los últimos años.

Es recomendable reducir el consumo de **azúcar y sal**.

La **ingesta calórica** debe estar equilibrada con respecto al gasto calórico.

La **industria alimentaria** consume el 30 % de la energía mundial y produce el 22 % de los gases de efecto invernadero.

Los **alimentos frescos** son buenos para la salud.

Fuentes: OMS (Organización Mundial de la Salud), https://www.iberdrola.com/sostenibilidad/sostenibilidad-alimentaria y https://comerciojusto.org

Investigación

2. COMPETENCIA DIGITAL **En grupos de cuatro. Cada persona del grupo elige uno de estos temas e investiga en internet para responder a las preguntas.**

SALUD Y BIENESTAR

- ¿Cómo influye la alimentación en el estado de ánimo?
- ¿Qué enfermedades se producen por una mala alimentación?
- ¿Qué relación existe entre la alimentación y la actividad física?

HÁBITOS ALIMENTARIOS

- ¿Cuál es el consumo máximo recomendado de sal al día? ¿Y de azúcar?
- ¿Cómo influye la edad en los hábitos de alimentación?
- ¿Cuántos litros de agua hay que beber al día? ¿Por qué?

Continúa →

SOSTENIBILIDAD MEDIOAMBIENTAL

- ¿Cuáles son los cinco alimentos que más contaminan el planeta? ¿Por qué?
- ¿Por qué es importante comprar productos de temporada?
- ¿Cuáles son las ventajas de comprar en comercios locales?

SOSTENIBILIDAD SOCIAL

- ¿Cuántos niños trabajan en la agricultura en el mundo? ¿Y mujeres? ¿Son propietarios de la tierra que trabajan?
- ¿Cuánta comida se tira diariamente a la basura en el mundo?
- Busca información sobre qué es el comercio justo y cómo funciona.

Enlaces:
https://url.edinumen.es/c/esp-a-tope-nivel-A1

Manos a la obra

3. **Con tu grupo. Comparte la información que tienes. Toma notas.**

4. **Con tu grupo. Inventa una receta de un plato saludable, equilibrado y sostenible. Después completa la información de la plantilla que os va a dar el/la profesor/a.**

5. COMPETENCIA DIGITAL **Con la clase. Ahora vais a crear un blog con las recetas de todos los grupos.**

- Un blog es una página web para publicar imágenes, textos, vídeos y enlaces a otras páginas web.
- Las publicaciones se hacen con entradas. No hay límite de entradas, así que puedes publicar entradas para diferentes temas.
- Para este proyecto, cada grupo va a publicar su receta en una entrada.
- Recuerda compartir el enlace del blog en tus redes con la etiqueta #adebateA1_5.

Presentación

6. **Con la clase. Presenta tu receta. Luego la clase debe elegir la más rica, la más equilibrada y la más sostenible.**

Y TÚ, ¿QUÉ PIENSAS?

7. PENSAMIENTO CRÍTICO **Con la clase. Lee la información y responde a las preguntas.**

La obesidad en adolescentes en España es de un 10.8 % según la OMS. Si sumamos el sobrepeso y la obesidad, la cifra sube al 38.4 %.

1. Busca las cifras de la obesidad en adolescentes de tu país. ¿Crees que es importante reducirlas? ¿Por qué?
2. En tu opinión, ¿cuáles son los alimentos de los que más abusan los adolescentes?
3. Después de tu investigación, ¿crees que es importante cuidar la alimentación?

8. **Consulta el material digital extra si quieres saber más sobre hábitos de alimentación saludables.**

6 ¿TIENES HORA?

1. **Observa los siguientes relojes, ¿sabes qué horas indican? Después relaciona cada frase con su imagen correspondiente.**

1. Es el reloj de engranajes más antiguo del mundo.
2. En el centro histórico de la ciudad hay numerosas esculturas de personas comunes.
3. Celebra el centenario de la proclamación de la independencia del país.
4. Al ritmo de sus campanadas, muchos españoles reciben al Año Nuevo.

A ☐

Plaza de la Independencia, Pachuca (México)

B ☐

Centro de Oviedo (España)

C ☐

Puerta del Sol, Madrid (España)

D ☐

Catedral de Comayagua (Honduras)

2. COMPETENCIA DIGITAL **Busca en internet qué hora es en Pekín, Sidney, Seúl y Lisboa. Luego practica con tu compañero/a.**

3. **¿Quién se come las galletas de Fernando? Lee los relatos de cada miembro de la familia y descubre quién es el culpable.**

Fernando, padre (48 años)

De lunes a sábado solo tomo un café con leche, pero el domingo es mi día especial: siempre me levanto tarde y como mis galletas de avena y chocolate negro favoritas... Pero cuando voy a la cocina ¡no están! Alguien se come mis galletas. Necesito descubrir al culpable...

Mari Carmen, madre (46 años)

Durante la semana paso mucho tiempo fuera de casa por mi trabajo. Siempre desayuno un té verde con limón y un yogur. A veces como unas galletas de mantequilla a las once de la mañana. Los domingos salgo a correr y después desayuno con mi hija y mi marido.

El/La culpable es ....

Pedro, hijo (18 años)

Todos los días me levanto muy temprano para ir a la universidad y desayuno algo allí. Me encanta el deporte y por las tardes juego al baloncesto con mi equipo. Los domingos por la mañana siempre tengo partido con algún equipo del barrio y antes de salir tomo lo primero que encuentro en la cocina, ¡necesito energía!

Sofía, hija (15 años)

Por las mañanas voy al instituto y, después, tengo clases de inglés y hago patinaje artístico. Todos los días desayuno lo mismo: un vaso de leche y tostadas con mermelada de fresa, ¡me encantan! Algunos días meriendo un plátano y galletas. Los domingos desayuno con mis padres porque mi hermano siempre está fuera de casa.

4. 29 **Escucha las rutinas de Juan, Sara y Ana. Marca quién...**

	Juan	Sara	Ana
1. se levanta a las ocho de la mañana.	☐	☐	☐
2. va a clase de música por las tardes.	☐	☐	☐
3. lee libros por la noche.	☐	☐	☐
4. da un paseo con sus amigas algunos días.	☐	☐	☐
5. chatea con sus amigos por la noche.	☐	☐	☐

¿Sabías que...?

El **insomnio** en los adolescentes es frecuente y tiene consecuencias en su conducta y rendimiento escolar.
Para evitar el insomnio se aconseja:

- No usar el móvil antes de dormir.
- No tomar bebidas con cafeína después de las 17:00.
- No comer mucho antes de acostarse.

5. COMPETENCIA EMOCIONAL **¿Tienes insomnio alguna vez? ¿Cómo te sientes en esos momentos? ¿Y al día siguiente?**

VOCABULARIO: La hora

Cuaderno p. 161, ej. 1

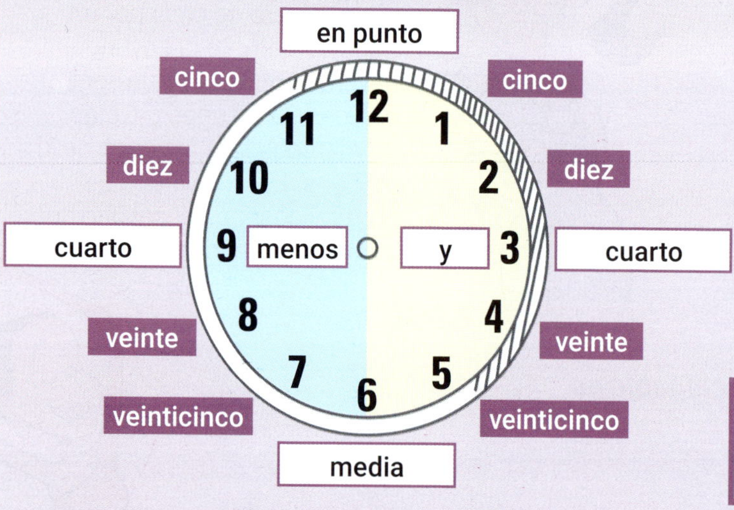

- Si es la una, se usa ***es***; con el resto de horas se usa ***son***:

  Es la una y veinte.
  Son las doce y media.

- Se dice ***en punto*** para indicar el principio exacto de una hora:

  Son las diez **en punto**.

- Con la palabra *cuarto* no se usa artículo:

  Es la una y/menos ~~un~~ **cuarto**.

CORPES XXI VOCABULARIO

Hispanoamérica → *Son/Falta un cuarto para* + hora
Sí, **son un cuarto para las doce** de la noche.

1. Di las horas que indican los relojes.

FUNCIONES: Preguntar y decir la hora, hablar de las partes del día, decir la fecha

Cuaderno p. 161, ej. 2

- **Preguntar la hora**:
  - **¿Qué hora es?**
  - **¿Tiene/s hora?**

  ▸ **¿Tienes hora?**
  ▹ Son las tres y cuarto.

- Decir la **parte del día**:
  - **por la mañana/tarde/noche**
  - **a mediodía**

  Voy a clase **por la mañana**.

  - En Hispanoamérica se usa la preposición ***en***:

  El sábado **en** la mañana nos vemos.

- **Concretar la hora**:
  - hora + **de la mañana/tarde/noche**

  Son las cinco **de la tarde**, nos vemos a las seis.

  - En contextos formales se usa el **formato de 24 horas**:

  El tren sale a las **trece treinta horas**. (13:30)

- **Decir la fecha**:
  - **el** + día + **de** + mes (+ **de** + año)

  El Día de la Independencia en Argentina es **el 9 de julio**.

- Los **meses** del año son:

enero	**julio**
febrero	**agosto**
marzo	**septiembre**
abril	**octubre**
mayo	**noviembre**
junio	**diciembre**

- En el lenguaje coloquial, el *mediodía* se refiere a la hora de la comida (entre las 13:00 y las 15:00).
- En español el nombre de los meses del año se escribe en minúscula.

2. ¿Cuándo realizas estas actividades? Clasifícalas según el momento del día y compáralas con tu compañero/a.

Dormir. | Tomar un sándwich. | Hacer deporte. | Escuchar música. | Estudiar. | Lavarte los dientes.
Desayunar. | Leer un libro. | Salir con amigos/as. | Jugar con el ordenador. | Hablar con tu familia.

Por la mañana	A mediodía	Por la tarde	Por la noche

3. Añade a la tabla anterior otras actividades que haces tú en las diferentes partes del día.

Las Fallas

4. **COMPETENCIA DIGITAL** Busca en internet las fechas en que se celebran las siguientes fiestas o eventos y escríbelas en letra.

1. Día de la Constitución (España). ....
2. Día de Muertos (México). ....
3. Día Internacional de la Amistad. ....
4. Las Fallas (España). ....
5. Inti Raymi (Perú). ....
6. Día Internacional de la Mujer. ....

Inti Raymi

FUNCIONES: Hablar de horarios

aderno p. 161, ej. 3

- **Preguntar**:
  - ¿Cuál es el horario de...?
  - ¿Qué días abre/cierra...?
  - ¿A qué hora abre/cierra...?
- **Responder**:
  - a las...
  - de... a...
  - desde las... hasta las...
  - entre las... y las...

El museo **cierra a las** siete de la tarde.
El horario de las tiendas normalmente es **de** 10:00 **a** 20:00./**desde las** 10:00 **hasta las** 20:00.
Los bancos atienden al público de lunes a viernes, **entre las** 9:00 **y las** 16:00.

5. **COMPETENCIA DIGITAL** Busca en internet el horario de uno de estos lugares y haz una ficha siguiendo el modelo del Museo del Prado (Madrid). Luego explica el horario del lugar elegido a tu compañero/a.

- Museo Moderno, Buenos Aires.
- PortAventura, Tarragona.
- Machu Picchu, Perú.
- Oceanogràfic, Valencia.
- Museo del Oro, Bogotá.
- Sagrada Familia, Barcelona.

Horarios del Museo del Prado

Abierto	Cerrado
De lunes a sábado: 10:00-20:00 Domingos y festivos: 10:00-19:00	1 de enero, 1 de mayo y 25 de diciembre
Horario reducido	**Días y horas de entrada gratuita**
6 de enero, 24 y 31 de diciembre: 10:00-14:00	De lunes a sábado de 18:00 a 20:00 Domingos y festivos de 17:00 a 19:00

ADQUIERE | Vocabulario y funciones

Cuaderno pp. 161-163, ej. 4-13

VOCABULARIO: Acciones habituales y días de la semana

- Los días de la semana son: **lunes**, **martes**, **miércoles**, **jueves**, **viernes**, **sábado** y **domingo**.

Levantarse

Los domingos **me levanto** a las diez.

Ducharse

Los lunes **me ducho** antes de ir a clase.

Desayunar

Los sábados **desayuno** con mis abuelos.

Vestirse

Después de desayunar, **me visto**.

Trabajar

Trabajo de lunes a viernes.

Comer

Siempre **como** con mi familia.

Hacer los deberes

Por la tarde **hago los deberes**.

Merendar

Todos los días **meriendo** a las seis.

Ver una serie

Los martes por la tarde **veo una serie**.

Jugar

Los fines de semana **juego** a videojuegos.

Cenar

Los miércoles **cenamos** fuera.

Acostarse

Los jueves **me acuesto** pronto.

6. **¿Qué acciones cotidianas puedes expresar con los siguientes verbos? Completa las tablas con dos actividades. Después compara con tu compañero/a.**

Leer	Tomar	Jugar
• un libro	•	• ....
•	•	• ....

Hacer	Lavarse	Salir
•	•	• ....
•	•	• ....

APRENDE A APRENDER

Asociar palabras a un verbo te ayuda a recordar sus posibles combinaciones y a aprender otras nuevas.

7. **DELE** **¿Cuáles son las rutinas de tu compañero/a? Pregúntale usando los verbos del cuadro de vocabulario. ¿Hacéis las mismas cosas?**

8. 30 **DELE** **Lee y escucha este diálogo.**

Padre: Buenos días, Alberto. ¡Qué sorpresa verte tan temprano! Normalmente te levantas a las 8...

Alberto: Buenos días, papá. Es que hoy tenemos un examen por la mañana y no quiero llegar tarde. ¿Y tú por qué estás en casa? Siempre sales a las 7...

Padre: Es verdad, pero hoy no trabajo por la mañana.

Alberto: Entonces, hoy puedes dormir más. ¿Por qué no estás durmiendo?

Padre: Ya conoces mis costumbres, siempre me levanto muy temprano. Me gusta preparar el desayuno tranquilamente, ducharme, escuchar la radio...

Alberto: ¿Dónde está mamá?

Padre: Se está duchando; ella también sale de casa más temprano hoy. Tiene una reunión muy importante en la oficina a las 8:30. ¿Quieres algo para desayunar?

Alberto: No, no, nada, gracias, papá... Nunca desayuno antes de las 8:30.

Julia: Buenas...

Padre: ¡Julia!, ¡qué pronto te levantas! ¿Tú también tienes algún examen?

Julia: No, pero hoy quiero ir a clase un poco antes, tengo un día muy largo.

Padre: ¿Quieres una tostada? ¿Un zumito?

Julia: No, no, gracias, papá, es muy temprano... Nunca...

Padre: Sí, sí, lo sé... Nunca desayunáis antes de las 8:30. Ja, ja, ja...

9. **Elige la opción correcta para completar las frases.**

1. Hoy Alberto sale de casa temprano porque...
- **a.** tiene un examen.
- **b.** no puede dormir.
- **c.** va a desayunar fuera.

2. El padre de Alberto está en casa porque...
- **a.** trabaja por las tardes.
- **b.** está sin trabajo.
- **c.** hoy trabaja por la tarde.

3. Al padre de Alberto le gusta...
- **a.** dormir mucho los fines de semana.
- **b.** levantarse pronto para hacer cosas.
- **c.** ducharse antes de desayunar.

4. La madre también sale de casa antes porque...
- **a.** va al médico.
- **b.** tiene un examen, es profesora.
- **c.** tiene una reunión de trabajo.

5. Julia...
- **a.** tiene un examen muy temprano.
- **b.** hoy va a clase más pronto de lo normal.
- **c.** va a ir a clase antes para terminar pronto.

6. Alberto y Julia desayunan...
- **a.** después de las ocho y media.
- **b.** antes de las ocho y media.
- **c.** en la escuela.

10. **¿Con qué miembros de la familia del diálogo asocias estas imágenes?**

1 

2 

3 

4 

11. COMPETENCIA EMOCIONAL **Cuenta a tu compañero/a qué acción de las que realizas cada día te hace sentir mejor y cuál peor. Explícale por qué.**

Cuaderno p. 163, ej. 14-15

Presente de indicativo: cambios gráficos

- Por cuestiones fonéticas, algunos verbos tienen un **cambio gráfico**, no una irregularidad, en la 1.ª persona del singular:

	Coger	Otros verbos	Vencer	Otros verbos	Distinguir	Otros verbos
yo	cojo	recoger	venzo	convencer	distingo	seguir
tú	coges	proteger	vences	ejercer	distingues	perseguir
él, ella, usted	coge	exigir	vence	cocer...	distingue	conseguir...
nosotros/as	cogemos	dirigir	vencemos		distinguimos	
vosotros/as	cogéis	sumergir...	vencéis		distinguís	
ellos, ellas, ustedes	cogen		vencen		distinguen	

- Algunos de estos verbos son también irregulares: *cuezo*, *persigo*, *consigo*, *sigo*...

1. Elige la opción correcta.

1. Yo **acogo/acojo** bien las críticas.
2. No **ejerzo/ejerco** influencia sobre él.
3. **Eligo/Elijo** este plato porque me gusta más.
4. No **fingo/finjo**, siempre digo la verdad.
5. **Corrigo/Corrijo** los ejercicios.
6. Cuando me **sumerjo/sumergo** en el mar, soy feliz.

2. Completa las frases con la persona *yo* del presente de indicativo del verbo entre paréntesis.

1. Siempre .... **(recoger)** la mesa.
2. .... **(Seguir)** esperando a Juan.
3. .... **(Cocer)** la pasta en esta cazuela.
4. Yo .... **(exigir)** mucho a mis estudiantes.
5. Siempre .... **(conseguir)** lo que quiero.
6. .... **(Dirigir)** una empresa grande.

Cuaderno p. 164, ej. 16-17

Presente de indicativo irregular: verbos completamente irregulares

	Ser	Ir	Haber
yo	soy	voy	he
tú	eres	vas	has
él, ella, usted	es	va	ha
nosotros/as	somos	vamos	hemos
vosotros/as	sois	vais	habéis
ellos, ellas, ustedes	son	van	han

- El verbo ***haber*** es un verbo auxiliar que se usa para formar los tiempos compuestos.
- Existe una forma especial del verbo ***haber*** que ya conoces, ***hay***, que sí tiene significado por sí misma y que es impersonal. Como sabes, sirve igual para singular y plural:

  Aquí **hay un profesor**.
  Aquí **hay varios estudiantes**.

3. Lee el texto y complétalo con la forma correcta del presente de indicativo de los verbos entre paréntesis.

¡Hola! Yo 1 .... (llamarse) Manuela, 2 .... (tener) catorce años y 3 .... (ser) de Valencia. Por la mañana 4 .... (levantarse) a las siete, 5 .... (desayunar) y 6 .... (ducharse). A las ocho 7 .... (irse) al instituto porque las clases 8 .... (empezar) a las ocho y media. En el instituto 9 .... (haber) clases hasta las dos. A las once 10 .... (salir) al recreo y 11 .... (quedarse) en el patio jugando. Después, a las dos de la tarde, 12 .... (volver) a casa. Después de comer, 13 .... (recoger) mi habitación y 14 .... (sentarse) para hacer los deberes. Si 15 .... (estar) cansada, 16 .... (dormir) un rato o 17 .... (ponerse) a escuchar música. Otras veces 18 .... (convencer) a mi hermano para jugar a algún videojuego o 19 .... (quedar) con mis amigas. Por la noche, mientras mis padres preparan la cena, yo 20 .... (poner) la mesa. Después de cenar, 21 .... (leer) un poco o 22 .... (coger) mi *tablet* un ratito para jugar. Normalmente 23 .... (acostarse) a las diez de la noche, porque al día siguiente 24 .... (despertarse) pronto.

! En español, hay verbos que se pueden construir con o sin pronombre y, en muchos casos, cambian de significado:

Quedar → concertar una cita:
¿A qué hora **quedamos**?

Ir → moverse de un lugar hacia otro, dirigirse:
¿**Vamos** al cine luego?

Hacer → producir, causar:
Estoy haciendo una tarta.

Quedarse → permanecer en un sitio:
Quédate aquí un momento.

Irse → marcharse, salir de un lugar:
Nos vamos ahora mismo.

Hacerse → volverse, transformarse:
Te estás haciendo muy mayor.

Adjetivos y pronombres indefinidos

aderno
p. 164,
18-19

- Los indefinidos indican la **existencia** o **inexistencia** de personas o cosas. Hacen referencia a una **cantidad indeterminada** y pueden ser **adjetivos**, si acompañan a un nombre, o **pronombres**, si van solos:

	Existencia		Inexistencia	
	Masculino	Femenino	Masculino	Femenino
Singular	**algún** + nombre **alguno**	**alguna**	**ningún** + nombre **ninguno**	**ninguna**
Plural	**algunos**	**algunas**	**ningunos**	**ningunas**

- ¿Hay **alguna chica** del año pasado en clase?
- Sí, hay **algunas** (chicas)/dos/muchas...

- Antonio, ¿hay **algún problema**?
- No, **ninguno**. = No, **ningún problema**.

– Las formas ***ningunos/ningunas*** se usan con nombres en plural que tienen sentido singular:
No veo **ningunas tijeras** en el cajón.
No tengo **ningunos pantalones** grises.

Cuando usamos los indefinidos de inexistencia, se incluye ***no*** delante del verbo.

- Hay cuatro pronombres indefinidos específicos:

	Existencia	Inexistencia
Personas	alguien	nadie
Cosas	algo	nada

- ¿Hay **alguien** en casa?
- No, creo que **no** hay **nadie**.

- ¿Quiere **algo** más?
- No, gracias, **no** quiero **nada** más.

4. Completa los siguientes diálogos con los indefinidos adecuados.

- ¿Tienes 1 .... pregunta sobre la clase de hoy?
- Tengo 2 .... Bastantes, la verdad.

- ¿Ves 8 .... allí? ¿Qué crees que puede ser?
- ¿Dónde? No veo 9 ....
- Hay 10 .... luces en el cielo.

- ¿Tienes 3 .... examen la semana que viene?
- No, no tengo 4 ....

- ¿Hay 11 .... conectado?
- Sí, hay 12 .... estudiantes.

- ¿Vas a la fiesta de Ana?
- No porque no conozco a 5 ....
- Ana siempre invita a 6 .... chicas de tu clase.
- Sí, pero esta vez no va 7 ....

- Estoy cerca del supermercado, ¿compro 13 ....?
- No, no hace falta 14 .... Bueno..., sí, compra 15 .... yogures..., naturales, por favor.

Preposiciones para expresar tiempo

Cuaderno p. 165, ej. 20

- ***Desde*** indica el comienzo de una acción:
  Vivo en Madrid **desde** 2015.
- ***Hasta*** indica el final de una acción:
  Estoy en España de vacaciones **hasta** septiembre.
- ***Desde la/las... hasta la/las...*** y ***de... a...*** indican el comienzo y el fin de una acción:
  Estoy en clase **desde las** ocho **hasta la** una. = Estoy en clase **de** ocho **a** una.

  Como ves, ***de... a...*** no lleva artículo.
- ***A*** indica la hora con exactitud:
  Comemos **a** las dos de la tarde.

! Para indicar la fecha, podemos decir:
Hoy **es/estamos a** 29 de agosto.

- ***En*** indica el tiempo con exactitud. Se usa con los meses, los años, las estaciones:
  Este año los exámenes son **en** junio.
  En 2027 hay elecciones.
  En verano me voy de vacaciones a la playa.
- ***Entre*** indica el periodo de tiempo entre dos momentos:
  Entre las doce y las dos no me llames, que voy a estar en un examen.
- ***Sobre*** indica un tiempo aproximado:
  Normalmente llego a mi casa **sobre** las dos o las dos y media.
- ***De*** indica el momento del día si especificamos la hora:
  Los niños meriendan a las cinco **de** la tarde.

APRENDE A APRENDER

Agrupar las preposiciones por su significado te ayuda a aprender más fácilmente sus diferencias.

5. Elige la opción adecuada.

1. Estoy en el instituto **desde/en** los 12 años.
2. Hoy no cenamos **entre/hasta** las diez.
3. Estaré en casa **sobre/de** la una o una y cuarto.
4. Tienes médico a las diez **de/en** la mañana.
5. Las clases son **de/desde** las nueve **a/hasta** las tres.
6. Tenemos vacaciones **en/a** Navidad.
7. Este museo abre **de/desde** martes **a/hasta** domingo.
8. Está cerrado **desde/entre** las dos y las cuatro de la tarde.

6. Completa las frases con las preposiciones adecuadas.

1. Nos vemos más tarde, ... las siete o siete y media.
2. Vivo en Málaga .... 2019.
3. El verano comienza .... junio y termina .... septiembre.
4. Me quedo en Madrid .... el final del curso.
5. Estoy en clase .... 8 .... 4 de la tarde.
6. Los exámenes son .... el 15 y el 30 de junio.
7. Nos vamos de vacaciones .... agosto.
8. Los sábados voy a entrenar .... las 9 de la mañana.

aderno pp. 5-166, 21-24

Preposiciones *por* y *para*

- La preposición ***por*** se usa para indicar:
  - Lugar de **paso**: Paseo **por el parque**.
  - **Causa**, motivo: Está en la cama **por la fiebre**.
  - **Partes** del día: **Por la mañana** voy al instituto.
  - **Medio** de comunicación: Te mando la foto **por WhatsApp**.
- La preposición ***para*** se usa para indicar:
  - **Dirección** del movimiento: Voy **para Perú**.
  - **Finalidad**: Estudia español **para ir a España**.
  - **Límite temporal**: El trabajo es **para mañana**.
  - **Opinión** personal: **Para mí**, este teléfono es mejor.

7. Elige *por* o *para*.

1. Llego tarde **por/para** el tráfico.
2. Voy a Bahía **por/para** trabajar.
3. Nunca salgo **por/para** la noche.
4. Cada día paso **por/para** tu casa.
5. Siempre nos comunicamos **por/para** correo electrónico.
6. **Por/Para** mi hermano, las matemáticas son muy divertidas.
7. Salgo **por/para** la escuela ya.
8. El informe debe estar **por/para** mañana.

8. Completa el texto con *por* o *para*.

1 .... la mañana me levanto a las siete y media 2 .... ir al instituto. Salgo de casa y paso siempre 3 .... la plaza donde mi madre tiene su tienda de ropa. Normalmente voy en bicicleta, pero hoy no puedo usarla 4 .... la lluvia. El tiempo es muy malo y llueve mucho, pero dicen que 5 .... el fin de semana va a salir el sol. Donde vivo llueve tan fuerte que a veces tengo que entrar en la tienda de mi madre 6 .... protegerme. Cuando ya no llueve, salgo y voy corriendo 7 .... clase porque no quiero llegar tarde. ¡8 .... mis profesores es muy importante la puntualidad!

9. Completa las frases con *por* o *para*. Hay una frase que admite las dos preposiciones. ¿Cuál es y qué diferencia de significado hay si se usa *por* o *para*? Coméntalo con tu compañero/a.

1. .... mí, este profesor es demasiado estricto.
2. A veces me encuentro a tu hermano .... la calle.
3. Puedes hacer los deberes mañana .... la mañana.
4. No hago *puenting* .... miedo.
5. Voy .... allá, espérame.
6. Necesitamos descansar .... el examen.
7. Estamos aquí .... aprender español.
8. Puede usted contactar conmigo .... correo.

1. 31 DELE **Escucha lo que hacen Gema y Ernesto en un día normal y marca la información correspondiente a cada uno.**

Gema
35 años. Ingeniera

- ☐ .... **1.** Se despierta a las 7:00. .... ☐
- ☐ .... **2.** Se despierta a las 6:30. .... ☐
- ☐ .... **3.** Se ducha por la mañana. .... ☐
- ☐ .... **4.** Come algo a las 14:00. .... ☐
- ☐ .... **5.** Come algo a media mañana. .... ☐
- ☐ .... **6.** Duerme la siesta después de comer. .... ☐
- ☐ .... **7.** Corre. .... ☐
- ☐ .... **8.** Da un paseo. .... ☐
- ☐ .... **9.** Se ducha antes de cenar. .... ☐
- ☐ .... **10.** Pide una *pizza*. .... ☐
- ☐ .... **11.** Juega con el ordenador. .... ☐
- ☐ .... **12.** Se acuesta pronto. .... ☐

Ernesto
17 años. Estudiante

2. **¿Tú haces estas cosas habitualmente? ¿Cuáles sí y cuáles no? ¿A qué hora? Lee la información del cuadro y relaciona las acciones.**

3. **Javi y Carolina son compañeros de piso y por la mañana cada uno tiene rutinas diferentes. Lee la información, ordena las acciones de cada uno y completa el texto.**

Relacionar dos acciones temporalmente

- **antes de** + infinitivo/nombre
  Todos los días corro por el parque **antes de** cenar/la cena.
- **después de** + infinitivo/nombre
  Después de ducharme/la ducha me visto.

- ☐ Salir de casa: 9:00
- ☐ Ducharse: 8:00
- ☐ Vestirse: 8:25
- ☐ Desayunar: 8:40
- ☐ Afeitarse: 8:15

- ☐ Ducharse: 8:30
- ☐ Salir de casa: 9:00
- ☐ Maquillarse: 8:50
- ☐ Desayunar: 8:00
- ☐ Vestirse: 8:45

Ordenar las acciones en el tiempo

- **primero**
- **luego/después**
- **por último**

Primero desayuno, **luego** me ducho, **después** me visto y **por último** me lavo los dientes.

Javi primero ...., luego .... y ...., después .... y por último ....

Carolina primero ...., luego .... y ...., después .... y por último ....

4. **Piensa en tu rutina y cuéntale a la clase lo que haces y en qué orden en un día normal.**

5. **Observa la agenda de este mes de Sara. ¿Con qué frecuencia realiza estas actividades? Fíjate en el ejemplo.**

Sara estudia en la biblioteca **dos veces a la semana**.

JUNIO

Lunes	Martes	Miércoles	Jueves	Viernes	Sábado	Domingo
Biblioteca 1	*Ballet* 2	Piscina 3	Tenis 4	Biblioteca 5	Deberes Cine con Virginia y Santi 6	Celebrar mi cumpleaños 7
Biblioteca 8	*Ballet* 9	Piscina 10	Club de lectura 11	Biblioteca 12	Deberes 13	Salir con amigos 14
Biblioteca 15	*Ballet* 16	Piscina 17	Tenis 18	Biblioteca 19	Deberes 20	Comer con los abuelos 21
Biblioteca 22	*Ballet* 23	Piscina 24	Tenis Club de lectura 25	Biblioteca 26	Deberes Salir con amigos 27	Momento relax 28
Biblioteca 29	*Ballet* 30	1	2	3	4	5

Actividades

1. Estudiar en la biblioteca.
2. Practicar *ballet*.
3. Celebrar el cumpleaños.
4. Hacer los deberes.
5. Salir con los amigos.
6. Jugar al tenis.
7. Reunirse en el club de lectura.
8. Comer en casa de sus abuelos.
9. Ir a la piscina.

Frecuencias

- los miércoles
- una vez a la semana
- una vez al mes
- dos veces al mes
- dos veces a la semana
- tres veces al mes
- una vez al año
- casi todos los fines de semana
- todos los sábados

APRENDE A APRENDER

Ordenar las palabras según un determinado criterio te ayuda a aprenderlas más fácilmente; como estas expresiones de frecuencia, ordenadas de más a menos.

Expresar frecuencia (2)

- **los** + día de la semana
  Los lunes voy al gimnasio por la tarde.

  el lunes → los **lunes**
  el sábado → los **sábados**

- (casi) **todos los** días/meses/años/fines de semana
- (casi) **todas las** mañanas/tardes/noches/semanas
- **una vez/n.º de veces al** día/**a la** semana/**al** mes/**al** año
- **normalmente**
- **a veces**
- (casi) **siempre**
- (casi) **nunca**

6. **Marca la frecuencia con la que tú realizas estas actividades. Después cuéntaselo a la clase.**

	Todos los días	Casi todos los días	A veces	Casi nunca	Nunca	Una vez al día/a la semana/al mes/al año	N.º de veces al día/a la semana/al mes/al año
Hacer los deberes.	☐	☐	☐	☐	☐	☐	☐
Lavarte los dientes.	☐	☐	☐	☐	☐	☐	☐
Ir al dentista.	☐	☐	☐	☐	☐	☐	☐
Ir a la biblioteca.	☐	☐	☐	☐	☐	☐	☐
Poner y quitar la mesa.	☐	☐	☐	☐	☐	☐	☐
Salir con amigos.	☐	☐	☐	☐	☐	☐	☐
Acostarte pronto.	☐	☐	☐	☐	☐	☐	☐
Celebrar el cumpleaños.	☐	☐	☐	☐	☐	☐	☐
Comer en un restaurante.	☐	☐	☐	☐	☐	☐	☐
Practicar deporte.	☐	☐	☐	☐	☐	☐	☐

Cuaderno | p. 166, ej. 25-27

HOSTAL Babel

El olor de tu café

Antes del vídeo

1. Observa la fotografía. ¿Qué parte del día crees que es? ¿Por qué?

2. Haz con tu compañero/a una lista de los alimentos que hay en la mesa.

Durante el vídeo

3. Visiona el fragmento 00:50 ▸ 01:23 y contesta a las preguntas.
   1. ¿A qué hora se despierta normalmente Carla?
   2. ¿A qué hora desayuna normalmente Carla?
   3. ¿A qué hora están desayunando hoy en el hostal Babel?
   4. ¿Por qué tiene que levantarse hoy más temprano Carla?
   5. ¿A qué hora empieza a trabajar hoy Carla?

4. ¿En qué orden crees que hace estas cosas Bea?

☐ Desayunar ☐ Ducharse ☐ Levantarse ☐ Ir al gimnasio ☐ Empezar a trabajar

5. Ahora visiona el fragmento 01:29 ▸ 01:51, completa la información y comprueba tu respuesta anterior.

Primero 1 ...., luego 2 .... y 3 .... y después 4 .... Por último, 5 ....

6. Aquí tienes un fragmento de la conversación entre Tere, Carla y Bea. Ordénalo. Luego compara con tu compañero/a.

☐ Tere: Tengo cita con el dentista.
☐ Carla: ¡Mirá, hablando de chicas estudiosas y responsables!
☐ Carla: ¿Y por qué te levantás tan temprano hoy, Tere?
☐ Tere: ¡Qué bien huele! ¿Puedo ponerme un café?
☐ Tere: ¡Ni yo! Nunca me levanto tan pronto.
☐ Bea: Lo sé, lo sé.
☐ Bea: Claro. Nunca pruebas mi café cuando está recién hecho.
1 Tere: ¿Eso que huelo es el café de Bea?
☐ Bea: ¡Qué temprano estás hoy levantada, Tere! ¡No puedo creerlo!
☐ Tere: Sí. Yo creo que es la primera vez desde que estoy en este hostal. ¡Me encanta tu café, Bea!

7. Visiona el fragmento 03:00 ▸ 03:42 sin sonido y haz los cambios necesarios según los gestos que observas.

8. Ahora visiónalo con sonido para comprobar. ¿Te ha ayudado verlo sin sonido para ordenarlo? ¿Cómo?

Después del vídeo

9. ¿Qué desayunas tú normalmente? ¿Con quién sueles desayunar? ¿Es diferente el desayuno de los días de diario al de los fines de semana?

CONSOLIDA | Comprensión y expresión escritas

1. **Lee la información de esta web de viajes sobre los horarios y los días festivos en Argentina y di si las afirmaciones son verdaderas (V) o falsas (F).**

HORARIOS Y DÍAS FESTIVOS EN ARGENTINA

HORARIO COMERCIAL

El horario de las tiendas es normalmente de 9:00 a 20:00, aunque a veces cierran para hacer una pausa a mediodía. Los sábados el horario es de 9:00 a 13:00. Los centros comerciales abren todos los días de la semana (incluidos los domingos) de 10:00 a 22:00.

RESTAURANTES

Normalmente funcionan desde las 12:00 y se puede cenar desde las 20:30. Siempre se puede comer algo rápido en una cafetería, una pizzería, locales de comida rápida o en un puesto callejero, pues casi siempre están abiertos.

OFICINAS PÚBLICAS Y BANCOS

El horario habitual de las oficinas estatales es de 9:00 a 12:00 y de 14:00 a 19:00. Los bancos atienden al público de lunes a viernes, entre las 10:00 y las 15:00.

ESCUELAS

El horario escolar depende de la etapa y del tipo de centro educativo. En general las clases comienzan entre las 7:30 y las 8:00 de la mañana. Cuando la escuela tiene dos turnos, las clases del turno de mañana terminan sobre las 12:30 y el turno de tarde comienza a las 13:00.

TRANSPORTE PÚBLICO

El metro de Buenos Aires, el *subte*, empieza a funcionar a las 5:00 de la mañana y finaliza entre las 22:30 y las 23:00 de la noche. Muchos autobuses urbanos, *colectivos*, funcionan durante las 24 horas todos los días de la semana.

PRINCIPALES FIESTAS ARGENTINAS

1 de enero	Año Nuevo
24 de marzo	Día Nacional de la Memoria por la Verdad y la Justicia
2 de abril	Día del Veterano y de los Caídos en la Guerra de las Malvinas
(fecha variable)	Viernes Santo
1 de mayo	Día del Trabajo
25 de mayo	Día de la Revolución de Mayo
20 de junio	Día de la Bandera
9 de julio	Día de la Independencia
12 de octubre	Día de la Diversidad Cultural Americana
8 de diciembre	Día de la Inmaculada Concepción de María
25 de diciembre	Navidad

1. Todas las tiendas cierran para comer. .... V F
2. Los centros comerciales abren todos los días. .... V F
3. Se puede cenar en los restaurantes argentinos desde las ocho y media de la tarde. .... V F
4. Las oficinas públicas abren por la mañana y por la tarde. .... V F
5. El horario de atención al público en los bancos es hasta las cuatro de la tarde. .... V F
6. Las escuelas tienen horario de mañana. .... V F
7. El metro y los autobuses en Buenos Aires funcionan las 24 horas del día. .... V F
8. El 20 de junio se celebra el Día de la Independencia. .... V F

CORPES XXI ORTOGRAFÍA

- Se escriben con mayúscula inicial los nombres y adjetivos de festividades religiosas o civiles, como por ejemplo *Navidad, Año Nuevo, Día de la Diversidad Cultural Americana*... Cierra los ojos, ábrelos, y ya es mañana, la **Navidad**.
- Los días de la semana y los meses del año se escriben con minúscula: El **jueves** 27 de **agosto** es el cumpleaños de Marina. ¡No lo olvides!
- Cuando el nombre de una festividad contiene un día o un mes, este se escribe con mayúscula: Las fechas de **Jueves Santo** y **Viernes Santo** son variables porque dependen del calendario lunar. El 25 de mayo se celebra el **Día** de la Revolución de **Mayo**.

2. ICULTURA **Habla con tus compañeros/as de las diferencias y similitudes entre los horarios de Argentina y los de tu país.**

3. COMPETENCIA DIGITAL **Elige un país hispano. Busca información en internet sobre su fiesta más famosa: historia, comida típica de ese día, influencias religiosas o culturales que tiene, etc. En la siguiente clase, comparte la información y, junto al resto de compañeros/as, elabora un calendario con los días festivos más importantes del mundo hispano.**

HORARIOS ESPAÑOLES

1. Lee el siguiente texto sobre las costumbres de los españoles en horarios y comidas.

¿Cómo comen?

Los españoles invierten alrededor de 15 minutos en el desayuno y entre 30 y 40 minutos en las comidas y las cenas.

Las dos comidas principales (la del mediodía y la cena) se hacen a la mesa y, si es posible, en compañía: familia, compañeros o compañeras de estudios o trabajo... Sin embargo, últimamente, cada vez es mayor el número de personas que comen y cenan delante de una pantalla.

¿Cuándo comen?

Los horarios dependen del tipo de trabajo, pero una cosa está clara: en España todo ocurre más tarde que en otros países. Normalmente los españoles desayunan entre las seis y media y las nueve de la mañana. A mediodía comen entre la una y media y las tres y media de la tarde. Por la noche cenan entre las nueve y las diez o diez y media. ¿Qué te parece?

¿Cuántas veces comen al día los españoles?

Los españoles realizan mayoritariamente tres comidas diarias: el desayuno, la comida del mediodía y la cena, y solo el 28 % toma algo a media mañana y merienda a media tarde. En días laborables el desayuno lo hace un 95.4 % de los españoles. Un dato curioso es que los estudiantes son los que menos desayunan.
La merienda es la comida menos importante: normalmente solo meriendan los menores de 12 años y los mayores de 60.

¿Dónde comen?

La mayoría de los españoles desayuna y cena en su casa entre semana.

Es normal hacer una pausa a media mañana para tomar un pequeño desayuno. Muchas personas lo hacen dentro del trabajo, pero es muy frecuente salir a alguna cafetería o bar cercanos y tomar café con churros o un pincho de tortilla.

En cuanto a la comida de mediodía, muchas personas se llevan algo preparado de casa y comen en el trabajo. Otras van a los restaurantes de la zona y toman un menú del día.

Los fines de semana es frecuente salir a comer o a cenar fuera para disfrutar del tiempo libre.

2. ICULTURA Comenta las siguientes cuestiones con tu compañero/a. ¿Coincidís?

- ¿Dónde comes normalmente?
- ¿Cuántas veces comes al día?
- ¿Cuánto tiempo dedicas a las comidas?
- ¿Ves la televisión o usas el ordenador o el móvil cuando comes?

3. Fíjate en este mapa que muestra a qué hora se cena en diferentes países de Europa. ¿Qué diferencias hay entre España y el resto de países?

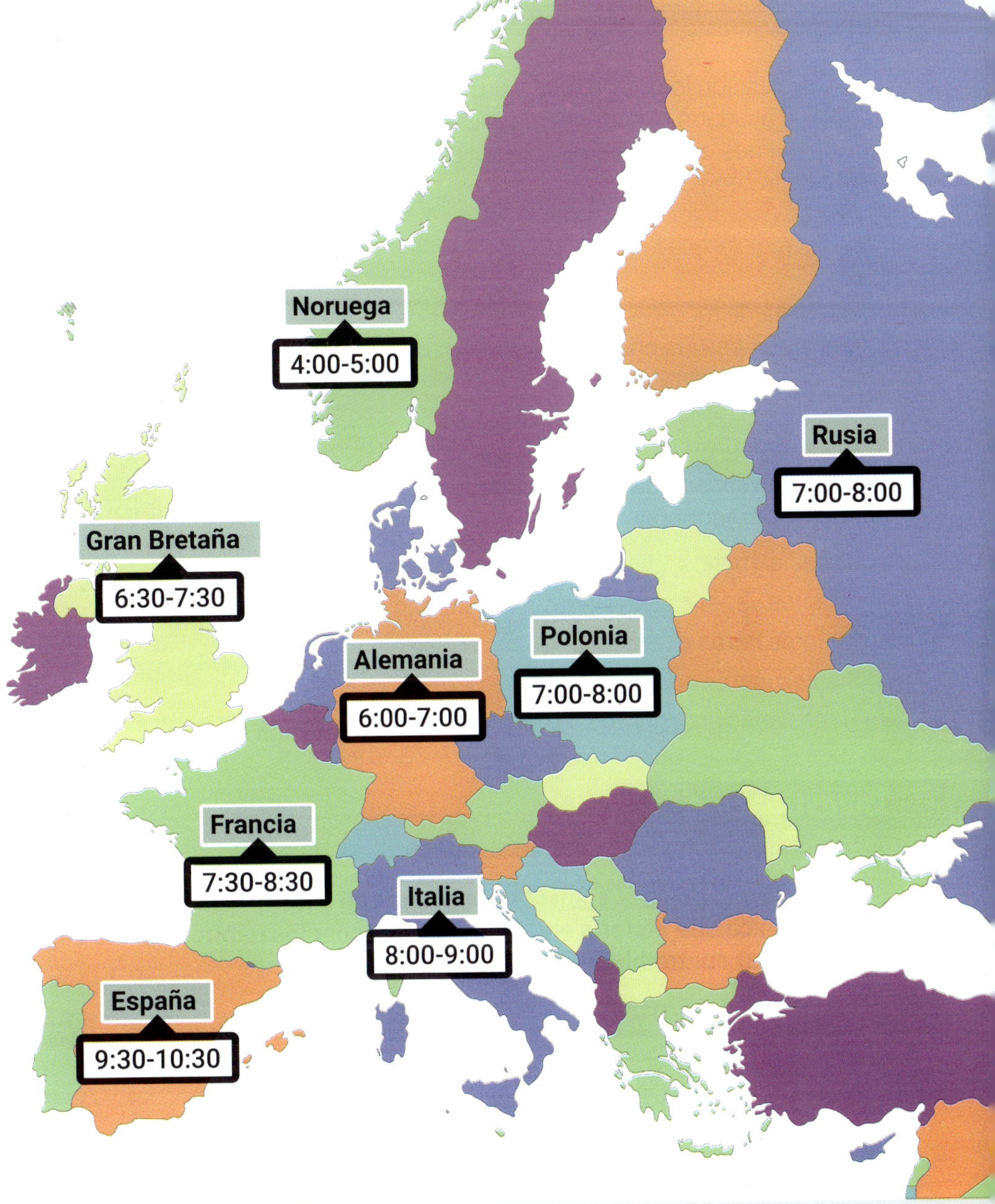

Fuente: @loverofgeograophy

4. **COMPETENCIA DIGITAL** Busca en internet a qué hora se desayuna y se come en los ocho países que aparecen en el mapa y toma notas.

APRENDE A APRENDER

Trabajar en parejas puede ser muy productivo, ya que lo que no sabes tú lo puede saber la otra persona y viceversa.

5. Comparte con tus compañeros/as los datos que has encontrado y compáralos con los suyos. ¿Hay algún país que te llama la atención? ¿Por qué?

Cuaderno
p. 167, ej. 28-29

A DEBATE

Nuevos hábitos

Objetivo

Conocer cuáles son los hábitos de vida no saludables y ayudar a evitarlos. Para ello, vas a hacer una encuesta en redes sociales sobre los hábitos de tus seguidores.

Tarea

Crear una lista de recomendaciones a partir de la encuesta y compartirla en una historia en redes con la etiqueta #adebateA1_6.

1. Con la clase. Lee cuáles son los hábitos de vida saludables y responde a las siguientes preguntas.

- ¿Bebes al menos 1.5 litros de agua al día?
- ¿Cuántas veces haces ejercicio a la semana?
- ¿Cuántas horas duermes al día?
- ¿Sientes estrés con frecuencia? ¿Por qué?
- ¿Tienes suficiente tiempo libre?

Estilo de vida saludable

✔ Cuidar la alimentación.

✔ Evitar el consumo de bebidas con cafeína.

✔ Hacer ejercicio.

✔ Mantener activa la mente.

✔ Dormir lo suficiente.

✔ Evitar el estrés.

Investigación

2. COMPETENCIA DIGITAL En grupos de cuatro. Cada persona del grupo elige uno de estos apartados y publica una historia en redes para conocer los hábitos de sus seguidores. En total, cada grupo debe publicar cuatro historias.

SALUD FÍSICA Y MENTAL

1. ¿Haces ejercicio físico?
   a. 5 veces a la semana.
   b. 2 veces a la semana.
   c. No, nunca.
   d. Otro: ....
2. ¿Pasas revisiones médicas?
   a. 1 vez al año.
   b. Cada 4 años.
   c. No, nunca.
   d. Otro: ....
3. ¿Te sientes nervioso/a?
   a. Sí, todos los días.
   b. A veces.
   c. No, nunca.
   d. Otro: ....

ALIMENTACIÓN

1. ¿Comes fruta y verdura?
   a. Sí, todos los días.
   b. 3 veces a la semana.
   c. No, nunca.
   d. Otro: ....
2. ¿Tomas comida rápida?
   a. Sí, siempre que puedo.
   b. Varias veces a la semana.
   c. No, nunca.
   d. Otro: ....
3. ¿Cuánta agua bebes al día?
   a. 2 o más litros.
   b. Menos de 2 litros.
   c. No bebo mucha agua.
   d. Otro: ....

SUEÑO

1. ¿Tienes problemas para dormir?
   a. Sí, todos los días.
   b. Solo a veces.
   c. No, nunca.
   d. Otro: ....
2. ¿Cuántas horas duermes entre semana?
   a. Más de 8.
   b. Entre 6 y 8.
   c. Menos de 6.
   d. Otro: ....
3. ¿Te cuesta levantarte por la mañana?
   a. Sí, es un infierno.
   b. Solo algunos días.
   c. No, nunca.
   d. Otro: ....

Continúa →

OTROS HÁBITOS

1. ¿Cuántas horas al día usas el móvil?
   - a. Más de 4 horas.
   - b. Entre 2 y 4 horas.
   - c. Menos de 2 horas.
   - d. Otro: ....

2. ¿Cada cuánto tiempo vas al dentista?
   - a. Cada 6 meses.
   - b. 1 vez al año.
   - c. Nunca voy.
   - d. Otro: ....

3. ¿Tomas bebidas energéticas?
   - a. Sí, todos los días.
   - b. 2 o 3 veces por semana.
   - c. No, nunca.
   - d. Otro: ....

Para hacer una encuesta en redes, sigue estos pasos:

- Busca una foto en internet relacionada con tu apartado del test y descárgala.
- Abre la aplicación y pulsa en "Tu historia".
- Añade la foto para el fondo.
- Haz una historia para cada pregunta de tu apartado del test.
- Usa la etiqueta #adebate_6.

3. COMPETENCIA DIGITAL **Analiza los resultados de tu encuesta y busca en internet información para mejorar los hábitos de tus seguidores.**

Enlaces:
https://url.edinumen.es/c/esp-a-tope-nivel-A1

Manos a la obra

4. Con tu grupo. Comparte la información que tienes. ¿Cuáles son los problemas más extendidos?

5. Con tu grupo. Crea la lista de recomendaciones para sustituir los hábitos no saludables más comunes por otros que sí lo son. Después comparte esa lista en una última historia bajo la misma etiqueta: #adebateA1_6.

Presentación

6. COMPETENCIA EMOCIONAL **Con la clase. Presenta la lista de recomendaciones y explica cómo han reaccionado los seguidores a tu etiqueta. ¿Ha sido una reacción positiva o negativa?**

Y TÚ, ¿QUÉ PIENSAS?

7. PENSAMIENTO CRÍTICO **Con la clase. Responde a las siguientes preguntas.**

1. ¿Piensas cambiar alguno de tus hábitos? ¿Cuál y por qué?
2. Después de hacer la encuesta, ¿crees que, en general, los jóvenes de tu país llevan una vida saludable? ¿Por qué?
3. ¿Por qué es importante cuidar el cuerpo y la mente?

8. ¿Quieres saber más sobre hábitos saludables? Consulta el material digital extra y descúbrelo.

FICHAS DE PRONUNCIACIÓN Y ORTOGRAFÍA

1. Escucha los siguientes pares de palabras y repite. No importa ahora su significado.

- pero - perro
- casa - caza
- suelo - suero
- peces - peses
- pagar - pajar
- helar - errar
- manco - mango
- sepa - cepa
- churro - chulo
- jara - jarra
- quiso - guiso
- mesa - meza

2. Marca las palabras que escuchas. No importa ahora su significado.

- ☐ liga
- ☐ rama
- ☐ bajo
- ☐ guerra
- ☐ zueco
- ☐ coro
- ☐ cazo
- ☐ mango
- ☐ loza
- ☐ zeta
- ☐ perra
- ☐ hora

3. Escucha la canción y marca las palabras que oyes.

- ☐ quinto
- ☐ café
- ☐ México
- ☐ cuántos
- ☐ agua
- ☐ tango
- ☐ Suiza
- ☐ ¿Qué tal?
- ☐ Guinea
- ☐ Francia
- ☐ sueco
- ☐ playa
- ☐ Marruecos
- ☐ flamenco
- ☐ pagar
- ☐ tener
- ☐ cinco
- ☐ rojo

4. Ahora lee la canción y comprueba tu respuesta anterior.

Mi casa está en un quinto piso,
desde aquí puedo ver todo Madrid.
Miro hacia el sur y me imagino
que me voy de viaje muy lejos de aquí.

Estribillo
Quiero viajar por todo el mundo,
desde Guinea hasta Hong Kong.
Quiero viajar por todo el mundo,
desde la India a Nueva York.

Ir a una playa al sur de Francia,
visitar La Habana y tocar el bongó,
cantar flamenco en Sevilla,
¿qué tal ir a Marruecos
y luego volar a Japón?

(Estribillo)

Sueño viajar por todo el planeta,
¡cuántos amigos deseo tener!
Sueño viajar por todo el planeta,
¡cuántos amigos deseo tener!

Bailar un tango en Argentina,
cantar en Memphis un *rock and roll*,
comer pimiento rojo en México,
cruzar la línea del Ecuador.

(Estribillo)

Bailar el tango

Tocar el bongó

Cantar flamenco

Línea del ecuador (Quito, Ecuador)

1. **Lee la información y divide las palabras resaltadas en sílabas.**

PRONUNCIACIÓN: la sílaba

- En español, las palabras se dividen en **sílabas**: ca-sa, tren, ex-tran-je-ro
- Hay palabras formadas por una, dos, tres, cuatro o cinco sílabas: mar, si-lla, ven-ta-na, te-lé-fo-no, a-fir-ma-ti-vo
  También hay palabras con más de cinco sílabas (i-be-ro-a-me-ri-ca-no), pero son menos frecuentes.
- Una sílaba puede estar formada por:
  - una o varias vocales: **a**-gua; **ai**-re
  - una vocal y una consonante: **ca**-**sa**, **ir**
  - una vocal y varias consonantes: a-**mor**, **cla**-se

! No hay sílabas solo con consonantes.

- Cuando una palabra tiene dos o más sílabas, una de ellas se pronuncia con más énfasis que el resto, es la **sílaba tónica**:
  ca-sa, ex-tran-**je**-ro, **si**-lla, ven-**ta**-na, te-**lé**-fo-no, a-fir-ma-**ti**-vo, a-**mor**, **cla**-se; **a**-gua

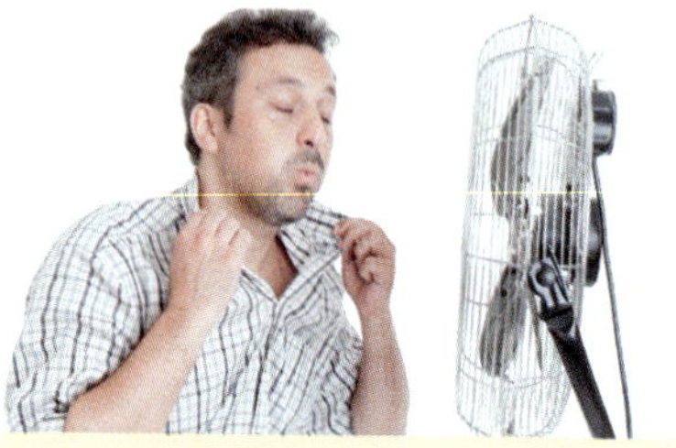

1. Tener **calor** ....

2. Tener **sed** ....

3. Tener **hambre** ....

4. Mi **amiga** ....

5. El **teléfono** ....

6. El **pan** ....

7. El **abanico** ....

8. Los **zapatos** ....

9. La **cama** ....

2. **Escucha cómo pronuncia estas palabras tu profesor/a y marca la sílaba tónica.**

3. **Busca en la unidad 2 palabras con una, dos, tres y cuatro sílabas y anótalas en tu cuaderno.**

FICHA 3 | Contraste de los sonidos /n/ y /ñ/

1. 35 **El sonido /ñ/ es característico del castellano. Escucha y repite.**

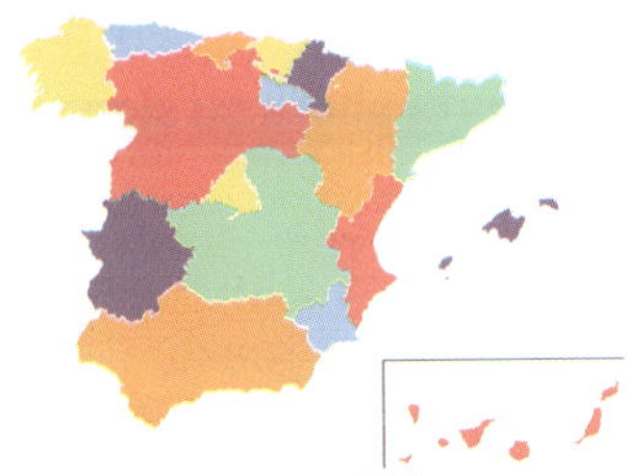
España

niño

regañar

año

piña

cariño

muñeca

2. 36 **Escucha y numera las siguientes palabras según el orden en el que aparecen. Observa la diferencia de pronunciación entre /n/ y /ñ/.**

☐ peña
☐ cana
☐ mano
☐ Miño
☐ maño
☐ mino
☐ caña
☐ pena

peña

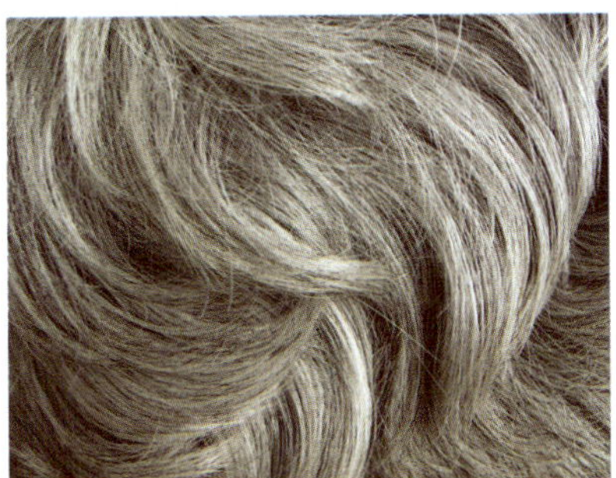
cana

mino

Peña: pico o montaña.
Caña: instrumento que se usa para pescar.
Miño: río de Galicia; al noroeste de España.
Maño/a: persona de Aragón, al este de España.
Pena: tristeza.
Cana: pelo blanco.
Mino: sinónimo de *gato*.
Mano: parte del cuerpo humano, después del brazo.

3. 37 **Escucha y completa los siguientes pares de palabras con consonantes. Una de las palabras siempre contiene la ñ y la otra puede contener cualquier consonante.**

1. ni☐o / ni☐o
2. Espa☐a / espa☐a
3. ca☐o / ca☐o
4. mo☐o / mo☐o
5. u☐a / hu☐a
6. ba☐a / ba☐a

FICHA 4 | Contraste de los sonidos /s/ y /θ/ y de las letras *c/z/s*

1. 🔊 38 **Escucha y repite. No importa ahora el significado de las palabras.**

2. 🔊 39 **Escucha y marca el orden en el que se dicen las siguientes palabras. No importa ahora su significado.**

☐ pazo	☐ poso	☐ loza	☐ losa	☐ paso
☐ asar	☐ pozo	☐ caso	☐ azar	☐ cazo

3. 🔊 40 **Primero lee la información del cuadro y luego escucha y escribe.**

PRONUNCIACIÓN: letras *c/z/s*

SONIDO /θ/	SONIDO /s/
• **c** + e, i: doce, cinco • **z** + a, o, u: Zaragoza, suizo, azul	• **s** + a, e, i, o, u: casa, semana, siete, piso, sueco

1. ....
2. ....
3. ....
4. ....
5. ....
6. ....
7. ....
8. ....
9. ....
10. ....
11. ....
12. ....
13. ....
14. ....
15. ....

! En algunas zonas de España, así como en Hispanoamérica, se produce un fenómeno fonético conocido como **seseo**.
El seseo consiste en pronunciar las letras **c** (ante *e, i*) y **z** (ante *a, o, u*) con el sonido que corresponde a la letra *s* (/**s**/).

4. **Relaciona algunas de las palabras anteriores con estas imágenes y escríbelas.**

1. ....

2. ....

3. ....

4. ....

5. ....

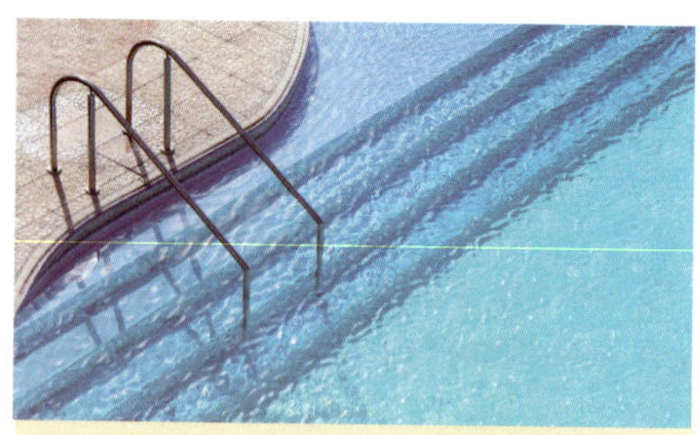

6. ....

FICHA 5 | Contraste de los sonidos /l/, /r/, /rr/ y de las letras *r*/*rr*

1. 41 **Escucha y repite. No importa ahora el significado de las palabras.**

/l/	/r/	/rr/
luna, ulular, miel, limón, alcalde	pera, mirar, arado, permitir, oro	hierro, rabia, roto, carroña, rústico

2. Practica con los siguientes pares de palabras pronunciándolos en voz alta.

- para/parra
- pelo/perro
- celo/cero
- bola/borra
- rima/lima
- mira/mirra
- suero/suelo

parra

lima

mirra

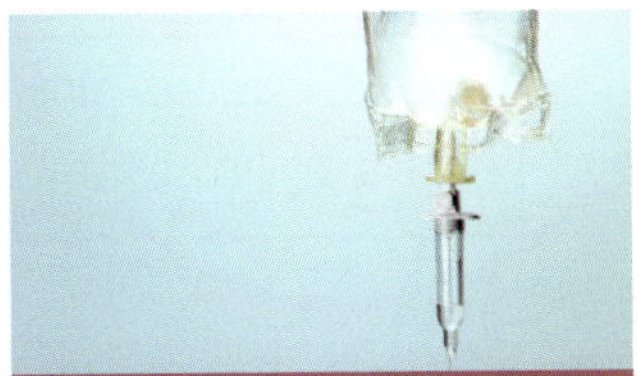
suero

3. 42 **Une con líneas las palabras que se dicen.**

ROPA	MAR	PERRO	RIMA
MORAL	MAL	LILA	PERRA
RAMO	SUELO	LIMA	LAPA
RARO	SUERO	LATA	PERA

HIELA	CELO	CHURRO	CARETA
LISA	ALA	VARA	CORO
AHORRA	CORRO	ARA	BARRA
CARO	LABIO	CARRO	AHORA

4. 43 **Primero lee la información y luego escribe las palabras que escuchas.**

ORTOGRAFÍA: escribir *r* o *rr*

Posición	Sonido suave	Sonido fuerte
Al principio de palabra	No existe	Letra ***r***: rama, rojo, rubia
Entre vocales	Letra ***r***: hora, Uruguay, amarillo	Letra ***rr***: carro, perro, parra
Al final de palabra o sílaba	Letra ***r***: amar, partir, esconder	No existe
Tras las consonantes ***l***, ***n*** y ***s***	No existe	Letra ***r***: Enrique, Israel, alrededor

1. ....
2. ....
3. ....
4. ....
5. ....
6. ....
7. ....
8. ....
9. ....
10. ....

FICHA 6 | Contraste de los sonidos /g/, /x/, /k/ y de las letras g/j

1. 44 **Escucha estas series de palabras y repite. No importa ahora su significado.**

2. 45 **Aquí tienes una serie de pares mínimos o parejas de palabras que son iguales excepto por un sonido. Marca, en cada par, cuál de ellas escuchas primero.**

- casa/gasa
- mago/majo
- coco/cojo
- goma/coma
- lijar/ligar
- rasgar/rascar

3. 46 **Lee la información y escucha la pronunciación de estas palabras.**

ORTOGRAFÍA: letras *g/j*

SONIDO /x/	SONIDO /g/
• **g** + e, i: **ge**nte, **gi**rasol	• **g** + a, o, u: **ga**lleta, **go**rdo, **gu**apo
• **j** + a, e, i, o, u: **ja**món, **je**fe, **ji**rafa, **jo**ven, **ju**eves	• **gu** + e, i: Mi**gue**l, **gui**tarra

4. **Completa las siguientes palabras con *g*, *gu* o *j*.**

1. ca☐ón	**4.** ☐ema	**7.** mon☐a	**10.** ☐ato	**13.** á☐ila	**16.** ☐azpacho
2. o☐o	**5.** ☐irasol	**8.** ima☐en	**11.** ☐orro	**14.** ☐afas	**17.** ☐ersey
3. má☐ico	**6.** ☐untos	**9.** traba☐o	**12.** ☐errero	**15.** ☐ía	**18.** abri☐o

5. **Relaciona algunas de las palabras anteriores con estas imágenes.**

1. ....

2. ....

3. ....

4. ....

5. ....

6. ....

7. ....

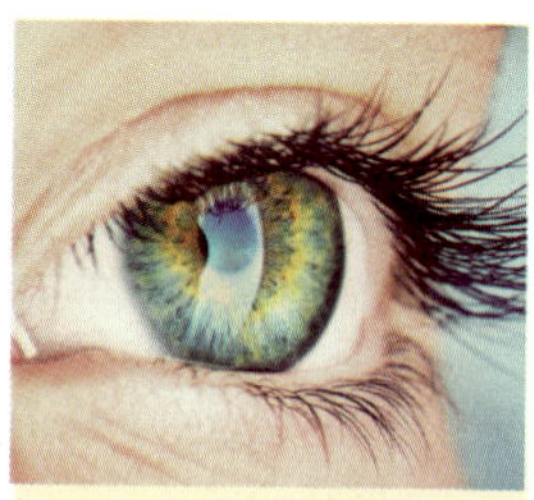

8. ....

9. ....

10. ....

6. **Ahora busca todas las palabras de la actividad 4 en el diccionario para comprobar que están bien escritas.**

CUADERNO DE EJERCICIOS

VOCABULARIO Y FUNCIONES

1. **Completa los diálogos con las palabras que faltan y relaciónalos con las imágenes correspondientes.**

1 ☐ 

2 ☐ 

3 ☐ 

a.
- Hola, ¿qué ....?
- Bien, gracias.
- ¿Conoces a Lino?
- No.
- Mira, ... es Lino, mi gato.

b.
- Buenos ....
- Pedro, ... es mi madre. Se llama Irene. Es la mejor madre del mundo.
- ....

c.
- Ana. Te .... a Juan.
- Encantada.
- Juan es amigo de mi hermano.

2. **Relaciona las imágenes con las profesiones.**

A 

B 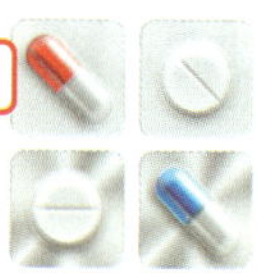

C 

D 

E 

F 

G 

H 

I 

J 

1. ☐ enfermero/a	5. ☐ actor/actriz	8. ☐ cocinero/a
2. ☐ recepcionista	6. ☐ cantante	9. ☐ escritor/a
3. ☐ futbolista	7. ☐ pintor/a	10. ☐ director/a
4. ☐ arquitecto/a		

3. **¿De dónde son estos personajes famosos? ¿Qué profesión tienen? Consulta en internet si es necesario.**

1. Brad Pitt: actor estadounidense
2. Neymar y Brenner Souza: ....
3. Frida Kahlo y Diego Rivera: ....
4. Antoni Gaudí: ....
5. Maluma: ....
6. Vincent van Gogh: ....
7. Mijaíl Gorbachov: ....
8. Jessica Alba y Selena Gómez: ....

4. **Escribe las siguientes nacionalidades en masculino y femenino.**

M	1. australiano
F	2. ....

M	5. ....
F	6. ....

M	9. ....
F	10. ....

M	13. ....
F	14. alemana

M	3. ....
F	4. ....

M	7. ....
F	8. ....

M	11. ....
F	12. ....

M	15. ....
F	16. ....

5. **Elige la opción correcta.**

Una buena estrategia para aprender vocabulario es...

1. ☐ relacionar imágenes con palabras. **2.** ☐ memorizar imágenes. **3.** ☐ ordenar por orden alfabético.

6. **Clasifica las palabras en la tabla. Luego elige tres palabras de cada recuadro y escribe tres frases.**

cubana | conductor | vivir | ~~hospital~~ | británica | dedicarse | canadienses | iraní | trabajar | enfermera escuela | escribir | empresa | camarero | tienda | polaca | llamarse | ser | tener | farmacéutica | clínica diseñadora gráfica | saludarse | peruana | japoneses | alemán | relacionar

Lugares de trabajo	Nacionalidades	Profesiones	Verbos
hospital			

1. ....

2. ....

3. ....

7. **Elige la opción correcta para completar estas series numéricas.**

1. 1, 3, 5, 7, 9, **trece/once/doce**, 13, 15, 17, **diecinueve/dieciocho/veinte**, 21, 23...

2. 2, 4, 6, 8, **once/diez/trece**, 12, 14, 16, **diecisiete/diecinueve/dieciocho**, 20, 22...

3. 3, 6, 9, 12, 15, 18, **veinte/veintiuno/veintidós**, 24, 27, **treinta/treinta y uno/treinta y dos**, 33, 36, 39, **cuarenta/cuarenta y dos/cuarenta y tres**, 45, 48...

4. 5, 10, 15, 20, 25, 30, 35, **treinta y siete/cuarenta/treinta y nueve**, 45, 50, 55, **cincuenta y dos/setenta/sesenta**, 65, 70, 75, **ochenta/ochenta y cinco/noventa**, 85, 90...

8. **Encuentra estos números en la imagen.**

setenta y seis	veinte	sesenta y cuatro	cuarenta y tres
treinta y seis	setenta	cinco	diez
noventa y seis	cincuenta y dos	dieciocho	veintiuno
ochenta y tres	treinta y uno	cincuenta y nueve	tres

9. **Realiza estas operaciones y escribe el resultado en letras.**

1. 7 x 6 = ...

2. 10 x 9 = ...

3. 17 + 38 = ...

4. 75 − 13 = ...

5. 40 + 11 = ...

6. 90 + 12 = ...

7. 10 + 8 = ...

8. 31 − 10 = ...

9. 3 x 4 = ...

10. 11 + 11 = ...

10. 47 **Escucha y escribe los seis números ganadores del premio de la bonoloto.**

1. ....

2. ....

3. ....

4. ....

5. ....

6. ....

GRAMÁTICA

11. Relaciona.

1. tu amiga	**a.** él
2. la madre y la hermana de Juan	**b.** ella
3. Juan	**c.** nosotros
4. Diego y yo	**d.** vosotros
5. tu madre, tu padre y tú	**e.** vosotras
6. tus estudiantes	**f.** ellos
7. tu amiga y tú, Laura	**g.** ellas

12. Elige la opción correcta.

1. ¿**Usted/Tú** comprende al profesor?
2. **Yo/Ella** escribo un mensaje a mi familia.
3. ¿Dónde compráis **nosotras/vosotras** los libros?
4. **Luis/Luis y Pablo** estudian español y alemán.
5. **Marta/Tú** lees en español todos los días.
6. **Nosotros/Vosotros** tenemos una casa en el campo.

13. Completa las oraciones en singular y en plural con los infinitivos de la primera columna.

Infinitivo	Oración singular	Oración plural
1. vivir	¿Tú vives aquí?	¿Vosotros vivís aquí?
2. trabajar	Hoy yo no ...., es domingo.	Hoy nosotros no ...., es domingo.
3. tener	Mi amigo .... clase hoy.	Mis amigos .... clase hoy.
4. ser	La película .... interesante.	Las películas .... interesantes.
5. terminar	Ella .... los ejercicios en casa.	Ellas .... los ejercicios en casa.
6. escribir	El profesor .... en la pizarra.	Los profesores .... en la pizarra.
7. comprender	Yo .... la lección de Historia.	Nosotras .... la lección de Historia.
8. leer	Tú .... un cuento a tu hijo antes de dormir.	Vosotros .... un cuento a vuestro hijo antes de dormir.
9. escuchar	Mi padre .... atentamente la noticia.	Mis padres .... atentamente la noticia.
10. estudiar	Ella .... mucho.	Ellas .... mucho.
11. abrir	La tienda .... a las 10:00 de la mañana.	Las tiendas .... a las 10:00 de la mañana.
12. vender	¿............................ **(tú)** la casa de Cádiz?	¿............................ **(vosotras)** la casa de Cádiz?
13. comprar	Yo .... mucha comida.	Nosotras .... mucha comida.
14. aprender	Yo .... español en la escuela.	Nosotros .... español en la escuela.
15. buscar	¿Qué palabra .... tú?	¿Qué palabra .... vosotras?

14. **Completa las frases con el presente de los siguientes verbos.**

regalar | viajar | trabajar | ver | vivir | conocer | comer | llegar | practicar

1. Normalmente .... deporte con mi amigo Lucas en el gimnasio de mi barrio.
2. Cuando tú .... a casa, ... una película en español para mejorar.
3. Los domingos mi hermano y yo .... con mis abuelos, que .... muy cerca.
4. Mi tío Andrés .... en un colegio. Es muy simpático con sus estudiantes.
5. Mis primos .... mucho y .... a mucha gente.
6. Con frecuencia mi padre .... flores a mi madre.

15. **Completa los diálogos con el presente de indicativo de los verbos entre paréntesis.**

- ¿Ustedes **1** .... **(ser)** de Argentina?
- No, **2** .... **(ser)** de Uruguay, **3** .... **(hablar)** con el mismo acento.
- ¿Y **4** .... **(vivir)** aquí, en Barcelona?
- No, **5** .... **(vivir)** en Alicante, pero **6** .... **(tener)** una casa aquí.

- Buenas tardes, ¿qué **7** .... **(desear, ustedes)** tomar?
- Mi amiga **8** .... **(tomar)** una Coca-Cola y yo **9** .... **(tomar)** un zumo de naranja.
- **10** .... **(Tener, nosotros)** unas tapas muy buenas.
- ¿Qué **11** .... **(tener)**?

- Mi hermana y yo **12** .... **(hablar)** inglés y alemán. ¿Vosotros **13** .... **(hablar)** algún idioma?
- Nosotros **14** .... **(hablar)** portugués y turco.
- ¿Turco?
- Mi madre **15** .... **(ser)** de Estambul.

16. **Di si las siguientes frases expresan acciones habituales (H) o tiempo presente (P).**

1. ☐ Estoy en casa y Marta está en la oficina.
2. ☐ En este momento no tengo tiempo para ayudarte, ¡lo siento!
3. ☐ Mis amigos leen mucho, yo prefiero tocar el piano.
4. ☐ Mis amigas y yo corremos por el parque con frecuencia.
5. ☐ Hoy te quedas en casa para estudiar.
6. ☐ Eva y Rocío cantan normalmente en un karaoke.
7. ☐ Esta tarde no trabajo.
8. ☐ Los sábados practico deporte.

17. **Completa el cuadro con los verbos y pronombres que faltan.**

	Ser	Tener	Llamarse	Estar
yo	soy	5	9 .... llamo	15 ....
tú	1	tienes	te 10	estás
él, ella, usted	2	6	11	está
nosotros/as	somos	7	nos 12	estamos
vosotros/as	3	tenéis	13 .... llamáis	estáis
ellos, ellas, ustedes	4	8	14 .... llaman	16 ....

18. **Responde por escrito a las siguientes preguntas.**

1. ¿Cómo te llamas? ....
2. ¿Cuántos años tienes? ....
3. ¿De dónde eres? ....
4. ¿En qué calle vives? ....

19. **Piensa en una persona famosa y escribe la siguiente información sobre ella.**

- ¿Cómo se llama? ....
- ¿De dónde es? ....
- ¿Cuántos años tiene? ....
- ¿Cuál es su profesión? ....
- ¿Dónde vive? ....
- ¿Qué lenguas habla? ....

20. **Relaciona las preguntas con su información correspondiente.**

1. ¿Cómo te llamas?	**a.** nacionalidad
2. ¿Cuántos años tienes?	**b.** teléfono móvil
3. ¿De dónde eres?	**c.** lugar de residencia
4. ¿Dónde vives?	**d.** nombre
5. ¿Cuál es tu dirección en Madrid?	**e.** dirección
6. ¿Qué lenguas hablas?	**f.** profesión
7. ¿A qué te dedicas?	**g.** edad
8. ¿Cuál es tu correo electrónico?	**h.** correo electrónico
9. ¿Cuál es tu celular?	**i.** apellido
10. ¿Cuál es tu apellido?	**j.** idiomas

21. **Completa las preguntas con los interrogativos *qué, cuál, cómo, cuánto/a/os/as, dónde* y *cuándo*. Después relaciona la pregunta con la respuesta correcta.**

1. ¿.............................. te llamas?	**a.** Luis Hernández.
2. ¿.............................. vives?	**b.** Mejor por la tarde.
3. ¿.............................. es tu dirección?	**c.** *Indie* y pop.
4. ¿.............................. es tu profesión?	**d.** Calle Hispanidad, n.º 10.
5. ¿.............................. años tienes?	**e.** Dos, inglés y español.
6. ¿De .... eres?	**f.** En Roma.
7. ¿.............................. es tu número de teléfono?	**g.** Tengo 22.
8. ¿.............................. idiomas hablas?	**h.** 325 158 756.
9. ¿.............................. música escuchas?	**i.** De Buenos Aires.
10. ¿.............................. prefieres estudiar: por la tarde o por la noche?	**j.** Soy cocinero.

22. **Escribe una pregunta para cada respuesta.**

1. ¿..............................? Son de Marruecos.
2. ¿..............................? Yo tengo 31 años y ella tiene 33.
3. ¿..............................? Soy informático.
4. ¿..............................? Vive en Buenos Aires.
5. ¿..............................? Hablo español y francés. Pedro habla inglés también.

23. **¿Sabes de dónde son estas cosas? Escribe su nacionalidad. Fíjate en el género (femenino/masculino) y en el número (singular/plural) de las palabras.**

1. Los tulipanes son ....
2. El café es ....
3. Las pirámides son ....
4. La paella es ....
5. El *sushi* es ....
6. El Carnaval de Río es ....
7. El queso roquefort es ....
8. La hamburguesa es ....
9. Los mariachis son ....
10. Las salchichas son ....
11. El flamenco es ....
12. La parrillada es ....
13. Las matrioskas son ....
14. La *pizza* es ....

COMUNICACIÓN

24. 48 **Escucha esta conversación entre el recepcionista de un gimnasio y dos clientes. Después completa los formularios de inscripción.**

1 **Formulario de inscripción**

Nombre: Miguel
Apellido: Moreno
Edad: **1** ....
Profesión: **2** ....
Teléfono: 609 30 54 66
Correo electrónico: **3** ....

2 **Formulario de inscripción**

Nombre: Ana
Apellido: **4** ....
Edad: 55 años
Profesión: **5** ....
Teléfono: **6** ....
Correo electrónico: alonso@mail.com

Para poder dar nuestra dirección de correo electrónico necesitamos saber en español dos símbolos:
- @ se dice "arroba".
- . se dice "punto".

25. **Fíjate en estos personajes famosos, busca en internet y completa la información que falta.**

1
¿Cómo se llama? Riccardo
¿Cuál es su apellido? ....
¿Cuántos años tiene? ....
¿De dónde es? ....
¿A qué se dedica? ....

2
¿Cómo se llama? Beyoncé
¿Cuál es su apellido? ....
¿Cuántos años tiene? ....
¿De dónde es? ....
¿A qué se dedica? ....

3
¿Cómo se llama? ....
¿Cuál es su apellido? Mbappé
¿Cuántos años tiene? ....
¿De dónde es? ....
¿A qué se dedica? ....

4
¿Cómo se llama? ....
¿Cuál es su apellido? de Armas
¿Cuántos años tiene? ....
¿De dónde es? ....
¿A qué se dedica? ....

5
¿Cómo se llama? ....
¿Cuál es su apellido? Chalamet
¿Cuántos años tiene? ....
¿De dónde es? ....
¿A qué se dedica? ....

6
¿Cómo se llama? ....
¿Cuál es su apellido? de Borbón
¿Cuántos años tiene? ....
¿De dónde es? ....
¿A qué se dedica? ....

CULTURA

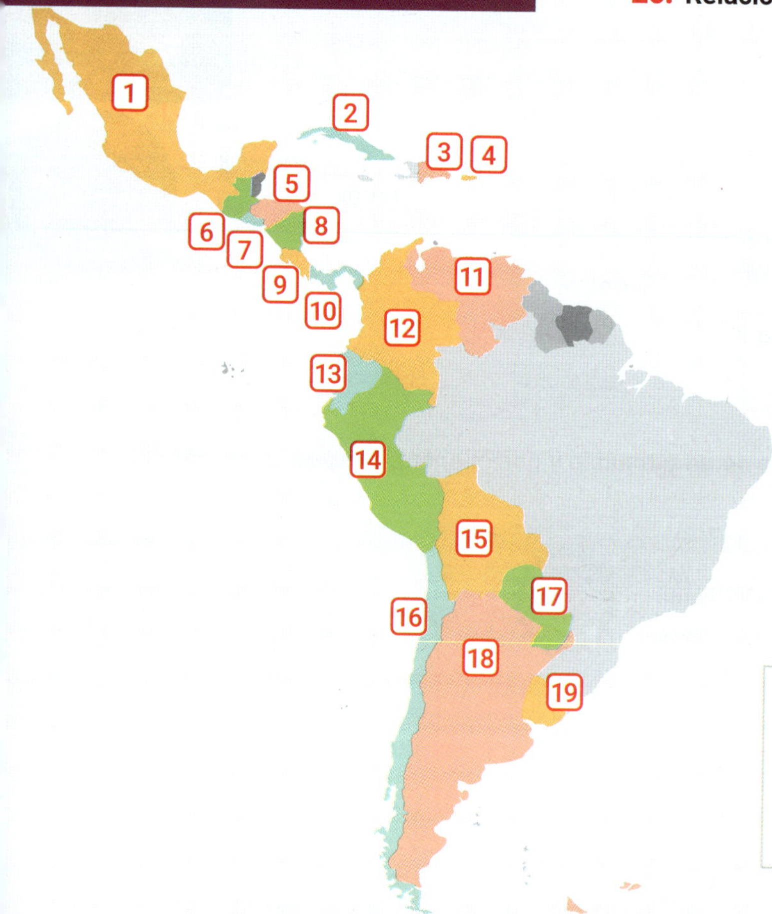

26. **Relaciona cada país del mapa con su nombre correspondiente.**

- **a.** Paraguay
- **b.** México
- **c.** Colombia
- **d.** Perú
- **e.** Venezuela
- **f.** Bolivia
- **g.** Guatemala
- **h.** Cuba
- **i.** Honduras
- **j.** Panamá
- **k.** República Dominicana
- **l.** Argentina
- **m.** Puerto Rico
- **n.** Costa Rica
- **ñ.** Nicaragua
- **o.** Chile
- **p.** Uruguay
- **q.** El Salvador
- **r.** Ecuador

1. ☐	**5.** ☐	**9.** ☐	**13.** ☐	**17.** ☐
2. ☐	**6.** ☐	**10.** ☐	**14.** ☐	**18.** ☐
3. ☐	**7.** ☐	**11.** ☐	**15.** ☐	**19.** ☐
4. ☐	**8.** ☐	**12.** ☐	**16.** ☐	

27. **Elige la capital de cada uno de los siguientes países.**

- **1.** CUBA — **Quito/La Habana/Lima/Caracas**
- **2.** COLOMBIA — **Asunción/Caracas/Bogotá/Santiago**
- **3.** MÉXICO — **México/Ciudad de México/Asunción/San José**
- **4.** ARGENTINA — **Santiago/Madrid/Caracas/Buenos Aires**
- **5.** COSTA RICA — **Quito/Managua/San José/San Juan**
- **6.** VENEZUELA — **Caracas/Asunción/Madrid/Lima**
- **7.** PERÚ — **Lima/San Juan/Managua/La Paz**
- **8.** ESPAÑA — **Santiago de Compostela/Barcelona/Sevilla/Madrid**

28. **¿Son verdaderas o falsas las siguientes afirmaciones sobre el mundo hispano?**

- **1.** México es el país con más hablantes nativos de español. .... V F
- **2.** Más de 600 millones de personas en el mundo hablan español. .... V F
- **3.** El español es la tercera lengua más importante en internet. .... V F
- **4.** En América del Norte no hay países de habla hispana. .... V F
- **5.** En Estados Unidos hablan español como lengua nativa más de 25 millones de personas. .... V F
- **6.** En África hay un país con hablantes nativos de español. .... V F
- **7.** En los países hispanohablantes usan un apellido. .... V F
- **8.** En España se usa la palabra *celular* para referirse al teléfono móvil. .... V F

VOCABULARIO Y FUNCIONES

1. Elige el sinónimo de *casa*. Puedes usar el diccionario.

1. piso
2. habitaciones
3. edificio
4. baño
5. vivienda
6. ascensor

2. Marca el intruso.

1. mesa, mueble, silla, baño
2. cocina, dormitorio, colegio, terraza
3. cafetería, horno, banco, tienda
4. jardín, casa, chalé, piso
5. nevera, lavavajillas, garaje, lavadora

3. Escribe en tu cuaderno en qué lugar o lugares de la casa puedes encontrar estos objetos.

1. espejo
2. estantería
3. mesilla
4. lavabo
5. armario
6. silla

4. Relaciona las palabras con la imagen correspondiente.

A ☐

B ☐

C ☐

D ☐

E ☐

F ☐

1. edificio de pisos
2. chalé adosado
3. piscina
4. jardín
5. casa con patio
6. urbanización

5. Mira la casa de la imagen y escribe una redacción de 50 palabras describiendo cómo es y dónde está cada cosa.

....
....
....
....
....
....

6. 49 **Escucha estos seis diálogos y relaciona cada uno con la imagen de la que habla.**

1 ☐

2 ☐

3 ☐

4 ☐

5 ☐
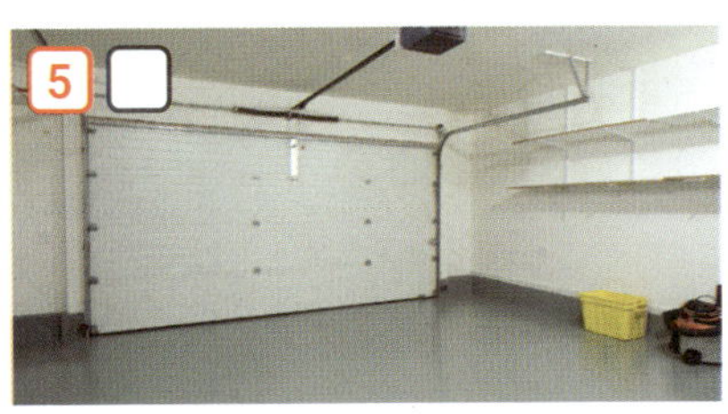
6 ☐

7. 50 **Escucha el siguiente diálogo y di si las informaciones son verdaderas (V) o falsas (F).**

1. La señora está interesada en comprar un piso. .... V F
2. La referencia del piso es 9241. .... V F
3. El piso se encuentra en la calle Cartagena, 15. .... V F
4. El edificio tiene conserje día y noche. .... V F
5. El piso no tiene una plaza de garaje. .... V F
6. El piso está bien comunicado porque tiene dos paradas de metro y una de autobús. .... V F
7. En el barrio hay más de un supermercado. .... V F
8. Para llegar al centro comercial y a la escuela es necesario el coche. .... V F
9. La cita es directamente en la inmobiliaria. .... V F
10. La cita es a las 17:00. .... V F

8. 50 **Vuelve a escuchar el diálogo y corrige la información falsa.**

9. Escribe las palabras en el cuadro correspondiente.

parque | cocina | cafetería | baño
hospital | terraza | mueble | silla
supermercado | horno | farmacia
electrodoméstico | calefacción | banco
dormitorio | colegio | mesa | tienda

En el barrio	En la casa

A

B

C

D

10. Lee las frases y decide a qué imagen corresponden. Sobran dos frases, ¿cuáles son?

1. ☐ Vivo en un barrio muy antiguo.
2. ☐ Mi casa está cerca de un parque.
3. ☐ En mi calle hay muchos balcones.
4. ☐ Necesito una casa con garaje.
5. ☐ Mi casa tiene dos plantas.
6. ☐ En la cocina no hay lavavajillas.
7. ☐ El edificio tiene varios pisos.
8. ☐ La calle es muy tranquila.
9. ☐ En mi barrio hay zonas verdes.
10. ☐ El piso tiene dos habitaciones.

11. Escribe sobre tu barrio. ¿Cómo se llama? ¿Dónde está? ¿Cómo es? ¿Qué cosas hay?

....
....
....
....

GRAMÁTICA

12. Elige el adjetivo adecuado para cada nombre.

1. casas:
- **a.** grandes
- **b.** interesante
- **c.** céntricos

2. silla:
- **a.** alto
- **b.** clásico
- **c.** cómoda

3. pisos:
- **a.** pequeños
- **b.** céntricos
- **c.** modernas

4. barrios:
- **a.** modernos
- **b.** antiguas
- **c.** residencial

13. Escribe el femenino de los siguientes nombres.

1. niño → ....
2. hombre → ....
3. padre → ....
4. caballo → ....
5. perro → ....
6. gato → ....
7. profesor → ....
8. chico → ....
9. toro → ....
10. estudiante → ....
11. amigo → ....
12. médico → ....

14. Indica si los siguientes nombres son masculinos (M) o femeninos (F) y escribe el plural.

1. M F camión ....
2. M F dormitorio ....
3. M F edificio ....
4. M F actriz ....
5. M F mapa ....
6. M F mano ....
7. M F historia ....
8. M F viaje ....
9. M F amigo ....
10. M F noche ....
11. M F garaje ....
12. M F papel ....

15. Clasifica estos nombres en el artículo que les corresponde.

árbol | viajes | baños | televisión | calles | escuela | lápiz | apartamento | libros plantas | casas | problemas | manos | radio | nacionalidad | viaje

El	La	Los	Las

16. Completa con el artículo determinado.

1. la casa
2. los chicos
3. .... señor
4. .... cocineros
5. .... barrio
6. .... cocinas
7. .... piscina
8. .... hospital
9. .... jardines
10. .... calefacción
11. .... ascensor
12. .... dormitorios

17. Completa con el artículo indeterminado.

1. una habitación
2. unos árboles
3. .... apartamentos
4. .... piso
5. .... gimnasio
6. .... televisión
7. .... libros
8. .... farmacia
9. .... autobús
10. .... hospital
11. .... mano
12. .... sofá
13. .... deberes
14. .... microondas
15. .... comedor

18. Forma el plural de estas palabras.

1. una cocina → unas cocinas
2. una casa → ....
3. una habitación → ....
4. un baño → ....
5. un salón → ....
6. un lavavajillas → ....
7. una lavadora → ....
8. un horno microondas → ....
9. un sofá → ....
10. un ascensor → ....

19. Completa con *hay* o la forma correcta de *estar*.

1. El banco de mi barrio **hay/está/están** al lado de la escuela.
2. En la casa de mis padres **hay/está/están** muchos muebles.
3. Las tiendas más modernas **hay/está/están** en el centro de la ciudad.
4. En Madrid **hay/está/están** muchas escuelas de español.
5. La escuela más antigua **hay/está/están** delante de la catedral.
6. ¡No **hay/está/están** platos en la mesa!

20. Completa las frases con *hay*, *está* o *están*.

1. Encima de la mesa .... cuatro libros.
2. El sofá .... cerca de la puerta.
3. En esta sala .... dos sillas.
4. Los niños .... en el colegio.
5. En esta cocina .... muchos electrodomésticos.
6. En este hotel .... un restaurante que .... al lado de la recepción.

21. Lee estos textos sobre barrios de diferentes ciudades. Completa con *mucho/a/os/as* o *poco/a/os/as* y elige la forma verbal adecuada *(hay/está/están)*.

Palermo, Buenos Aires

El barrio de Palermo 1 **hay/está/están** al norte de Buenos Aires, es el barrio de mayor extensión de la ciudad. En Palermo 2 **hay/está/están** 3 **much**.......... cosas para ver. Allí 4 **hay/está/están** los museos más importantes de la ciudad, como el MALBA, áreas verdes tan interesantes como el Jardín Japonés, y también Palermo Soho, la zona de moda de Buenos Aires. Palermo Viejo, en cambio, es más tranquilo, hay 5 **much**.......... árboles y 6 **poc**.......... tráfico.

Lavapiés, Madrid

Lavapiés es un barrio céntrico de la capital española. Es un laberinto de calles estrechas en las que 7 **hay/está/están** 8 **much**.......... tiendas pequeñas y también 9 **much**.......... restaurantes para tomar comida de todo el mundo, porque en Lavapiés vive gente de 10 **much**.......... países diferentes. Es, además, el barrio del arte urbano. Allí 11 **hay/está/están** algunos de los murales más interesantes de la ciudad.

Miraflores, Lima

Es un conocido barrio residencial. Sin embargo, 12 **poc**.......... gente sabe que en él 13 **hay/está/están** un interesante yacimiento arqueológico: Huaca Pucllana, que tiene su origen en el siglo IV a. C. También allí 14 **hay/está/están** el famoso malecón de Miraflores, que ofrece unas espectaculares vistas al mar y donde se pueden realizar 15 **much**.......... deportes, como parapente, kayak y surf.

22. **Elige la opción correcta.**

1. Tengo **mucho/muy** frío.
2. Mi madre viaja **mucho/muy** por trabajo.
3. Este señor es **mucho/muy** amable.
4. ¡Estoy **mucho/muy** contenta!
5. Mi casa está **mucho/muy** lejos de la escuela.
6. Esa mujer tiene **mucho/muy** dinero.

23. **Relaciona cada pregunta con la respuesta adecuada.**

1. Disculpe, ¿sabe dónde está el baño?
2. ¿Dónde están los estudiantes?
3. ¡Luis, Laura! ¿Dónde estáis?
4. ¿Hay una farmacia en este barrio?
5. ¿Hay estudiantes en la clase hoy?
6. ¿Quién hay en clase?

a. ¡Estamos detrás de este árbol!
b. Están en el parque.
c. No, no hay gente, qué extraño.
d. Sí, está entre la cafetería y el gimnasio.
e. Está al lado de la habitación grande.
f. Están Raquel y Susana.

24. **Observa estas imágenes y decide si las afirmaciones son verdaderas (V) o falsas (F).**

1. En la habitación hay mucha luz. .... V F
2. En la clase hay pocos estudiantes. .... V F
3. En mi calle hay muchos coches. .... V F
4. En esta biblioteca hay mucho ruido. .... V F

25. **Relaciona las preposiciones de las frases con su significado.**

1. Prefiero viajar **en** autobús porque es más barato.
2. El hotel está **a** 5 minutos.
3. Día 4: Visita **al** centro histórico de la ciudad.
4. La isla Saona está **en** el parque nacional de Cotubanamá.
5. El aeropuerto está **a** 20 kilómetros del hotel.
6. Yo quiero viajar **a** Buenos Aires porque es una ciudad muy interesante.

a. destino
b. localización
c. medio de transporte
d. tiempo
e. distancia

26. **Lee el programa de un viaje a Buenos Aires y completa con las preposiciones *a* o *en*. Recuerda que *a* + *el* es *al*.**

Viaje a Buenos Aires

DÍA 1
Vuelo de España .... Buenos Aires y recepción .... el aeropuerto.

DÍA 2
Visita panorámica .... autobús para ver la Casa Rosada, la plaza de Mayo y Puerto Madero. Comida .... el barrio de San Telmo y vuelta .... el hotel. Tarde libre.

DÍA 3
Visita .... el barrio de Palermo y .... el Jardín Japonés. Tiempo libre para comer .... Palermo y visita guiada .... el cementerio de la Recoleta.

DÍA 4
Excursión .... el barrio de La Boca y tarde libre. Espectáculo de tango .... el café Tortoni.

DÍA 5
Excursión por el río Tigre .... barco.

DÍA 6
Vuelo .... España.

27. **Elige la opción correcta.**

1. Mañana vamos **a/en** la playa.
2. Prefiero viajar **a/en** tren.
3. Mi casa está **a/en** diez minutos de la escuela.
4. El restaurante está **a/en** la calle de atrás.
5. Como no tengo coche, voy **a/en** pie.

28. **¿En qué frases es necesario usar la contracción *al*?**

1. Voy a el cine esta tarde.
2. La visita a la catedral es mañana.
3. Damos el regalo a los niños.
4. Luego vamos a el médico.
5. ¿A qué hora llegas a el aeropuerto?

29. **Completa este circuito de nueve días por el Altiplano guatemalteco con las preposiciones *a/en* o, en caso necesario, con la contracción *al*.**

Altiplano guatemalteco con Tikal y Antigua (Circuito de 9 días)

Si buscas historia y el encanto de las antiguas civilizaciones, las ciudades coloniales y los mercados indígenas, no te pierdas este itinerario por Guatemala.

Ruinas mayas, arquitectura colonial, selva, volcanes, baños termales... Todo esto y mucho más te espera en el corazón de América.

Programa del viaje

DÍA 1 Vuelo de España **1** .... Ciudad de Guatemala.

DÍA 2 Estancia **2** .... Ciudad de Guatemala. Viaje **3** .... Chichicastenango y visita **4** .... mercado. Viaje **5** .... lago Atitlán.

DÍA 3 Lago Atitlán: paseo **6** .... barco, visita **7** .... Santiago Atitlán y vuelta **8** .... Ciudad de Guatemala.

DÍA 4 Día libre **9** .... Ciudad de Guatemala. Visita **10** .... las ruinas de Tikal y noche **11** .... Petén.

DÍA 5 Viaje **12** .... Antigua.

DÍAS 6 Y 7 Días libres **13** .... Antigua.

DÍA 8 Viaje de Antigua **14** .... Ciudad de Guatemala y traslado **15** .... aeropuerto.

DÍA 9 Llegada **16** .... España.

COMUNICACIÓN

30. **Escribe las siguientes cifras en letras.**

1. 455 → ....
2. 391 → ....
3. 667 → ....
4. 776 → ....
5. 853 → ....
6. 587 → ....
7. 911 → ....
8. 228 → ....

31. **Escribe en letras estos números ordinales.**

1. 1.ª planta → ....
2. 1.er piso → ....
3. 3.er año → ....
4. 10.ª edición → ....
5. 7.ª pregunta → ....
6. 8.os juegos → ....

Las letras voladas de los números ordinales también cambian de género y número:
1.º → primero; 1.er → primer; 1.ª → primera; 1.os → primeros; 1.as → primeras.

Las Ramblas

CULTURA

32. Relaciona estos lugares emblemáticos de Barcelona con su nombre.

A

B

C

D

E

F

1. ☐ Mercado de la Boquería
2. ☐ Fuente de Canaletas
3. ☐ Teatro del Liceo
4. ☐ Casa de los Paraguas
5. ☐ Farmacia Nadal
6. ☐ Monumento a Colón

33. Decide si estas afirmaciones sobre los lugares anteriores son verdaderas o falsas.

1. Los monumentos y lugares de la actividad anterior están a las afueras de Barcelona. .... V F
2. En las Ramblas es posible comprar flores. .... V F
3. La fuente de Canaletas es el lugar favorito de los seguidores del Fútbol Club Barcelona. .... V F
4. La Casa de los Paraguas es un edificio de estilo neoclásico. .... V F
5. Cuando terminan las Ramblas, está el monumento a Colón. .... V F
6. El mercado de la Boquería está en un parque cerca de las Ramblas. .... V F
7. El Liceo es famoso internacionalmente entre los aficionados a la ópera. .... V F

34. Describe un lugar famoso de tu interés. ¿Dónde está? ¿Qué hay? ¿Qué monumentos tiene?

....

....

....

....

....

....

REPASO

1. **¿Dónde trabajan estas personas? Relaciona la información de las columnas. Puede haber más de una opción válida.**

1. Una médica **2.** Una abogada **3.** Un actor **4.** Una ingeniera **5.** Un farmacéutico	trabaja en	un bufete de abogados. un hospital. un teatro. una farmacia. una empresa multinacional.

2. 51 **Escucha y escribe los números en cifras.**

12	....	....	....
....	....	....	....
....	....	....	....
....	....	....	....

3. **Completa con los verbos *ser* o *tener*.**

1. Me llamo Patricia y .... 22 años.
2. ¡Hola! Yo .... Alfredo. ¿Y tú?
3. Mónica no .... 30 años, ... 29.
4. Justin y Daniel .... ingleses.
5. Tú y yo .... españoles.
6. Marga y Luis .... una cafetería en el centro.
7. Carolina .... de Ciudad de México.

4. 52 **Escucha y escribe las siguientes letras. Después ordénalas para descubrir el nombre del país.**

1. □□□□□□□□□ → ....
2. □□□□□□□ → ....
3. □□□□□□□□ → ....
4. □□□□ → ....
5. □□□□□□□□ → ....

5. **Escribe los gentilicios de los países del ejercicio anterior.**

1. ....
2. ....
3. ....
4. ....
5. ....

6. **Coloca los países del ejercicio anterior en la zona de América que les corresponde. Completa luego con otros países de la misma zona donde hablan español.**

América Central → ....
América del Sur → ....
Caribe → ....

7. **Completa las frases con el presente de indicativo de los verbos entre paréntesis.**

1. Marta y Linda .... **(estudiar)** en el mismo instituto.
2. .... **(Aprender, nosotros)** alemán en una escuela muy buena.
3. ¿A quién .... **(escribir, tú)** ese correo electrónico?
4. ¿........................ **(Buscar, vosotras)** a Juan? Hoy no .... **(trabajar, él)**.
5. .... **(Escuchar, yo)** con atención, pero no .... **(comprender)**.
6. ¿Dónde .... **(comprar, usted)** la comida? ¿En el supermercado?
7. ¿A qué hora .... **(terminar, tú)** de trabajar hoy? Yo .... **(acabar)** a las dos.

8. ¿Qué son estos lugares? Describe las imágenes.

1 
2 
3 

9. Elige la opción correcta.

1. **El/La** sofá es **cómodo/cómoda.**
2. **Los/Las** problemas son difíciles.
3. Alquilo **un/una** piso exterior.
4. Hay **una/la** tienda de ropa en mi calle.
5. **Los/Las** restaurantes son **modernas/modernos.**
6. **El/La** película es **divertido/divertida.**

10. Escribe en letras los siguientes números. Atención a la concordancia.

314 .... personas.
271 .... euros.
568 .... libros.
981 .... viviendas.
365 .... días.

11. Combina los elementos de las columnas para formar frases.

1. Los libros		al lado de la lavadora.
2. El barrio		en el centro de la ciudad.
3. En mi barrio	está	ascensor.
4. La nevera	están	a la derecha del salón.
5. En el edificio no	hay	delante del sofá.
6. La mesa		encima de la mesa.
7. Mi dormitorio		muchas tiendas.

12. 53 Escucha el diálogo. ¿De qué oferta hablan?

1 Se alquila piso con muebles. 2 dormitorios. Exterior.
Calefacción individual.
Precio: 900 €/mes.
En el centro de la ciudad.

2 Alquilo piso amueblado en Las Rosas.
2 dormitorios, exterior, con ascensor y calefacción central. Bien comunicado.
Precio: 900 €/mes.

3 Alquiler: piso exterior y amueblado en zona centro.
2 dormitorios, con ascensor y calefacción central.
Precio: 900 €/mes.

13. Ahora escribe un anuncio para alquilar tu casa. Utiliza el léxico aprendido en la unidad.

VOCABULARIO Y FUNCIONES

1. Relaciona cada lugar con su actividad correspondiente.

1. museo	**a.** Practicar deporte.
2. auditorio	**b.** Ver un partido.
3. teatro	**c.** Ver una exposición.
4. parque	**d.** Ver un espectáculo de danza.
5. estadio	**e.** Escuchar un concierto.
6. bar	**f.** Tomar tapas.

2. Marca las palabras que usamos con el verbo *hacer*.

1. ☐ fotos	**4.** ☐ deporte
2. ☐ senderismo	**5.** ☐ un paseo
3. ☐ en bicicleta	**6.** ☐ un museo

3. Marca las opciones correctas.

1. ¿Qué podemos hacer en un restaurante o bar?

a. Ir a la playa.
b. Beber algo.
c. Tomar tapas.
d. Ver monumentos.
e. Practicar escalada.
f. Cenar.
g. Ver una serie.

2. ¿Qué podemos hacer en la playa?

a. Jugar al voleibol.
b. Escuchar un concierto.
c. Pasear.
d. Ver una exposición.
e. Hacer surf.
f. Bañarnos.
g. Hacer senderismo.

4. Escribe la palabra correcta.

1. .... → Lugar donde puedo tomar el sol en la arena, pasear y jugar al voleibol.
2. .... → Lugar donde puedo ver una exposición.
3. .... → Las puedo pedir en un bar para comer.
4. .... → Espacio exterior de un bar.
5. .... → Espectáculo de música en directo.
6. .... → Lugar donde voy para comer. Más grande que un bar.
7. .... → Lugar al que voy para hacer ejercicio físico.

5. Relaciona.

1. Hacer	**a.** de compras.
2. Ir	**b.** la playa.
3. Jugar al	**c.** el sol.
4. Tomar	**d.** fotos.
5. Pasear por	**e.** baloncesto.
6. Ver	**f.** una serie.

6. Señala el intruso en cada serie.

1. Ver una película, una exposición, una excursión.
2. Ir al cine, al tenis, al museo.
3. Jugar al parque, al baloncesto, a la bicicleta.
4. Tomar el sol, un concierto, una tapa.
5. Hacer deporte, senderismo, gimnasio.
6. Pasear por la playa, las compras, el parque.

7. Elige el nombre correcto de cada lugar de Valencia.

1. Ciudad **de la Malvarrosa/del Turia/Gulliver/de las Artes/de las Artes y las Ciencias/del Carmen**
2. Playa **de la Malvarrosa/del Turia/Gulliver/de las Artes/de las Artes y las Ciencias/del Carmen**
3. Jardín **de la Malvarrosa/del Turia/Gulliver/de las Artes/de las Artes y las Ciencias/del Carmen**
4. Barrio **de la Malvarrosa/del Turia/Gulliver/de las Artes/de las Artes y las Ciencias/del Carmen**
5. Parque **de la Malvarrosa/del Turia/Gulliver/de las Artes/de las Artes y las Ciencias/del Carmen**
6. Palacio **de la Malvarrosa/del Turia/Gulliver/de las Artes/de las Artes y las Ciencias/del Carmen**

8. Contesta a las siguientes preguntas.

1. Nombra tres de las actividades que puedes hacer en la Ciudad de las Artes y las Ciencias.

   ....

2. ¿Qué es el Turia? ¿Qué hay ahora allí?

   ....

3. ¿Qué hay en el parque Gulliver?

   ....

4. Nombra dos barrios de Valencia y di qué se puede hacer en ellos.

   ....

   ....

Playa de la Malvarrosa

9. Lee el texto y marca verdadero (V) o falso (F).

Os voy a contar la oferta de ocio de mi ciudad. Si te interesa el arte, hay varios museos donde puedes ver exposiciones. Y no es la única actividad cultural que puedes hacer, también hay un teatro importante en el que tocan orquestas de todo el mundo. A mí me gusta mucho la música, por eso voy a muchos conciertos. En cuanto al deporte, en mi ciudad hay dos equipos de fútbol muy buenos; cada uno tiene su estadio, aunque son un poco pequeños y es difícil conseguir entradas. Mucha gente juega al voleibol en la playa; es un deporte muy practicado en verano. Los fines de semana me gusta ir a la playa por la mañana para pasear; no me gusta tomar el sol porque me parece muy aburrido y, además, es malo para la piel. Como veis, hay muchas actividades que hacer aquí en el tiempo libre.

1. Hay un único museo en la ciudad. .... V F
2. En el teatro solo tocan orquestas nacionales. .... V F
3. Hay dos equipos de fútbol en la ciudad. .... V F
4. Los estadios son enormes. .... V F
5. La ciudad donde vive es muy entretenida. .... V F
6. La ciudad no está cerca del mar. .... V F

10. Corrige la información falsa del ejercicio anterior.

....

....

....

....

11. Escribe en tu cuaderno qué puedes hacer en tu ciudad en tu tiempo libre: actividades culturales, actividades al aire libre, deportes, comidas y bebidas, etc.

12. Fíjate en la fotografía y relaciona.

1. ☐ brazo	7. ☐ rodilla
2. ☐ cuello	8. ☐ estómago
3. ☐ cabeza	9. ☐ pecho
4. ☐ mano	10. ☐ espalda
5. ☐ pierna	11. ☐ pelo
6. ☐ pie	12. ☐ ojos

13. Señala dónde está cada órgano o parte del cuerpo.

1. cara: **a.** cabeza **b.** espalda **c.** brazo
2. labios: **a.** cara **b.** pecho **c.** pierna
3. dedos: **a.** cara **b.** espalda **c.** mano
4. oreja: **a.** pie **b.** cabeza **c.** cuello
5. boca: **a.** cara **b.** espalda **c.** pecho
6. codo: **a.** brazo **b.** cara **c.** pie

14. Lee este artículo y elige la opción correcta.

www.deportes.es

Muchas personas se preguntan qué deportes y ejercicios son más adecuados para trabajar unas partes del cuerpo u otras. Voy a responder brevemente a esta pregunta y a proponeros algunas ideas.

Para trabajar los brazos, el bádminton es un deporte ideal. También el golf ayuda a ganar fuerza y flexibilidad en las extremidades superiores.

En cambio, para fortalecer las piernas y aspectos como el equilibrio, además de correr, saltar a la comba y montar en bicicleta, podemos hacer surf o patinar. Con estos deportes no solo trabajan las piernas, sino también el abdomen, por lo que son muy recomendables para tonificar la parte inferior del cuerpo.

Si tienes problemas de espalda, hay varias opciones que permiten mejorar bastante y conseguir más flexibilidad. La natación es, posiblemente, el ejercicio que más recomendamos los profesionales, pero hay otros, como el pilates o el piragüismo, que dan magníficos resultados.

Pero si lo que necesitas es realizar un ejercicio integral para trabajar todo el cuerpo, puedes probar con el baile. Cualquier estilo es aconsejable porque en todos ellos se ejercitan tanto los músculos como las articulaciones y, además, se consigue mayor resistencia y elasticidad.

1. Mucha gente quiere...
a. hacer deporte.
b. conocer los ejercicios más adecuados para cada zona del cuerpo.
c. fortalecer su cuerpo con deporte.

2. El bádminton desarrolla especialmente...
a. las extremidades superiores.
b. las extremidades inferiores.
c. las cuatro extremidades.

3. Con todos los ejercicios de pierna se...
a. gana flexibilidad.
b. mejora el equilibrio.
c. trabaja el abdomen.

4. Patinar es un ejercicio que ayuda a fortalecer...
a. las piernas.
b. el abdomen.
c. ambos.

5. El ejercicio más recomendado para la espalda es...
a. el pilates.
b. la natación.
c. el piragüismo.

6. El baile trabaja...
a. los músculos y las articulaciones.
b. los músculos y los brazos.
c. las articulaciones y los pies.

GRAMÁTICA

15. Completa con las palabras que faltan.

(A mí)		3	**gusta**	+ 7 ..../nombre singular
(1 ....)		te	**encanta**	
(A él, ella, 2 ....)	(no)	le	**interesa**	
(A nosotros/as)		nos	**gustan**	
(A vosotros/as)		4	**encantan**	+ nombre plural
(A ellos, ellas, ustedes)		5	6	

16. Relaciona.

1. Expresar gustos.	a. Me interesa.
2. Expresar intereses.	b. Me encanta.
3. Expresar gustos en grado máximo.	c. Me gusta.

17. Completa las frases.

1. Me interesan mucho ....
2. Nos encanta ....
3. A Juan le gustan ....

18. Completa con la forma correcta del verbo *gustar*.

1. No me .... nada levantarme temprano.
2. ¿Os .... las redes sociales?
3. A mi madre no le .... tomar el sol durante mucho tiempo.
4. Mario, ¿qué te .... más: ir de excursión o a la piscina del hotel?
5. ¿A ustedes les .... las vacaciones organizadas?
6. A mí no me .... los móviles grandes.

19. Construye frases con las palabras que se dan conjugando los verbos adecuadamente.

1. Marta/gustar/fútbol. → ....
2. Usted/encantar/videojuegos. → ....
3. Yo/interesar/español. → ....
4. Tú/encantar/helados. → ....
5. Felipe/gustar/viajar. → ....
6. Mis amigos/no/gustar/ópera. → ....
7. Yo/no/interesar/tus problemas. → ....

20. Completa con la forma correcta de los verbos entre paréntesis.

A mí **1** .... **(encantar)** ver series en el ordenador y **2** .... **(gustar)** salir con los amigos al parque o a patinar. A mis padres ese tipo de actividades no **3** .... **(interesar)** demasiado. Siempre dicen que es mejor ver las películas en el cine. A mi hermana también **4** .... **(gustar)** las series, pero no tanto como a mí porque a ella también **5** .... **(interesar)** otras cosas, como el teatro. A los dos también **6** .... **(encantar)** jugar a videojuegos en casa cuando hace frío.

21. Elige la opción correcta.

1. **Me duele/Me duelen** la cabeza.
2. **Me pica/Me pican** los ojos.
3. **Tengo/Estoy** cansado.
4. **Estoy/Tengo** dolor de espalda.
5. **Tengo/Estoy** alergia.
6. **Me duele/Estoy** mareado.
7. **Me duelen/Me duele** las piernas.
8. **Me siento/Tengo** mareada.
9. **Estoy/Tengo** vómitos.
10. **Me siento/Tengo** tos.
11. **Tengo/Estoy** malo.
12. **Me duele/Me siento** la garganta.

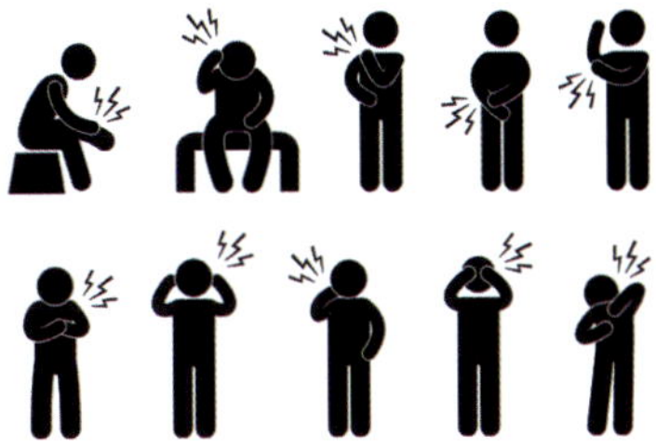

22. 54 Escucha y marca quién dice estas frases.

	Julia	José
1. Le gusta mucho el teatro.	☐	☐
2. Le interesan los deportes.	☐	☐
3. Le gusta ver películas, pero no le gusta mucho ir al cine.	☐	☐
4. No le gustan mucho las series.	☐	☐
5. No le gustan nada las palomitas.	☐	☐
6. Le gusta ir al cine con amigos.	☐	☐
7. No le gusta mucho el teatro.	☐	☐

23. Completa libremente las frases.

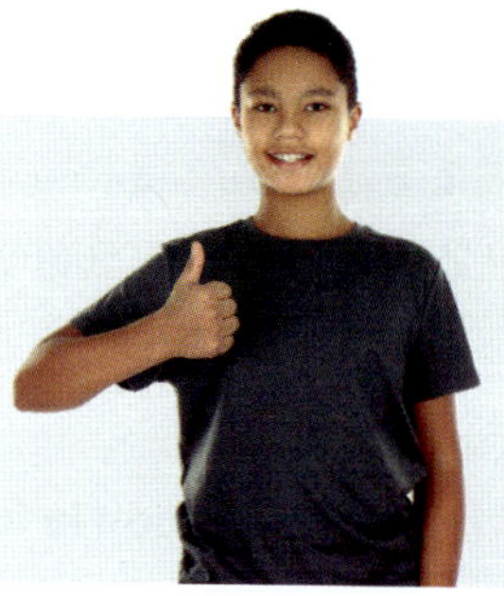

1. El viernes por la noche me encanta ....
2. No me gustan nada ....
3. A mis padres les interesa bastante ....
4. A mi profesora no le gusta nada ....
5. ¿Os interesan ....?
6. En vacaciones nos encanta ....

24. Fíjate en los iconos y escribe las preguntas y las respuestas siguiendo el modelo.

1. A ti./La última película de Harry Potter.
   - ¿Te gusta la última película de Harry Potter? — Me gusta mucho./Me encanta.
2. A vosotros./Los museos.
   - .... — ....
3. A tu hermana./Levantarse temprano.
   - .... — ....
4. A tus amigos./Montar en bicicleta.
   - .... — ....
5. A ti./Hacer fotos con el móvil.
   - .... — ....
6. A ustedes./Los animales domésticos.
   - .... — ....

25. Elige la opción correcta para completar los diálogos.

1. Yo trabajo los sábados por la mañana.
   - Yo también./A mí también.
2. Me encanta viajar.
   - Yo también./A mí también.
3. No me interesa el fútbol.
   - A mí también./A mí tampoco.
4. No tengo tarjeta de crédito.
   - Yo no./Yo sí.
5. Me gusta desayunar un sándwich.
   - A mí sí./A mí también.
6. Yo odio el reguetón.
   - Yo también./A mí tampoco.

26. 55 Escucha las entrevistas y completa la información.

	Pedro	Ana
1. ¿Con qué frecuencia cena fuera con sus amigos?	....	....
2. ¿Con qué frecuencia hace deporte?	....	....
3. ¿Con qué frecuencia lee en casa?	....	....
4. ¿Con qué frecuencia va al cine con sus amigos?	....	....
5. ¿Con qué frecuencia va al cine con su familia?	....	....

27. Ahora responde tú por escrito a las preguntas de la entrevista anterior.

....
....
....
....
....

COMUNICACIÓN

28. **Relaciona la imagen con la frase.**

1 ☐ 

2 ☐ 

3 ☐ 

4 ☐ 

5 ☐ 

a. Me gusta mucho dibujar.
b. Odio cocinar.
c. No me gusta mucho la tortilla.
d. No me gusta nada el chocolate.
e. Me encantan los dulces.

> **!** El verbo *odiar* significa 'no me gusta nada' y es un verbo regular que se conjuga completo: *odio, odias, odia, odiamos, odiáis, odian*:
> Me gusta mucho la pasta, pero **odio** las espinacas.

29. **Busca en internet actividades de las siguientes categorías que se celebran estos días en tu ciudad y completa la información.**

Música	Deporte	Teatro y danza	Museos y salas de exposiciones
¿Qué?	¿Qué?	¿Qué?	¿Qué? ......
Lugar:	Lugar:	Lugar:	Lugar: ......
Fecha y hora:	Fecha y hora:	Fecha y hora:	Fecha y hora: ......

30. **Lee el texto y decide cuáles de las actividades anteriores se adaptan mejor a cada miembro de esta familia.**

A mi madre le encanta el cine clásico, las películas en blanco y negro, pero no le gusta verlas en casa, prefiere ir al cine y verlas en versión original. Como es profesora de inglés, no tiene problemas para comprender las películas americanas. También le gusta bastante la música. A veces va con mi hermana Teresa a conciertos, sobre todo cuando son de *jazz*. Teresa estudia piano, por eso le interesan mucho los conciertos, especialmente los de música clásica. También le gusta el cine, pero prefiere ver películas actuales. A mi padre le encantan los deportes; siempre que puede va a ver partidos de fútbol, de tenis o de baloncesto. También le gusta practicar deporte, pero solo correr y nadar. A mi hermano Pedro no le interesan demasiado los deportes. A él le gusta ir a museos y exposiciones de arte moderno o antiguo. Cuando va a exposiciones fotográficas, mi hermana lo acompaña porque le gusta mucho la fotografía.

Mi madre	Mi padre	Mi hermana	Mi hermano

CULTURA

31. Completa el nombre de estos instrumentos musicales.

1

m☐r☐☐as

2

r☐nd☐☐or

3

☐l☐ve☐

4

☐as☐a☐u☐☐a☐

5

☐☐ng☐s

6

☐co☐d☐ó☐

32. Completa el texto con las palabras del recuadro.

ritmos | estilos | merengue | género | conciertos | son

El origen de la salsa

A finales de los años 60 e inicios de los 70 surge el nombre de *salsa* como un **1** .... musical. Después de triunfar en Estados Unidos, la música latina llega a todo el mundo y es conocida por este género. Esto sucede de una forma muy curiosa: Izzy Sanabria, diseñador gráfico en los estudios de Fania All Stars, reúne todos los **2** .... de origen cubano que hay hasta entonces bajo una misma denominación. La intención es eliminar confusiones y poder vender el concepto mucho mejor. El término que utiliza para unir todos estos sonidos diferentes es el de *salsa*, una palabra con la que se anima a las bandas durante los **3** .... Así, se puede decir que la salsa, como conjunto de ritmos y **4** .... nace en Cuba, pero es en Estados Unidos donde se desarrolla y se lanza hacia el resto del mundo.

Se dice que la principal influencia de la salsa es el **5** .... cubano. Pero, por su origen, también hay que decir que tiene influencias del mambo, el chachachá, la guaracha, la rumba, la bomba, la plena y el **6** ....

Adaptado de https://www.goandance.com/es/blog/salsa/52-los-origenes-de-la-salsa-y-su-historia

33. Relaciona a cada artista con su género.

1. Víctor Manuelle	**a.** bachata
2. Camilo	**b.** merengue
3. Rauw Alejandro	**c.** pop latino
4. Henry Santos	**d.** reguetón
5. Juan Luis Guerra	**e.** salsa

34. Marca los tres géneros musicales que son latinoamericanos.

- ☐ vals
- ☐ tango
- ☐ ranchera
- ☐ flamenco
- ☐ milonga
- ☐ rumba

35. Marca los tres cantantes que son latinoamericanos.

☐ Sebastián Yatra ☐ Selena Gómez ☐ Becky G ☐ Maluma ☐ Christina Aguilera ☐ Karol G

VOCABULARIO Y FUNCIONES

1. Esta es la familia de Lucía. Relaciona cada palabra con la persona correspondiente.

abuelo
tío
prima
padre
tía
abuela
madre
hermano
primo

2. Mira de nuevo el árbol genealógico y elige la opción correcta.

1. La **mujer/hermana/sobrina** de Germán se llama Patricia; su **hija/nieta/prima**, Silvia, y su **hijo menor/ hija menor/sobrino**, Raúl.
2. El **marido/padre/tío** de Nélida es Alberto; Lucía es su **hija mayor/tía/nieta**.
3. Los **sobrinos/primos/hijos** de Patricia se llaman Lucía y Rubén. Ellos también son los **nietos/ sobrinos/hijos** de Miguel y Carmen.
4. Alberto y Patricia son **hermanos/nietos/casados**. Sus **padres/abuelos/tíos** son Miguel y Carmen.
5. Rubén, Lucía, Raúl y Silvia son **primos/hermanos/ nietos**. Sus **abuelos/padres/tíos** son Miguel y Carmen.
6. Patricia es la **tía/hermana/madre** de Lucía y Rubén. Alberto es el **tío/padre/sobrino** de Raúl y Silvia.

3. Andrés hace un intercambio de dos semanas en Berlín y escribe un correo electrónico a su amiga Eva para hablar sobre su nueva familia. Di si las siguientes afirmaciones son verdaderas (V) o falsas (F).

De: Andrés Para: Eva Asunto: Berlín

Hola, Eva:

¿Qué tal estás?

Yo estoy ya en Berlín y conozco a todos los miembros de mi nueva familia. Son muy simpáticos. Hablo en alemán con ellos, pero no comprendo todo. A veces hablamos en inglés. La madre se llama Katja, tiene cuarenta y nueve años, es enfermera y trabaja en un hospital. El padre se llama Ricardo, es colombiano y tiene cincuenta y dos años. Es arquitecto. El mayor de los hijos es Christoph. Tiene veinte años y es estudiante de Medicina. Wiebke tiene la misma edad que yo, quince años. Tenemos clase juntos y conozco a sus amigos también. Y la más pequeña es Johanna, que tiene diez años. ¡Me encanta mi nueva familia!

¡Espero tus noticias!

Un abrazo,

Andrés

1. Toda la familia es alemana. .... V F
2. Andrés tiene 15 años. .... V F
3. Andrés comprende todo en alemán. .... V F
4. Wiebke tiene clase con Andrés. .... V F
5. Katja es colombiana. .... V F
6. El padre es enfermero. .... V F
7. La familia tiene tres hijos. .... V F
8. La familia vive en Berlín. .... V F

4. **¿A qué persona de la familia se refiere?**

1. .... → Son los padres de mi madre.
2. .... → Es la hija de mi tía.
3. .... → Es el hijo de mis padres.
4. .... → Es el hermano de mi madre.
5. .... → Es una mujer y yo soy su hijo.
6. .... → Es un hombre y yo soy su hijo.

5. **Lee este texto y decide qué foto representa a la familia de Almudena.**

Me llamo Almudena, pero mis amigos me llaman Almu. Tengo 12 años y vivo con mi familia en Madrid. Mi padre se llama Antonio, es profesor, tiene 40 años y le encanta hacer fotos. Mi madre se llama Ana, tiene 39 años, es arquitecta y le gusta mucho pasear con nosotros por el parque. Mi hermano Manuel es muy divertido porque es muy pequeño y solo dice algunas palabras: *agua*, *mamá* y *Almu*. Todos los sábados por la mañana vamos al Retiro, un parque que está muy cerca de nuestra casa, y allí jugamos a la pelota. Tengo dos tíos. El hermano de mi padre se llama Miguel, está casado con Laura y tienen dos hijos, Alberto y Jesús. Mi madre tiene una hermana, mi tía favorita. Se llama como mi hermano, pero en chica. Es muy joven, está soltera y no tiene hijos. Me gustan mucho su casa y su trabajo: vive en el campo y es veterinaria.

1

2

3

6. **Vuelve a leer el texto, responde verdadero (V) o falso (F) y corrige la información incorrecta.**

1. Almudena tiene una hermana. .... V F
2. Los padres de Almudena son muy mayores. .... V F
3. El padre de Almudena es fotógrafo. .... V F
4. Almudena tiene dos primos. .... V F
5. La madre de Almudena tiene muchos sobrinos. .... V F
6. La tía de Almudena se llama Manuela. .... V F
7. A Almudena y a su tía les gustan los animales y la naturaleza. .... V F
8. Almudena no tiene primas. .... V F
9. Laura es la tía favorita de Almudena. .... V F

7. **Elige las características que coinciden con la imagen.**

Mi tío es 1 **alto/bajo**. Mi tía tiene 2 **el pelo largo/el pelo corto** y es 3 **delgada/gorda**. Mi primo es 4 **moreno/rubio** y tiene 5 **el pelo liso/el pelo rizado**. Mi prima también es 6 **rubia/morena**, pero tiene 7 **el pelo liso/el pelo rizado**. Todos son muy 8 **simpáticos/antipáticos**.

8. 56 **Escucha la descripción del carácter de los diferentes miembros de esta familia. Escribe cómo son.**

1. Ana es ......
2. Su hermana es ......
3. Su madre es ......
4. Su padre es ......
5. Sus tíos son ......
6. Sus primos son ......
7. Sus abuelos son ......

9. **Describe por escrito el carácter de los miembros de tu familia.**

......

......

......

......

......

......

......

10. **Escribe el nombre de cada color.**

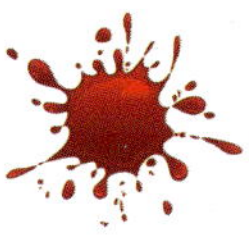 1. ......
 2. ......
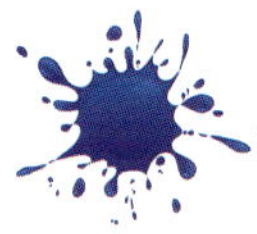 3. ......
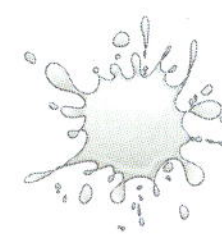 4. ......
 5. ......
 6. ......
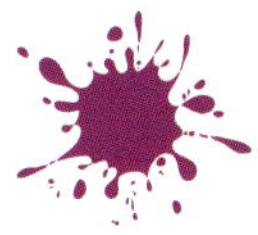 7. ......
 8. ......

11. **Escribe el nombre y el color de cada prenda.**

1. *jersey verde*

2. ......

3. ......

4. ......

5. ......

12. **Escribe cada material debajo de su imagen correspondiente.**

algodón
lana
piel/cuero
seda

1. ......

2. ......

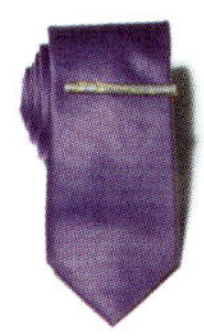
3. ......

4. ......

GRAMÁTICA

13. **Lee las descripciones y decide a qué estado físico o de ánimo del cuadro se refiere cada una.**

triste
cansado/a
aburrido/a
estresado/a
preocupado/a
de buen humor
de mal humor
contento/a

1. Estoy ...... → Pienso mucho, duermo poco, hablo mucho del mismo asunto.
2. Estoy ...... → Mis amigos no están, en la calle llueve y no sé qué hacer.
3. Estoy ...... → Tengo mucho trabajo y poco tiempo, necesito relajarme.
4. Estoy ...... → Lloro mucho, no me apetece hablar, no sonrío.
5. Estoy ...... → Trabajo muchas horas y descanso poco.
6. Estoy ...... → Me siento satisfecho y feliz con todo.
7. Estoy ...... → Hoy todo me molesta y no quiero hablar con nadie.
8. Estoy ...... → Hoy estoy alegre y con ganas de hacer muchas cosas.

14. Completa estas frases con los verbos *ser* o *estar*.

1. Tu hermana Luisa siempre .... sonriendo, ... muy simpática.
2. Prefiero salir a correr mañana, hoy .... un poco cansado y .... lloviendo.
3. Nacho .... muy inteligente; habla portugués, inglés y español y .... estudiando chino.
4. Normalmente Juan no .... un profesor muy estricto, pero hoy .... un poco enfadado porque sus estudiantes no lo .... escuchando.
5. Los hijos de Cristina .... muy tímidos, pero hoy .... hablando mucho.
6. Mi tío Raúl .... muy deportista, pero esta semana no viene a jugar con nosotros porque .... enfermo.
7. ¿Por qué .... tan triste hoy? Tú .... una persona muy positiva, ¿.......................... preocupado?
8. Los padres de Enrique .... muy generosos. .... colaborando con una ONG ecologista.
9. Los estudiantes de esta clase .... muy tranquilos y trabajadores, pero hoy .... un poco nerviosos por el examen final.
10. Emilio no va a la fiesta porque .... de mal humor, pero él normalmente .... muy sociable.

15. Relaciona cada pregunta con su respuesta.

1. ¿Cómo está tu hermano?
2. ¿Cómo son los estudiantes?
3. ¿Dónde está la directora?
4. ¿Qué están haciendo los estudiantes?
5. ¿Cómo estáis?
6. ¿Cómo es la nueva recepcionista?

a. Simpática, amable y muy sociable.
b. En la biblioteca.
c. Cansados.
d. Serios y responsables.
e. Un poco estresado.
f. Un examen.

16. Completa las frases con *ser* o *estar*.

1. Sara y su hermana .... rubias.
2. .... (yo) aquí, en la cocina.
3. La profesora .... enfadada.
4. ¿Dónde .... Javier?
5. ¿Cómo .... tu abuelo? ¿Mejor?
6. Mi madre .... morena y tiene los ojos verdes.
7. Su hermano .... muy alto.
8. Malena .... de mal humor.
9. .... (vosotros) muy serios, ¿qué os pasa?
10. Mi padre .... estresado porque trabaja mucho.
11. .... nerviosa por el examen.
12. ¡Esta casa .... muy grande!

17. Elige la frase que describe cada imagen.

a. Están cocinando. | b. Está conduciendo. | c. Está estudiando. | d. Estoy abriendo la puerta. e. Están corriendo. | f. Estamos haciendo deporte.

18. **Completa la regla. Fíjate en el ejercicio anterior.**

Para hablar de acciones que se están desarrollando en este momento, se usa la estructura 1 .... + ... Para formar el gerundio, se sustituye la terminación del verbo por estas: verbos en *-ar* → 2 ...., verbos en *-er*, *-ir* → 3 ....

19. **Señala la persona y el infinitivo de los siguientes verbos irregulares conjugados.**

Verbo conjugado	Persona	Infinitivo
1. pedís	vosotros/as	pedir
2. sientes		
3. se divierten		
4. comenzamos		
5. puede		
6. entiendo		
7. mides		
8. cuenta		

Verbo conjugado	Persona	Infinitivo
9. os vestís		
10. elijo		
11. prueban		
12. sirvo		
13. vuelan		
14. cierran		
15. juegan		
16. piensas		

20. **Completa con los verbos irregulares en su forma correcta.**

1. Mi hermano .... **(jugar)** en el equipo de baloncesto de la escuela.
2. Luis y José .... **(dormir)** en la habitación de la segunda planta.
3. .... **(Preferir, yo)** trabajar contigo.
4. Marián y yo .... **(corregir)** exámenes oficiales.
5. Los niños .... **(volver)** a casa en autobús.
6. Nunca .... **(cerrar)** la puerta de mi habitación para dormir.
7. Ana, ¿.......................... **(querer)** tomar un café?
8. Mis compañeros y yo siempre .... **(pedir)** permiso para ir al baño.

21. **Completa el texto con los verbos del recuadro en presente de indicativo.**

medir | dormir | querer | cerrar | vivir | poder | ser | jugar | tener | preferir | divertirse | vestir

Marta, Rosa y Nieves son hermanas. Las tres 1 .... juntas en la capital. Marta es la más alta, 2 ....1.80 y 3 .... al baloncesto. Además, estudia varios idiomas porque 4 .... ser azafata. Rosa, que 5 .... la mayor y la más rubia de las tres, es diseñadora de moda; 6 .... sobre todo a mujeres porque 7 .... diseñar ropa femenina. Nieves quiere estudiar Farmacia para tener algún día una de esas que nunca 8 ...., de las que están abiertas las 24 horas. A veces estudia por la noche y 9 .... por el día. Las tres hermanas se 10 .... mucho los fines de semana. Salen juntas o con sus amigos a cenar, a tomar algo o a bailar. Cuando 11 .... tiempo, visitan a sus padres, que viven en otra ciudad, cerca del mar. Les gusta mucho ir, sobre todo en verano, porque 12 .... ir a la playa.

22. **Selecciona el demostrativo correcto según las indicaciones que se dan.**

1. Quiero ir de compras porque **estos/esos/aquellos** vaqueros están muy viejos. **(Aquí)**
2. ¿Cuánto cuestan **estas/esas/aquellas** camisetas de manga corta de la estantería? **(Ahí)**
3. Me gustan **estos/esos/aquellos** bolígrafos de colores de allí. **Estos/Esos/Aquellos** son muy feos. **(Aquí)**
4. **Estos/Esos/Aquellos** zapatos de ahí son muy caros, pero **estos/esos/aquellos** de aquí son muy bonitos y baratos.

23. **Elige el posesivo correcto en las siguientes frases.**

1. Mi familia es grande, por eso **nuestra/nuestro/nuestras/nuestros** casa tiene muchas habitaciones.
2. Tu hermano y tú tenéis muchos primos. ¿Dónde viven **vuestras/vuestro/vuestra/vuestros** primos?
3. Sofía vive en un pueblo en la montaña. **Su/Sus/Mi/Mis** pueblo es precioso.
4. Tengo unas zapatillas nuevas. Me gustan **sus/tus/mis/mi** zapatillas.
5. Mis amigos tienen perros. **Sus/Su/Vuestros/Vuestro** perros son divertidos.
6. Tus vecinos no están, **su/vuestra/vuestro/sus** casa está cerrada.

24. **Describe en tu cuaderno a la familia que aparece en la foto. Utiliza los posesivos.**

COMUNICACIÓN

25. **Observa la imagen y completa las frases. ¿Qué están haciendo? Después relaciona la descripción con la persona correspondiente.**

1. ☐ Ana tiene el pelo largo y lleva un vestido rosa. .... **(Montar)** en bicicleta.
2. ☐ Su padre es castaño y tiene los ojos negros. Lleva unos pantalones marrones y una camiseta de manga larga azul. .... **(Tomar)** café y .... **(pasear)** al perro.
3. ☐ Su madre es morena. Lleva una falda azul y una camiseta roja. .... **(Leer)** un libro.
4. ☐ Su tía es rubia y tiene el pelo largo. Su tío es moreno. .... **(Mirar)** el lago en un banco.
5. ☐ Su prima lleva unos pantalones rojos y una camiseta verde. Su primo lleva un pantalón marrón y una camiseta azul. .... **(Jugar)** en la arena.
6. ☐ Su hermana .... **(hacer)** yoga. Tiene el pelo negro. Lleva una camiseta de manga corta marrón y unos pantalones azules.
7. ☐ Su abuelo lleva barba y tiene el pelo blanco. Está con su abuela. .... **(Sonreír)** a sus nietos.

26. 🔊 57 **Escucha a Alicia hablar de su hermano Andrés. Señala si las frases son verdaderas (V) o falsas (F).**

1. Andrés es alto y gordito. .... V F
2. Tiene los ojos azules y el pelo rubio. .... V F
3. No lleva gafas. .... V F
4. Lleva vaqueros y una camisa de manga larga. .... V F
5. Es trabajador y muy abierto. .... V F

CULTURA

27. Indica las fotos que coinciden con la actividad del diseñador/a.

1. ☐ Manolo Blahnik

2. ☐ Carolina Herrera

3. ☐ Custo Dalmau

4. ☐ Narciso Rodríguez

28. ¿A qué diseñador pertenece la siguiente información? Elige la opción correcta.

1. Sus líneas de maquillaje y perfumes también son muy conocidas.
   a. Custo Dalmau c. Narciso Rodríguez
   b. Carolina Herrera d. Manolo Blahnik

2. Es el fundador de una de las marcas de zapatos más prestigiosas del mundo.
   a. Custo Dalmau c. Narciso Rodríguez
   b. Carolina Herrera d. Manolo Blahnik

3. Su producto estrella son las camisetas, pero actualmente tiene una línea completa de moda.
   a. Custo Dalmau c. Narciso Rodríguez
   b. Carolina Herrera d. Manolo Blahnik

4. Diseñó el vestido de Michelle Obama para la inauguración presidencial de 2008.
   a. Custo Dalmau c. Narciso Rodríguez
   b. Carolina Herrera d. Manolo Blahnik

29. Indica si las siguientes afirmaciones sobre Moda Incluyente son verdaderas o falsas.

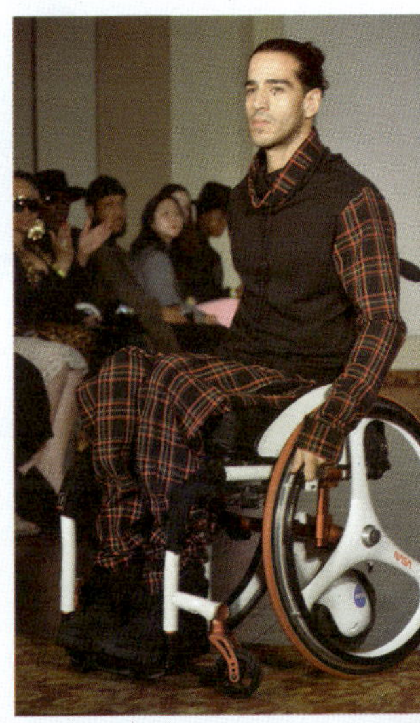

1. La agencia organiza diferentes actividades relacionadas con la moda que promueven la inclusión. .... V F
2. Annett Castro es modelo de Moda Incluyente. .... V F
3. Según la revista *Quién*, Annett Castro es una de las cincuenta personas que están cambiando México. .... V F
4. Su objetivo final es hacer visibles a las personas con discapacidad. .... V F
5. *Expansión* es una revista del grupo Quién. .... V F
6. La agencia organiza desfiles de moda, cursos y talleres. .... V F
7. Annett Castro es estadounidense. .... V F

REPASO

1. Lee las definiciones y completa el crucigrama con las partes del cuerpo.

(Horizontal)

1. Los mueves mucho cuando nadas.
2. Te la cubres con un gorro cuando hace frío.
3. Las mueves continuamente cuando montas en bicicleta.
4. Los utilizas para ver.
5. Los niños los usan para decir los años que tienen.

(Vertical)

6. La abres y la cierras para comer.
7. Te pica cuando tienes alergia.
8. Puedes llevar pendientes en ellas.
9. Te duelen cuando llevas zapatos cerrados y andas mucho.
10. Te duele cuando estás mucho tiempo sentado/a.

2. Elige la forma adecuada de los verbos *gustar, encantar* e *interesar*.

1. Me **encanta/encantan** salir con los amigos.
2. A mi vecina le **interesa/interesan** los documentales de animales.
3. A mis gatos no les **gusta/gustan** mucho el pescado.
4. A mi hermano pequeño le **gusta/gustan** los dibujos animados de *Peppa Pig*.
5. A mis perros les **encanta/encantan** salir a dar paseos.
6. No me **interesa/interesan** los deportes.
7. ▶ ¿A ti te **gusta/gustan** las series?
   ▷ No, la verdad es que no me **gusta/gustan** mucho. Prefiero las películas.

3. Lee las frases y reacciona según tus gustos con *a mí también, a mí tampoco, a mí sí* y *a mí no*.

1. ▶ No me gusta la carne. ▷ ....
2. ▶ A mis amigos y a mí nos gusta ir al cine. ▷ ....
3. ▶ A Rocío le gusta bailar *swing*. ▷ ....
4. ▶ Me encantan los coches deportivos. ▷ ....
5. ▶ A mi profesora le interesa la literatura rusa. ▷ ....
6. ▶ A mis amigos les interesa mucho la ópera. ▷ ....
7. ▶ Me gustan mucho los insectos. ▷ ....

4. Escribe lo que te gusta hacer en tu tiempo libre.

....

....

....

5. Completa las frases con el posesivo adecuado.

nuestra | mi | vuestros | mis | tus | nuestros | sus

1. ¿Estas son .... gafas?
   Sí, sí, son .... gafas. ¡Gracias!
2. ¿Sabes que las hermanas de Shakira son modelos?
   No, no, las modelos son .... primas.
3. Oye, Carmen, ¿quién es tu hermano?
   ¿.................................. hermano? El que está hablando por teléfono.
4. Juan, Ana, ¿son esos .... padres?
   Sí, esos son .... padres. Ven, que te los presentamos.
5. Nosotros no tenemos primos, ... tía no tiene hijos.

6. Describe en tu cuaderno la ropa que llevan estos modelos.

Diseño de Custo Dalmau

Diseño de Narciso Rodríguez

7. Elige el demostrativo adecuado.

1. ¿Quiénes son tus tíos?
   Estos/Aquellos. En esta foto están muy guapos, ¿no?
   ¿Y **esa/esta** niña de aquí?
   Es mi prima Carolina. Es un poco tímida, pero es muy simpática.
2. ¿De quién es **esta/aquella** camisa de allí?
   Es de Luis.
3. ¿Qué podemos regalarle a Marta? **Aquel/Este** jersey de aquí es muy alegre, ¿no?
   Mmm... La verdad es que yo prefiero algo más clásico. ¿Y si le compramos **esa/esta** falda azul de ahí?
4. **Aquella/Esa** chica de allí lleva unos pantalones muy bonitos, ¿la ves?
   Yo también tengo **esos/estos** pantalones de aquí y son muy cómodos.

8. Completa con los verbos en presente.

1. Greta no .... **(entender)** las explicaciones del profesor.
2. Mis hermanos son muy altos, ... **(medir, ellos)** casi dos metros.
3. ¿Por qué no .... **(probarse, tú)** aquella camisa?
4. ¿A qué hora .... **(cerrar)** las tiendas?
5. ¿Cuánto .... **(costar)** esos pantalones del escaparate?
6. No me .... **(sentir, yo)** bien con este calor.
7. Con el ruido no .... **(poder, nosotros)** estudiar.
8. ¿En qué .... **(pensar, tú)**?

9. Completa las frases con *estar* + gerundio.

1. Mi tía y yo .... **(comer)** juntas.
2. Manuel .... **(oír)** las noticias.
3. Zoe y Amanda .... **(jugar)**.
4. Sara y tú .... **(estudiar)**.
5. El niño .... **(dormir)**.
6. Yo .... **(vestirse)** para la fiesta.
7. Mi madre .... **(cocinar)** una paella.
8. Ya .... **(escribir, nosotros)** en español.

10. DELE Describe por escrito a tres personas de esta imagen: su carácter, su físico, cómo van vestidas, la relación que hay entre ellas y qué están haciendo.

VOCABULARIO Y FUNCIONES

1. Relaciona cada alimento con su nombre correspondiente.

agua | cebollas | azúcar | arroz | mermelada | aceitunas | salchichas | sardinas

1. ....

2. ....

3. ....

4. ....

5. ....

6. ....

7. ....

8. ....

2. Elige la opción correcta.

1. una botella de **harina/agua/leche/mermelada/sardinas/patatas fritas**
2. una lata de **harina/agua/leche/mermelada/sardinas/patatas fritas**
3. un paquete de **harina/agua/leche/mermelada/sardinas/patatas fritas**
4. una bolsa de **harina/agua/leche/mermelada/sardinas/patatas fritas**
5. un brik de **harina/agua/leche/mermelada/sardinas/patatas fritas**
6. un bote de **harina/agua/leche/mermelada/sardinas/patatas fritas**

3. Escribe el nombre de estos alimentos.

1. ....

2. ....

3. ....

4. ....

5. ....

6. ....

4. Relaciona.

1. una barra de	**a.** huevos
2. un litro de	**b.** pan
3. un kilo de	**c.** aceite
4. una docena de	**d.** manzanas
5. un paquete de	**e.** calamares a la romana
6. un bote de	**f.** azúcar
7. una bolsa de	**g.** tomate frito
8. una ración de	**h.** frutos secos

5. **Escribe estas palabras en la imagen correspondiente.**

hamburguesa | ensalada mixta | jamón ibérico | calamares a la romana | arroz con leche pincho de tortilla | salmón a la plancha | crema de verduras

1. .... 2. .... 3. .... 4. ....

5. .... 6. .... 7. .... 8. ....

6. 58 **Escucha a una pareja en un restaurante y marca qué piden.**

Menú del día

Primer plato	**Segundo plato**	**Postre**
☐ Paella de marisco	☐ Salmón a la plancha	☐ Flan casero
☐ Crema de verduras	☐ Pollo asado con patatas	☐ Arroz con leche casero
☐ Gazpacho	☐ Entrecot de ternera	☐ Tarta de queso
☐ Macarrones con tomate	☐ Hamburguesa especial	☐ Piña

Precio: 20 euros (Pan, bebida y café incluidos.)

7. **Lee estas afirmaciones sobre la dieta mediterránea e indica si son verdaderas (V) o falsas (F). Luego lee el texto y comprueba tus respuestas.**

1. Alimentos como la pasta, el pan o el arroz deben consumirse a diario. .... V F
2. Los huevos deben formar parte de nuestra dieta diaria. .... V F
3. La carne roja, si se prepara con verduras, se puede comer habitualmente. .... V F
4. Es fundamental consumir productos locales y de temporada. .... V F
5. Los dulces, si son caseros, pueden consumirse con frecuencia. .... V F
6. El ejercicio físico diario es un buen complemento de la dieta. .... V F

Decálogo de la dieta mediterránea

1. Consumir alimentos vegetales en abundancia: frutas, verduras, hortalizas, legumbres...
2. Los cereales, por su alto contenido en hidratos de carbono, deben consumirse cada día.
3. Consumir regularmente pescado azul y huevos; al menos, uno al día.
4. Utilizar el aceite de oliva virgen extra como grasa en la elaboración y preparación de todo tipo de platos.
5. Consumir a diario una cantidad moderada de lácteos, en especial yogur sin azúcar.
6. Tomar ocasionalmente carnes rojas en pequeñas cantidades y como parte de platos a base de verduras y cereales.
7. Consumir alimentos poco procesados, productos frescos, locales y de temporada.
8. Tomar dulces solo ocasiones especiales y mejor si son caseros.
9. Beber agua es esencial en nuestra dieta.
10. Hacer ejercicio físico diariamente aumenta los beneficios de este tipo de alimentación.

8. **Lee esta entrada de blog y completa las frases con la opción correcta.**

Vivesano, Madrid, 22:10

Los españoles, en general, tenemos fama de comer bien, es verdad, pero comer bien no significa solamente tomar buenos alimentos: también incluye otros hábitos saludables que tienen que ver con las cantidades y los horarios.

A los españoles nos encanta celebrar todo con comida en abundancia: en Navidad, en los cumpleaños, en los aniversarios... Imagino que esto pasa también en otros países. Sin embargo, somos diferentes del resto de nuestros vecinos europeos porque casi todos los días cenamos entre las nueve y las diez de la noche, aunque los doctores insisten en que no es recomendable cenar tan tarde. Además, cenar más tarde implica acostarse más tarde y dormir menos horas o acostarse con el estómago lleno de comida, pero...

Perdón, queridos lectores, me despido de vosotros porque llega mi mujer del gimnasio y..., ¡trae una *pizza*! Es hora de cenar... 😀

1. Para Vivesano, los españoles se caracterizan por...
- **a.** celebrar todo con comida.
- **b.** cenar muy tarde.
- **c.** tener unos hábitos alimentarios perfectos.

2. Vivesano piensa que comer bien es...
- **a.** tomar buena comida en grandes cantidades.
- **b.** tomar poca comida.
- **c.** tener buenos hábitos y comer buenos alimentos.

3. Vivesano...
- **a.** es crítico con los españoles, por eso cena temprano.
- **b.** es crítico con los españoles, pero tiene hábitos españoles.
- **c.** cree que el hábito de cenar tarde no es perjudicial.

4. Vivesano escribe su artículo...
- **a.** después de cenar.
- **b.** cuando está cenando.
- **c.** antes de cenar.

9. **Escribe en tu cuaderno un texto similar al anterior sobre la gente de tu país y sus hábitos alimentarios.**

GRAMÁTICA

10. **Completa los cuadros con las formas correspondientes del presente de indicativo.**

	Traducir	Hacer	Dar	Oír
yo				
tú				
él, ella, usted				
nosotros/as				
vosotros/as				
ellos, ellas, ustedes				

	Tener	Decir	Venir	Oler
yo				
tú				
él, ella, usted				
nosotros/as				
vosotros/as				
ellos, ellas, ustedes				

11. **Transforma en infinitivo estas primeras personas irregulares y clasifica los verbos en su grupo.**

~~conduzco~~ | veo | quepo | vengo | salgo | pongo | caigo | tengo | traduzco | doy | ofrezco
oigo | traigo | conozco | valgo | nazco | estoy | digo

Verbos con irregularidad en la 1.ª persona			Verbos con doble irregularidad
c → zc	-go	Otros verbos	
conducir → conduzco			

12. **Completa las frases con la persona *yo* del presente de indicativo de los verbos entre paréntesis.**

1. .... **(Conocer)** una chica que habla chino perfectamente.
2. No .... **(caber)**, ya hay cinco personas en el coche.
3. Le .... **(traer)** el libro que necesita, aquí lo tiene.
4. Te .... **(decir)** que no es verdad. Raúl es un mentiroso.
5. Sara, ... **(estar)** muy agradecido por tu ayuda, eres muy amable.
6. .... **(Parecerse)** mucho a mi hermana.
7. Yo te .... **(dar)** su teléfono, no te preocupes.
8. Te .... **(ofrecer)** la oportunidad de hablar y decir la verdad.

13. **Completa las frases con los verbos del cuadro.**

pedir | preguntar | ir | venir | traer | llevar

1. No veo los precios del menú, necesito .... al camarero.
2. Mira, ya .... el camarero, podemos .... más pan.
3. ¿Puede .... otra botella de agua, por favor?
4. ¿Quieres .... a ese restaurante nuevo?
5. Cuando no tengo tiempo, llamo por teléfono y .... comida para ....
6. ¿Quieres .... a cenar a mi casa el viernes?
7. ¿Puedes .... estos platos a la mesa?
8. Si .... **(tú)** a cenar a casa de otra persona, es recomendable .... un postre o una bebida.

14. 59 **Es el cumpleaños de Lorena y está en su casa con David organizando la fiesta para esta tarde. Completa el diálogo con los verbos *ir*, *venir*, *traer* o *llevar* en presente de indicativo. Después escucha y comprueba tus respuestas.**

David: ¿Sabes si al final **1** .... Jaime a la fiesta?

Lorena: Creo que sí, ya sabes que Jaime siempre **2** ....a todos los cumpleaños...

David: ¿**3** .... **(yo)** a la panadería para comprar pan sin gluten?

Lorena: Gracias, David, siempre olvido que Jaime es celiaco. ¿Puedes **4** .... más pasteles? Es que también **5** .... los primos de Claudia.

David: Vale, los compro y los **6** ...., pero los primos de Claudia son muy generosos, cuando **7** .... a una fiesta, siempre **8** .... algo para comer o beber...

Lorena: Pues yo, cuando **9** .... a un cumpleaños, solo **10** .... el regalo...

David: Y yo, pero estoy seguro de que hoy Manuel y Alfonso **11** .... con sus regalos y, además, **12** .... unos refrescos o unos bombones de chocolate; los conozco, siempre lo hacen. Sus padres tienen una tienda de alimentación.

15. Completa las frases con un pronombre de objeto directo.

1. Las manzanas .... puedes comprar en la frutería.
2. Los platos .... ponemos en esa mesa.
3. La ropa .... compro en un centro comercial.
4. El bolso .... puedes dejar en mi habitación.
5. La carne .... tomo muy hecha.
6. El pescado .... compro los martes.
7. Las fotos .... hace mi padre.
8. Los dientes me .... lavo tres veces al día.
9. El menú .... cambian todos los días.
10. La camisa .... lavo en agua fría.

16. Señala la opción correcta.

1. Lo compro todos los días.
   - **a.** el pan
   - **b.** los bocadillos
   - **c.** la merluza
2. Las pido siempre sin queso.
   - **a.** los bocadillos
   - **b.** las hamburguesas
   - **c.** la tortilla
3. Los quiero de jamón y queso.
   - **a.** las empanadas
   - **b.** el entrante
   - **c.** los sándwiches
4. La como siempre sin cebolla.
   - **a.** la tortilla
   - **b.** el perrito caliente
   - **c.** las tapas
5. En casa lo tengo de pata negra.
   - **a.** la ensalada
   - **b.** el jamón
   - **c.** el postre
6. Las pido siempre calientes.
   - **a.** la sopa
   - **b.** los pinchos
   - **c.** las tapas

17. Transforma las siguientes frases usando un pronombre de objeto directo.

1. Veo a Carla todos los días.
   ....
2. La profesora os envía saludos.
   ....
3. David me trae los libros mañana.
   ....
4. Voy a adoptar un perro y un gato.
   ....
5. Estoy estudiando las reglas de acentuación.
   ....
6. Llamo a mi madre todos los días.
   ....

18. Reescribe este texto sustituyendo los nombres repetidos por pronombres de objeto directo.

Normalmente, de lunes a viernes como en el instituto. A veces mi padre prepara la comida y llevo la comida para tomar la comida en el comedor. Otras veces, si me gusta el menú del instituto, tomo el menú; suelo elegir el menú los jueves porque hay paella y los cocineros del instituto hacen la paella muy buena. El fin de semana, por lo general, como en casa con mi familia. A mi hermana y a mí nos gusta comer viendo la tele, pero mis padres se enfadan cuando vemos la tele durante la comida, así que comemos muy rápido y luego nos vamos al salón para ver la tele tranquilamente. El sábado por la noche, normalmente cenamos fuera en algún restaurante. Mi padre reserva el restaurante durante la semana porque en mi ciudad siempre hay mucha gente que cena fuera los fines de semana.

19. Relaciona las columnas y forma frases con sentido.

1. En mi barrio hay muchos...	**a.** mucho.
2. Los lunes los camareros no trabajan...	**b.** fácil.
3. Cocinar pasta es muy...	**c.** mesas.
4. Mi abuelo es muy...	**d.** restaurantes.
5. En este restaurante no hay muchas...	**e.** sana.
6. Esta hamburguesa tiene mucha...	**f.** mayor.
7. Prefiero otro lugar, aquí hay mucho...	**g.** grasa.
8. La comida de este restaurante es muy...	**h.** ruido.

20. Crea frases combinando elementos de las tres columnas.

1. Luis está...	muy	**a.** espinas.
2. En el centro de Madrid hay...	mucho	**b.** tarde.
3. No me gustan los postres...	muchos	**c.** bares y restaurantes.
4. Este pescado tiene...	mucha	**d.** dulces.
5. Las patatas fritas tienen...	muchas	**e.** embutidos distintos.
6. Los españoles cenan...		**f.** contento con su trabajo en el bar.
7. Nosotros desayunamos...		**g.** poco.
8. El menú del día de aquí está...		**h.** bien de precio.
9. La tabla de ibéricos tiene...		**i.** grasa.

21. Completa el diálogo con *muy, mucho, mucha, muchos* o *muchas*.

Cliente: ¿Tienen platos para vegetarianos? No veo **1** .... opciones...

Camarero: Claro, hay **2** .... platos en la última página de la carta. ¿Algo para beber?

Cliente: Sí, una botella de agua, no **3** .... fría, por favor. Una pregunta, ¿la ensalada especial tiene **4** .... queso?

Camarero: No, solo un poco; lleva **5** .... tipos de lechuga, por eso es especial.

Cliente: ¿Qué tal está la lasaña vegana?

Camarero: Está **6** .... bien, lleva **7** ....berenjena. Los clientes la piden **8** ....

COMUNICACIÓN

22. Lee el diálogo y marca si las siguientes afirmaciones son verdaderas (V) o falsas (F).

- Perdona, estoy haciendo una encuesta sobre el consumo de comida rápida. ¿Me puedes responder a unas preguntas? Es un minuto.
- Vale, sin problema. No tengo prisa.
- ¿Con qué frecuencia consumes comida rápida?
- Una vez a la semana. Normalmente los fines de semana, si salgo con amigas y cenamos fuera, porque es lo más económico.
- ¿Dónde tomas comida rápida normalmente?
- En alguna hamburguesería, me gustan todas.
- ¿Qué opinas de la comida rápida?
- Me gusta de vez en cuando, pero no me encanta.
- ¿Cuánto dinero sueles gastar cuando vas a este tipo de restaurante?
- Entre 10 y 15 euros, a veces menos.
- Pues eso es todo. Muchas gracias por colaborar.
- De nada. Adiós.

1. La entrevistada no tiene mucho tiempo para responder a las preguntas. .... V F

2. Suele consumir comida rápida los sábados o los domingos. .... V F

3. Va a esos restaurantes porque son más baratos. . V F

4. Tiene una hamburguesería favorita. .... V F

5. Le gusta mucho la comida rápida. .... V F

6. En ocasiones gasta menos de 10 euros en esos restaurantes. .... V F

23. Corrige las frases incorrectas del ejercicio anterior.

....

....

....

....

CULTURA

24. **¿Sabes cómo se llaman estas tapas? Relaciona cada nombre con su imagen correspondiente.**

a. boquerones | b. gambas al ajillo | c. croquetas | d. chipirones | e. bígaros | f. buñuelos de bacalao

1 ☐

2 ☐

3 ☐

4 ☐

5 ☐

6 ☐

25. **Forma el nombre completo de estas tapas.**

1. huevos **bravas/de Padrón/de patatas/a la gallega/estrellados/ibérico**
2. patatas **bravas/de Padrón/de patatas/a la gallega/estrellados/ibérico**
3. pulpo **bravas/de Padrón/de patatas/a la gallega/estrellados/ibérico**
4. jamón **bravas/de Padrón/de patatas/a la gallega/estrellados/ibérico**
5. tortilla **bravas/de Padrón/de patatas/a la gallega/estrellados/ibérico**
6. pimientos **bravas/de Padrón/de patatas/a la gallega/estrellados/ibérico**

26. **Indica si son verdaderas (V) o falsas (F) las siguientes afirmaciones sobre las tapas.**

1. En algunas ciudades las tapas son gratuitas. .... V F
2. La tapa de mayor tamaño para compartir se llama *ración*. .... V F
3. En el norte las tapas se llaman *pinchos* y son gratuitas. .... V F
4. El pulpo es un plato típico de Madrid. .... V F
5. Las patatas bravas son picantes. .... V F
6. Los huevos estrellados son huevos cocidos con patatas. .... V F
7. Los pimientos de Padrón siempre pican. .... V F
8. Las croquetas se fríen en aceite. .... V F

VOCABULARIO Y FUNCIONES

1. **Escribe las horas que marcan estos relojes.**

1  ....

2  ....

3  ....

4  ....

5  ....

6  ....

7  ....

8  ....

2. **Relaciona las preguntas con las respuestas.**

1. ¿A qué día estamos hoy?
2. ¿A qué hora te levantas de lunes a viernes?
3. ¿A qué hora sale el tren?
4. ¿A qué hora te levantas los fines de semana?
5. ¿Qué hora es?

a. A las 22:15.
b. Normalmente a las nueve o a las diez.
c. Son las siete.
d. Es 24 de agosto.
e. A las siete.

3. **Completa las frases con la preposición adecuada.**

1. La biblioteca abre .... las 9:00.
2. Estoy en clase .... las 14:00, a esa hora salgo.
3. Juan viene .... las 14:00 y las 15:00.
4. La piscina abre .... 10:00 .... 20:00.
5. Lola entrena .... las 18:00 .... las 21:00.
6. ¿.......................... qué hora cierra la piscina?
7. ¿.......................... qué hora .... qué hora abren los bancos?
8. Tengo una pausa .... las 11:30 y las 12:00.

4. **Ordena los días de la semana.**

1. ☐ martes
2. ☐ domingo
3. ☐ jueves
4. ☐ lunes
5. ☐ miércoles
6. ☐ viernes
7. ☐ sábado

5. **Relaciona cada acción con su imagen correspondiente.**

1. ☐ Ver la tele.
2. ☐ Levantarse.
3. ☐ Acostarse.
4. ☐ Trabajar.
5. ☐ Desayunar.
6. ☐ Ducharse.

A 

B 

C 

D 

E 

F 

6. 60 **Escucha a Pablo y decide si las frases son verdaderas (V) o falsas (F).**

1. Pablo normalmente trabaja por la mañana. .... V F
2. Pablo normalmente se acuesta a las 22:00. .... V F
3. Pablo trabaja por la noche. .... V F
4. La novia de Pablo no trabaja. .... V F
5. Los hermanos de Pablo van al gimnasio cuando terminan de cenar. .... V F

7. Completa este texto con el presente de indicativo de los verbos entre paréntesis.

Hola, **1** .... **(llamarse)** Ana y **2** .... **(tener)** 15 años. **3** .... **(Vivir)** con mis padres en Madrid y **4** .... **(estudiar)** en un instituto público. Mi horario **5** .... **(ser)** muy regular; mis padres, en cambio, **6** .... **(tener)** unos horarios poco estables porque los dos son médicos.

Normalmente **7** .... **(ir, yo)** a clase por las mañanas. Las clases **8** .... **(empezar)** a las 8:30, pero a veces también **9** .... **(tener)** clases por las tardes y **10** .... **(terminar)** a las 17:00. Por las mañanas **11** .... **(salir)** de casa a las 8:00, porque casi siempre **12** .... **(ir)** al instituto a pie. Todos los profesores y los estudiantes **13** .... **(hacer)** una pausa de 30 minutos a media mañana. Después, a las 12:30, todos **14** .... **(volver)** a clase hasta las 14:00. A veces como en el instituto, pero casi siempre **15** .... **(llegar)** a casa y **16** .... **(hacer)** la comida, aunque una o dos veces a la semana la **17** .... **(preparar)** mi madre. Otras veces **18** .... **(pedir)** una *pizza*. Mi padre nunca come en casa, pero siempre prepara la cena para los tres.

Los sábados por la mañana mis padres y yo **19** .... **(ir)** al supermercado para hacer la compra de la semana y el resto del finde **20** .... **(hacer, yo)** deporte, **21** .... **(pasear)** y **22** .... **(salir)** con mis amigos.

Mis padres y yo

8. Señala si estas afirmaciones sobre el texto anterior son verdaderas (V) o falsas (F).

1. Ana va al colegio. .... V F
2. Los horarios de Ana son muy estables. .... V F
3. Normalmente sale de casa a las 8:30. .... V F
4. Tiene clase algunos días por la tarde. .... V F
5. Cada día termina las clases a las 17:00. .... V F
6. Algunos días su madre prepara la comida. .... V F
7. El padre siempre pide *pizza* para comer. .... V F
8. El padre prepara siempre la cena. .... V F

9. ¿Qué haces en un día normal? Escribe tu rutina diaria.

....

10. Conjuga los infinitivos en presente de indicativo y reescribe las frases en orden.

1. usted/¿A/levantarse/qué/el/hora/domingo?
....
2. mediodía./Yo/pausa/hacer/a/normalmente/una
....
3. En/casa,/siempre/las/a/nueve./mi/cenar/nosotros
....
4. ¿Tú/ducharse/la/por/mañana/por/o/noche?/la
....
5. de/después/hacer/Yo/deberes/los/comer.
....
6. ir/Yo/compras/de/mi/con/siempre/padre.
....
7. clase,/estudiar/yo/la/Después/de/biblioteca./en
....
8. Mi/trabajar/madre/lunes/de/jueves./a
....

11. 61 **Observa estas imágenes y escucha a Javier. Pon las acciones en el orden en el que las menciona.**

12. 61 **Completa el texto que resume la mañana de Javier. Luego escucha de nuevo y comprueba.**

Normalmente, Javier 1 .... a las 2 .... Inmediatamente después 3 ...., 4 .... y 5 .... a Jack. Luego 6 .... algo de comida para llevar o 7 .... si tiene tiempo. Todos los días 8 .... a la escuela en autobús, casi siempre lo 9 .... a las 10 .... A menudo 11 .... a casa a pie porque le gusta 12 .... después de una mañana tan larga.

13. **Clasifica las expresiones en su categoría.**

todas las noches | por la tarde | por la noche | primero | antes | todas las tardes | todos los días | después | por la mañana | por último

Para expresar frecuencia	Para ordenar las acciones en el tiempo	Para referirse a una parte del día

GRAMÁTICA

14. **Completa.**

	Coger	Vencer	Distinguir	Construir	Ser	Ir
yo	cojo					
tú					eres	
él, ella, usted				construye		
nosotros/as		vencemos				
vosotros/as						vais
ellos, ellas, ustedes			distinguen			

15. **Clasifica los siguientes verbos en la tabla y escribe la persona y el infinitivo de cada uno.**

~~exijo~~ | perseguimos | protegéis | siguen | intuyes | ejerzo | incluye | convencéis

	Presente	Persona	Infinitivo
g › j coger	exijo	yo	exigir
c › z vencer			

	Presente	Persona	Infinitivo
gu › g distinguir			
i › y construir			

16. Relaciona las columnas para formar frases con sentido y escríbelas conjugando el verbo en presente de indicativo.

1. ¿El abuelo de Roberto **2.** Necesito ir al súper, no **3.** Clara y sus padres **4.** Creo que en tu clase **5.** En agosto no **6.** Míriam y Ainhoa **7.** Aquí **8.** ¿Dónde	ser ir haber	**a.** a Argentina por Navidad. **b.** demasiados estudiantes. **c.** clase. **d.** vascas. **e.** mucha comida en casa. **f.** argentino? **g.** comer hoy vosotros? **h.** hay un montón de gente.

1. ....
2. ....
3. ....
4. ....
5. ....
6. ....
7. ....
8. ....

17. Completa las frases con el verbo adecuado en presente de indicativo.

1. Carolina y yo siempre **(quedar/quedarse)** .... a las ocho en la parada del autobús.
2. Los profesores **(ir/irse)** .... de vacaciones en verano.
3. Mi hermana **(ir/irse)** .... al gimnasio tres veces a la semana.
4. Hoy tengo una cita en el dentista. ¿Puedo **(ir/irse)** .... de clase antes?
5. En Navidad todos mis primos y yo **(quedar/quedarse)** .... a dormir en casa de mis abuelos.
6. El gato de Marta está **(hacer/hacerse)** .... muy grande, creo que come demasiado.
7. ¿Tú **(ir/irse)** .... o **(quedar/quedarse)** ....?
8. Los domingos me levanto a las ocho para **(hacer/hacerse)** .... deporte.

18. Completa los diálogos con el indefinido adecuado.

1. ▶ ¿Hay .... libro en la mesa?
▷ No, no hay ....

2. ▶ ¿Va a venir .... de tus amigas?
▷ Sí, van a venir ....

3. ▶ ¿Hay .... plátano en la nevera?
▷ Sí, hay .... en una bolsa, tres o cuatro.

4. ▶ Hay .... cosas bonitas en esta tienda.
▷ Pues a mí no me gusta ....

5. ▶ ¿Conoces .... videojuego divertido?
▷ No, no conozco ....

6. ▶ José tiene .... preguntas que hacerte.
▷ Pues no pienso responderle a ....

19. Completa con *alguien, nadie, algo* o *nada*.

1. Llaman a la puerta, ¿estás esperando a .... ?

2. ¿Hacemos .... o nos quedamos en casa sin hacer ....?

3. Hola, ¿hay .... en casa? Parece que no hay ....

4. ¡Qué raro! En clase todavía no hay ...., ni siquiera está el profesor.

5. ▶ Voy un momento al supermercado, ¿necesitas ....?
▷ No, ... Bueno, sí, ... de fruta.

20. **Completa el diálogo con las preposiciones *en*, *entre*, *hasta*, *desde*, *a*, *de* o *sobre*.**

Alberto: Hola, Juan, ¡buenas noticias! ¡Tengo un trabajo para este verano!
Juan: ¿Cuándo empiezas?
Alberto: **1** .... julio. No sé la fecha exactamente, mañana me confirman, creo que **2** .... el 1 y el 3.
Juan: ¡Qué suerte! ¡Tener un trabajo **3** .... verano!
Alberto: ¿Por qué no buscas uno? Yo trabajo solo **4** .... 9:00 **5** .... 14:00.
Juan: Está muy bien terminar **6** .... esa hora. Yo me voy de vacaciones unos días, pero luego estoy sin nada que hacer.
Alberto: ¿Cuánto tiempo te vas?
Juan: **7** .... el 5 **8** .... el 15 de julio.
Alberto: Por cierto..., ¿sabes qué celebramos mañana?
Juan: Pues no sé... Hoy estamos **9** .... 25 de junio y mañana... ¡Ay, sí! ¡El cumple de Sara!
Alberto: Sí, estás invitado. La fiesta es por la tarde, puedes venir **10** .... las 18:00.

21. **Decide en cada caso el uso de las preposiciones *por* y *para*.**

1. ¿Están mis gafas por el escritorio?
a. lugar aproximado **b.** medio **c.** causa

2. Escucho música para relajarme.
a. causa **b.** opinión **c.** finalidad

3. José está contento por la noticia.
a. destinatario **b.** causa **c.** medio

4. Este tren no va para el norte.
a. dirección **b.** medio **c.** finalidad

5. El trabajo de Lengua es para mañana.
a. tiempo aproximado **b.** dirección **c.** límite en el tiempo

6. Siempre nos avisan por escrito.
a. causa **b.** lugar aproximado **c.** medio

22. **Completa con *por* o *para*.**

1. Juana estudia árabe .... trabajar como diplomática.
2. Quieren cancelar el concierto .... la salud del cantante.
3. Marcos y Manuel quieren hacer un viaje .... Marruecos.
4. Las cortinas son .... decorar el salón.
5. Normalmente comunican la respuesta .... correo electrónico.
6. Después de clase me voy directo .... casa.

23. **Relaciona las columnas formando el máximo número de combinaciones con sentido y compara sus significados.**

1. Muchas gracias	**a.** por no dormir bien.
2. Los móviles sirven	**b.** para dormir bien.
3. Está muy cansado	**c.** para todo.
4. Hace yoga	**d.** por la mañana.
5. Rosa trabaja	**e.** por todo.
6. Rosa tiene que terminar su trabajo	**f.** para mañana.

24. Clasifica estas frases en la tabla según el significado de *por* y *para*.

a. Esa mesa es para comer.
b. El examen es por la mañana.
c. ¿Por dónde está el gimnasio?
d. ¿Vas para el centro?
e. Javi está muy contento por su nuevo profesor.
f. Para mi padre, esta casa es muy pequeña.
g. Nos comunicamos por WhatsApp.
h. ¿Para cuándo son los deberes?

POR	PARA
1. Lugar aproximado:	**1.** Dirección: ....
2. Causa:	**2.** Finalidad: ....
3. Parte del día:	**3.** Límite temporal: ....
4. Medio:	**4.** Opinión: ....

COMUNICACIÓN

25. Completa las frases con la opción adecuada.

1. Siempre pongo la .... del móvil cuando me acuesto.
a. alarma **b.** reloj **c.** tele

2. Prefiero hacer la .... por la tarde.
a. café **b.** compra **c.** deporte

3. Cuando me levanto por la mañana, ...
a. ceno **b.** como **c.** desayuno

4. Me lavo los .... por la mañana y por la noche.
a. libros **b.** música **c.** dientes

5. Luisa hace .... por la mañana.
a. deporte **b.** cena **c.** trabajo

6. Normalmente no trabajo los fines de ....
a. día **b.** meses **c.** semana

26. Clasifica estas expresiones en la categoría adecuada.

Desayuno | Hacer la compra. | Salir con amigos. | Coger el metro. | Dar un paseo. | Comida Ir a clase. | Cena | Organizar un viaje. | Merienda | Cenar fuera. | Hacer la cama.

Acciones cotidianas	Comidas del día	Actividades de tiempo libre

27. Marca el intruso.

1. a. Lavarse los dientes. **b.** Ducharse. **c.** Ir al cine. **d.** Acostarse.
2. a. Escuchar música. **b.** Terminar las clases. **c.** Leer una novela. **d.** Practicar deporte.
3. a. Estudiar. **b.** Ir a la escuela. **c.** Levantarse tarde. **d.** Poner la alarma.
4. a. Ir a un hotel. **b.** Ir a la playa. **c.** Visitar monumentos. **d.** Ir a clase.
5. a. Hacer un examen. **b.** Hacer los deberes. **c.** Ir de compras. **d.** Corregir los ejercicios.
6. a. Tener clase. **b.** Ver la tele. **c.** Ir al gimnasio. **d.** Jugar a la videoconsola.
7. a. Desayunar. **b.** Comer. **c.** Hacer la cena. **d.** Merendar.

CULTURA

28. **Indica si las siguientes afirmaciones sobre los horarios en España son verdaderas (V) o falsas (F) y corrige las falsas.**

1. Una de las comidas más importantes del día es la merienda. ... V F
2. Los menores de 30 años normalmente comen y cenan viendo la televisión. .... V F
3. Los estudiantes son los que menos desayunan. .... V F
4. Los fines de semana muchos españoles aprovechan para comer tranquilamente en casa. .... V F
5. De lunes a viernes los españoles quedan fuera de casa para comer con algún amigo. .... V F
6. Los horarios de comidas en España son diferentes a los de otros países: todo se hace más tarde. .... V F

....

....

....

....

....

29. **Lee el texto y luego elige la opción correcta para completar las frases.**

La mayor peculiaridad del horario español es la referida a las comidas. No hay país europeo en el que el almuerzo y la cena se hagan tan tarde como en España. Almorzamos a las 14:00 y, en muchos casos, a las 15:00. En Europa se hace sobre las 12:30 o las 13:00.

Los fines de semana, muchos españoles duermen la siesta. Es una costumbre muy saludable. El horario de la cena también difiere del de los países europeos. Se suele cenar entre las 21:00 y las 22:00, en el caso de los adultos. En el resto de Europa se cena alrededor de las 19:00. No nos podemos olvidar del desayuno. Normalmente desayunamos entre las 7:00 y las 8:00, por lo general en casa, pero también son muchas las personas que desayunan fuera. Luego, a las 11:00 o a las 11:30, algunos hacen una pausa y toman un café en el trabajo o en algún bar cercano.

Los horarios de trabajo se parecen bastante a los europeos. La jornada laboral comienza generalmente a las 8:00 u 8:30 y termina a las 17:00 o 18:00 con una pausa a media mañana para desayunar y otra pausa a mediodía para comer. Las personas comen en la oficina o en algún restaurante cercano. Finalmente, aunque en las grandes ciudades los comercios normalmente tienen horario continuado, todavía existen muchos lugares donde las tiendas cierran a mediodía y abren de nuevo entre las 17:00 y las 20:00 o las 21:00.

1. España es el país europeo donde la comida y la cena son más...
   a. tempranas **b.** tardías **c.** pausadas
2. La siesta es una costumbre...
   a. beneficiosa **b.** conveniente **c.** sanitaria
3. Hacia las once muchos españoles hacen...
   a. un recreo **b.** una pausa **c.** una tregua
4. En España la jornada laboral es .... a la de otros países.
   a. igual **b.** diferente **c.** similar
5. El horario laboral suele ser de...
   a. 10:00 a 19:00 **b.** 8:00 a 17:00 **c.** 9:00 a 18:00
6. Algunos comercios cierran a mediodía, a las...
   a. 14:00 **b.** 12:00 **c.** 16:00

REPASO

1. Relaciona las palabras de las columnas.

1. una botella de	**a.** leche
2. una lata de	**b.** atún
3. un paquete de	**c.** pan
4. un brik de	**d.** aceitunas
5. una bolsa de	**e.** agua sin gas
6. un bote de	**f.** huevos
7. una docena de	**g.** patatas fritas
8. una barra de	**h.** azúcar

2. Completa el siguiente diálogo entre un camarero y unos clientes.

¿Y de segundo? | ¿Y de beber? | ¿La paella es de marisco? | Sin gas, por favor. Para mí, agua. | Yo, de primero, quiero la ensalada mixta.

- ▶ Hola, buenos días.
- ▷ Buenos días.
- ▶ ¿Qué quieren tomar?
- ▷ **1** ....
- ▶ Muy bien. ¿Y usted?
- ▷ Para mí, las verduras a la parrilla.
- ▶ **2** ....
- ▷ Para mí, la merluza a la plancha.
- ▷ **3** ....
- ▶ Sí.
- ▷ Pues yo quiero la paella.
- ▶ **4** ....
- ▷ Yo, un refresco de naranja.
- ▶ ¿Y para usted?
- ▷ **5** ....
- ▶ ¿Con gas o sin gas?
- ▷ **6** ....
- ▶ Muy bien, pues ahora mismo les traigo la bebida.
- ▷ Gracias.

3. Completa las frases con el pronombre de objeto directo correspondiente según el nombre entre paréntesis.

1. ¿Me .... puede cambiar? No me gusta la nata. **(El postre)**
2. No nos .... trae el camarero. **(Los segundos platos)**
3. No me .... como nunca en las paellas, no me gusta. **(El marisco)**
4. ¿ .... puedes pedir, por favor? Es un poco tarde. **(La cuenta)**
5. Siempre .... pide de naranja. **(Los zumos)**
6. .... cierran el mes que viene por vacaciones. **(El bar)**

4. Completa las frases con el presente de indicativo del verbo entre paréntesis.

1. He desayunado mucho y ahora no .... **(tener)** apetito.
2. .... **(Ponerse, yo)** a la cola en la caja.
3. Yo, normalmente, ... **(hacer)** mi cama todos los días.
4. Si no .... **(oír)** bien, podéis poneros en las mesas de delante.
5. .... **(Conducir, yo)** muy despacio cuando voy por una ciudad.

5. Completa las frases con los infinitivos del recuadro en presente de indicativo.

oír | oler
pedir | conducir
estar | saber
poder | conocer

1. No te ...., hay demasiado ruido.
2. Yo .... desde el año pasado, pero no tengo coche.
3. Yo no .... cuál es la edad de Marta.
4. Rita .... la cuenta al camarero.
5. ¿................................ **(tú)** llevarme a la escuela, por favor?
6. Te digo que .... bien, no tienes que preocuparte.
7. Yo .... a tu hermano, somos compañeros de clase.
8. ¡Qué bien .... a rosas! ¿Te pones perfume?

6. 62 **Escucha los siguientes diálogos y selecciona las horas que se dicen.**

1. ☐ 11:50 – ☐ 1:50
2. ☐ 13:45 – ☐ 4:15
3. ☐ 15:20 – ☐ 4:40
4. ☐ 12:55 – ☐ 11:05
5. ☐ 16:30 – ☐ 6:30
6. ☐ 18:00 – ☐ 6:00

CORPES XXI VOCABULARIO

Hispanoamérica → ¿Qué horas son?
▶ **¿Qué horas son**, compañero?
▷ Van a dar las cinco.

7. Responde a las preguntas con ayuda de las imágenes.

1. ¿Cuál es el horario de la biblioteca los martes? ....
2. ¿A qué hora sale el avión a Barcelona? ....
3. ¿Qué hora es en Frankfurt? ....
4. ¿Cuándo se celebra el Día de la Independencia de México? ....

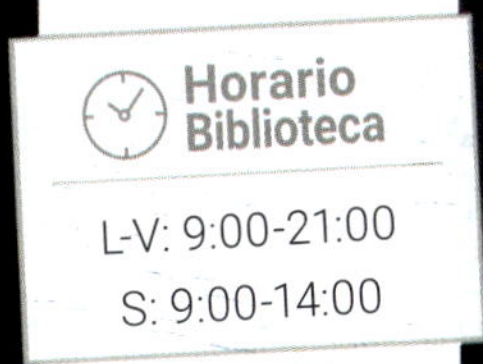

8. Completa con la preposición adecuada.

1. Siempre me ducho .... la mañana.
2. .... mediodía hago una pausa para tomar un sándwich.
3. Los bancos abren .... las 8 .... la mañana.
4. ¿.................. qué hora cierra el supermercado?
5. Mi cumpleaños es el 28 .... noviembre.

9. Elige la opción correcta.

1. ¿Quieres **algo/nada** de comer?
2. Tengo **algunos/algún** amigos franceses.
3. Aquí no hay **alguien/nadie**.
4. ¿Tienes **alguna/ninguna** pregunta?
5. No hay **ningún/ninguno** chico ruso en clase.
6. **Algunas/Algunos** revistas son interesantes.

10. Completa las frases con el verbo entre paréntesis.

1. Mañana te prometo que .... **(coger)** el libro y te lo llevo a clase.
2. Marisa, cuando tiene un objetivo, siempre .... **(conseguir)** alcanzarlo.
3. Asociaciones como esta .... **(proteger)** los intereses de los más desfavorecidos.
4. Si .... **(convencer, yo)** a mis padres te lo digo, pero lo veo difícil.
5. Este año lo tengo decidido: no .... **(seguir)** en el mismo gimnasio que el año pasado.

11. Completa las frases según tus hábitos.

Correr | Hacer yoga
Comer con la familia
Hacer la compra | Escuchar la radio
Ver series | Ver películas
Ir de compras | Salir con amigos
Ir al dentista | Leer | Dormir la siesta

1. No .... nunca.
2. Casi nunca ....
3. .... todos los días.
4. .... una o dos veces al mes.
5. .... una vez a la semana.
6. Normalmente .... por la mañana/tarde/noche.

12. DELE Escribe en tu cuaderno lo que haces tú en un día normal.

TABLA DE VERBOS

Presente de indicativo

Verbos regulares

1.ª Conjugación -AR	2.ª Conjugación -ER	3.ª Conjugación -IR
CANTAR	COMER	VIVIR
canto	como	vivo
cantas	comes	vives
canta	come	vive
cantamos	comemos	vivimos
cantáis	coméis	vivís
cantan	comen	viven

Verbos reflexivos regulares

Bañarse	Ducharse	Lavarse	Levantarse	Peinarse
me baño	**me** ducho	**me** lavo	**me** levanto	**me** peino
te bañas	**te** duchas	**te** lavas	**te** levantas	**te** peinas
se baña	**se** ducha	**se** lava	**se** levanta	**se** peina
nos bañamos	**nos** duchamos	**nos** lavamos	**nos** levantamos	**nos** peinamos
os bañáis	**os** ducháis	**os** laváis	**os** levantáis	**os** peináis
se bañan	**se** duchan	**se** lavan	**se** levantan	**se** peinan

Verbos irregulares

Verbos con irregularidad vocálica

E → IE

Cerrar	Comenzar	Despertarse	Divertirse	Empezar
c**ie**rro	com**ie**nzo	me desp**ie**rto	me div**ie**rto	emp**ie**zo
c**ie**rras	com**ie**nzas	te desp**ie**rtas	te div**ie**rtes	emp**ie**zas
c**ie**rra	com**ie**nza	se desp**ie**rta	se div**ie**rte	emp**ie**za
cerramos	comenzamos	nos despertamos	nos divertimos	empezamos
cerráis	comenzáis	os despertáis	os divertís	empezáis
c**ie**rran	com**ie**nzan	se desp**ie**rtan	se div**ie**rten	emp**ie**zan

Entender	Merendar	Pensar	Perder	Querer
ent**ie**ndo	mer**ie**ndo	p**ie**nso	p**ie**rdo	qu**ie**ro
ent**ie**ndes	mer**ie**ndas	p**ie**nsas	p**ie**rdes	qu**ie**res
ent**ie**nde	mer**ie**nda	p**ie**nsa	p**ie**rde	qu**ie**re
entendemos	merendamos	pensamos	perdemos	queremos
entendéis	merendáis	pensáis	perdéis	queréis
ent**ie**nden	mer**ie**ndan	p**ie**nsan	p**ie**rden	qu**ie**ren

O → UE

Acordarse	Acostarse	Almorzar	Contar	Dormir	Encontrar
me ac**ue**rdo	me ac**ue**sto	alm**ue**rzo	c**ue**nto	d**ue**rmo	enc**ue**ntro
te ac**ue**rdas	te ac**ue**stas	alm**ue**rzas	c**ue**ntas	d**ue**rmes	enc**ue**ntras
se ac**ue**rda	se ac**ue**sta	alm**ue**rza	c**ue**nta	d**ue**rme	enc**ue**ntra
nos acordamos	nos acostamos	almorzamos	contamos	dormimos	encontramos
os acordáis	os acostáis	almorzáis	contáis	dormís	encontráis
se ac**ue**rdan	se ac**ue**stan	alm**ue**rzan	c**ue**ntan	d**ue**rmen	enc**ue**ntran

Poder	Recordar	Resolver	Soler	Soñar	Volver
p**ue**do	rec**ue**rdo	res**ue**lvo	s**ue**lo	s**ue**ño	v**ue**lvo
p**ue**des	rec**ue**rdas	res**ue**lves	s**ue**les	s**ue**ñas	v**ue**lves
p**ue**de	rec**ue**rda	res**ue**lve	s**ue**le	s**ue**ña	v**ue**lve
podemos	recordamos	resolvemos	solemos	soñamos	volvemos
podéis	recordáis	resolvéis	soléis	soñáis	volvéis
p**ue**den	rec**ue**rdan	res**ue**lven	s**ue**len	s**ue**ñan	v**ue**lven

E → I

Elegir	Pedir	Reírse	Repetir	Servir	Vestirse
el**i**jo	p**i**do	me r**í**o	rep**i**to	s**i**rvo	me v**i**sto
el**i**ges	p**i**des	te r**í**es	rep**i**tes	s**i**rves	te v**i**stes
el**i**ge	p**i**de	se r**í**e	rep**i**te	s**i**rve	se v**i**ste
elegimos	pedimos	nos reímos	repetimos	servimos	nos vestimos
elegís	pedís	os reís	repetís	servís	os vestís
el**i**gen	p**i**den	se r**í**en	rep**i**ten	s**i**rven	se v**i**sten

U → UE

Jugar
j**ue**go
j**ue**gas
j**ue**ga
jugamos
jugáis
j**ue**gan

I → Y

Concluir	Construir	Contribuir	Destruir	Huir
conclu**y**o	constru**y**o	contribu**y**o	destru**y**o	hu**y**o
conclu**y**es	constru**y**es	contribu**y**es	destru**y**es	hu**y**es
conclu**y**e	constru**y**e	contribu**y**e	destru**y**e	hu**y**e
concluimos	construimos	contribuimos	destruimos	huimos
concluís	construís	contribuís	destruís	huis
conclu**y**en	constru**y**en	contribu**y**en	destru**y**en	hu**y**en

Verbos irregulares en la 1.ª persona

Verbos en -ZC

Conducir	Conocer	Producir	Traducir	Obedecer
condu**zc**o	cono**zc**o	produ**zc**o	tradu**zc**o	obede**zc**o
conduces	conoces	produces	traduces	obedeces
conduce	conoce	produce	traduce	obedece
conducimos	conocemos	producimos	traducimos	obedecemos
conducís	conocéis	producís	traducís	obedecéis
conducen	conocen	producen	traducen	obedecen

Otros irregulares en la 1.ª persona

Caer	Hacer	Poner	Salir	Traer	Dar	Saber	Ver
caigo	**hago**	**pongo**	**salgo**	**traigo**	**doy**	**sé**	**veo**
caes	haces	pones	sales	traes	das	sabes	ves
cae	hace	pone	sale	trae	da	sabe	ve
caemos	hacemos	ponemos	salimos	traemos	damos	sabemos	vemos
caéis	hacéis	ponéis	salís	traéis	dais	sabéis	veis
caen	hacen	ponen	salen	traen	dan	saben	ven

Verbos con dos irregularidades

Decir	Oír	Oler	Tener	Venir
digo	**oigo**	**hue**lo	**tengo**	**vengo**
d**i**ces	o**y**es	**hue**les	t**ie**nes	v**ie**nes
d**i**ce	o**y**e	**hue**le	t**ie**ne	v**ie**ne
decimos	oímos	olemos	tenemos	venimos
decís	oís	oléis	tenéis	venís
d**i**cen	o**y**en	**hue**len	t**ie**nen	v**ie**nen

Verbos completamente irregulares

Estar	Haber	Ir	Ser
estoy	**he**	**voy**	**soy**
est**á**s	**has**	**vas**	**eres**
est**á**	**ha**	**va**	**es**
estamos	**hemos**	**vamos**	**somos**
estáis	**habéis**	**vais**	**sois**
est**á**n	**han**	**van**	**son**

!

- El verbo ***haber*** solo se usa para formar los tiempos compuestos de los verbos. Tiene una forma especial ***(hay)*** que se usa para singular y plural: **Hay un árbol/árboles** en el parque.
- El verbo ***estar*** cambia la sílaba tónica habitual del presente de indicativo en todas las personas excepto en *nosotros/as* y *vosotros/as* (por eso algunas llevan tilde).

Verbos que se construyen como *gustar*

Doler	Encantar	Molestar	Parecer
me d**ue**le/d**ue**len	me encanta/encantan	me molesta/molestan	me parece/parecen
te d**ue**le/d**ue**len	te encanta/encantan	te molesta/molestan	te parece/parecen
le d**ue**le/d**ue**len	le encanta/encantan	le molesta/molestan	le parece/parecen
nos d**ue**le/d**ue**len	nos encanta/encantan	nos molesta/molestan	nos parece/parecen
os d**ue**le/d**ue**len	os encanta/encantan	os molesta/molestan	os parece/parecen
les d**ue**le/d**ue**len	les encanta/encantan	les molesta/molestan	les parece/parecen

GLOSARIO

Español	En tu lengua
A	
abierto/a	
el/la abogado/a	
el abrazo	
el abrigo	
abrir	
el/la abuelo/a	
aburrido/a	
la acción	
el aceite	
la aceituna	
acoger	
acostarse	
la actividad	
el actor	
la actriz	
la actualidad	
acuático/a	
el acuerdo	
adivinar	
adosado/a	
afeitarse	
el/la aficionado/a	
agradable	
agradecer	
el agua con gas	
el ajo	
alegre	
alemán/ana	
la alergia	
la alimentación	
alimentario/a	
el alimento	
alquilar	
el alquiler	
alrededor de	
alto/a	
amable	
amarillo/a	
el/la amigo/a	
la amistad	
el amor	
amueblado/a	
amueblar	
antiguo	
antipático/a	
el anuncio	
el aparcamiento	
aparecer	
el apartamento	
apellidarse	
el apellido	
la aplicación	
aprender	
el árbol	
argentino/a	
el armario	
la arquitectura	
el arroz	
asado/a	
el ascensor	
la asociación	
la atención	
el atletismo	
atractivo/a	
el atún	
el auditorio	
el autobús	
ayudar	
el ayuntamiento	
el azúcar	
azul	
B	
bailar	
bajo/a	
el balcón	
el baloncesto	
el banco	
la bandera	
el baño	
la bañera	
el bar	
barato/a	
la barba	
la barra (signo)	
el barrio	
el/la bebé	
beber	
la bebida	
beneficioso/a	
el beso	
la biblioteca	
la bicicleta	
el bienestar	
el bigote	
blanco/a	
la boca	
el bocadillo	
el bolígrafo	
la bolsa	
el bolso	
bonito/a	
el bote	
la botella	
el brazo	
el brik	
bucear	
buscar	
C	
el caballo	
la cabeza	
la calculadora	
el café	
la cafetería	
la calefacción	
la calidad	
la calle	
callejero/a	
el calor	
la caloría	
la cama	
el/la camarero/a	
cambiar	
caminar	
la camisa	
el campamento	
el campo	
el canapé	
la canción	
cansado/a	
la cara	
la carne	
la carnicería	
caro/a	
la carta	
la casa	
casado/a	
casero/a	
castaño/a	
la catedral	
la cebolla	
celebrar	
la celebridad	
el celular (esp. Am.)	
cenar	
el céntimo	
céntrico/a	
el cereal	
cerrar	
el cerro	
el chalé	
la chaqueta	
la charcutería	
chatear	
el/la chico/a	
chino/a	
el ciclo	
el cielo	
la ciencia	
la cifra	
el cine	

GLOSARIO

Español	En tu lengua
claro/a	
clásico/a	
la clausura	
el/la cliente/a	
el clima	
cocido/a	
la cocina	
cocinar	
el/la cocinero/a	
el código postal	
colaborar	
el colegio	
colgar	
colorido/a	
comenzar	
comer	
el comercio	
el cómic	
la comida	
la competición	
competir	
comprar	
comunitario/a	
el/la concejal/a	
el concierto	
concretar	
el/la conductor/a	
conectado/a	
la conferencia	
conocer	
el consejo	
el consumo	
contaminar	
contento/a	
continuar	
convencer	
la conversación	
conversar	
el correo	
correr	
corto/a	
la cosa	
costar	
crear	
la crema	
la croqueta	
el cruasán	
el cuaderno	
el cuarto	
el cuello	
la cuenta	
el cuento	
el cuero	
el cuerpo	

Español	En tu lengua
cultural	
el cumpleaños	
el curso	
D	
dar importancia a algo	
debajo de	
los deberes	
la declaración	
la decoración	
el dedo	
dejar	
deletrear	
delgado/a	
el/la dentista	
el/la dependiente/a	
el deporte	
depositar	
el desarrollo	
descansar	
el descanso	
descubrir	
despacio	
despertarse	
el destino	
el diálogo	
el diente	
la dieta	
la diferencia	
diferente	
el/la diplomático/a	
la dirección	
el/la director/a	
la discapacidad	
el/la diseñador/a	
disfrutar	
disponible	
el dispositivo	
la diversidad	
divertido/a	
divertirse	
la docena	
el documental	
el/la donante	
donar	
dormir	
el dormitorio	
el dragón	
ducharse	
dulce	
el dulce	
E	
ecológico/a	
económico/a	

Español	En tu lengua
la edad	
el edificio	
egipcio/a	
elegante	
emblemático/a	
emitir	
la empresa	
encantar	
el encanto	
energético/a	
enfadado/a	
la enfermedad	
el/la enfermero/a	
enfermo/a	
el enlace	
la ensalada	
enseñar	
entregar	
equilibrado/a	
equipado/a	
el error	
el escaparate	
escribir	
escuchar	
la espalda	
el espectáculo	
esperar	
esquiar	
el establecimiento	
la estación	
estatal	
el estilo	
el estómago	
estrenar	
estresado/a	
estricto/a	
estudiar	
el estudio	
estudioso/a	
estupendo/a	
la etapa	
el evento	
la exactitud	
exacto/a	
el examen	
la excursión	
exigir	
exótico/a	
explicar	
la exposición	
exterior	
extranjero/a	
F	
la fachada	

Español	En tu lengua
la falda	
la familia	
famoso/a	
el favor	
la fecha	
feo/a	
la fiesta	
el flan	
la flor	
fomentar	
el fondo	
la formación	
la foto	
la fotografía	
el fragmento	
la frase	
freír	
la fresa	
fresco/a	
el frigorífico	
el frío	
frito/a	
la fruta	
la frutería	
la fuente	
funcionar	
la fundación	
el/la fundador/a	
la fusión	
el fútbol	
G	
las gafas	
la galleta	
el garaje	
el gazpacho	
gemelo/a	
el género	
genial	
la gente	
la gimnasia	
el gimnasio	
gordo/a	
grande	
la grasa	
gratuito/a	
gris	
el grupo	
guapo/a	
la guardería	
la guerra	
H	
la habitación	
el/la habitante	
el habla	

Español	En tu lengua
hablador/a	
el/la hablante	
hablar	
hacer	
la hamburguesa	
la harina	
el helado	
el/la hermano/a	
el/la hijo/a	
hispano/a	
la hora	
el horario	
el horno	
el hospital	
el hotel	
el huevo	
I	
el idioma	
el impacto	
imprimir	
la inauguración	
incluir	
incluyente	
la industria	
infantil	
el/la informático/a	
la infusión	
el/la ingeniero/a	
el ingrediente	
la innovación	
la inscripción	
el instituto	
inteligente	
el intercambio	
el/la intérprete	
inventar	
invertir	
el invierno	
la isla	
J	
el jamón	
el jardín	
el jersey	
joven	
la joya	
la joyería	
jugar	
K	
el kilo	
L	
el lácteo	
la lámpara	
la lana	
el lápiz	

Español	En tu lengua
largo/a	
la lata	
el lavabo	
la lavadora	
lavarse	
el lavavajillas	
la leche	
la lechuga	
leer	
la legumbre	
la lentilla	
libre	
el libro	
ligero/a	
la limpieza	
liso/a	
la literatura	
el litro	
llamar	
llamarse	
llegar	
lleno/a	
llevar	
llorar	
llover	
la lluvia	
el lugar	
lograr	
el lujo	
luminoso/a	
la luna	
M	
la madre	
malo/a	
la manga	
la manzana	
la mañana	
el maquillaje	
maquillarse	
la marca	
el marisco	
marrón	
materno/a	
mayor	
el/la médico/a	
el medioambiente	
el mediodía	
medir	
mejorar	
el melón	
la memoria	
menor	
la mente	
el menú	

GLOSARIO

Español	En tu lengua
el mercado	
merendar	
la merluza	
la mesa	
el metro	
el microondas	
el/la modelo	
moderno/a	
la montaña	
el monte	
moreno/a	
morir	
el móvil	
el mueble	
la multinacional	
municipal	
la música	
N	
nacer	
los nachos	
nadar	
naranja	
la naranja	
la nariz	
la natación	
navegar por internet	
necesitar	
negro/a	
nervioso/a	
la nevera	
el/la nieto/a	
la nieve	
el/la niño/a	
el norte	
la nota	
la novedad	
numeroso/a	
O	
la obesidad	
el objetivo	
el objeto	
la obra	
el/la obrero/a	
el ocio	
ocuparse de alguien	
la oferta	
la oficina	
oír	
el ojo	
la opinión	
el ordenador	
la oreja	

Español	En tu lengua
organizar	
original	
originario/a	
oscuro/a	
P	
el padre	
la paella	
pagar	
el país	
el palacio	
el pan	
la panadería	
la pantalla	
el pantalón	
el papel	
la parada	
el paraguas	
parecer	
la pared	
el parque	
la parrilla	
la parrillada	
el partido	
pasear	
el paseo	
la pasta	
el/la pastelero/a	
la patata	
patinar	
el patio	
la pausa	
el pecho	
pedir	
la película	
el pelo	
pequeño/a	
perder	
perdido/a	
el perfume	
el/la periodista	
el periodo	
el perro	
el personaje	
personal	
el personal	
la pescadería	
el pescado	
el pie	
la piel	
la pierna	
el pimiento	
el pincho	
la pintura	

Español	En tu lengua
la piña	
la piscina	
el piso	
la pista	
la pizarra	
el plan	
la plancha, a	
la planta	
la plantilla	
el plato	
la playa	
la plaza	
el polideportivo	
político/a	
el pollo	
el postre	
practicar	
el precio	
preguntar	
presentar	
el/la primero/a	
el/la primo/a	
privado/a	
el problema	
la proclamación	
el producto	
el/la profesor/a	
el programa	
la pronunciación	
pronto	
el/la protagonista	
la proteína	
la proyección	
el proyecto	
la publicidad	
el público	
el pueblo	
el puente	
la puerta	
el puerto	
el puesto	
el pulpo	
la puntualidad	
Q	
quedar	
quedarse	
el queso	
el quiosco	
R	
la ración	
rápido/a	
raro/a	
el rato	

Español	En tu lengua
la razón	
reaccionar	
realizar	
el/la recepcionista	
reciclar	
recoger	
reconocer	
recordar	
el recuerdo	
la red	
reducir	
el refresco	
el/la refugiado/a	
el regalo	
regular	
repetir	
residencial	
residir	
el residuo	
respecto a	
respetuoso/a	
responder	
el resto	
la reunión	
la reutilización	
la revisión	
la revista	
el riesgo	
el rincón	
el río	
el ritmo	
rizado/a	
rojo/a	
la ropa	
rosa	
rubio/a	
el ruido	
ruidoso/a	
la rutina	
S	
saber	
la sal	
salir	
el salón	
la salsa	
la salud	
saludable	
saludar	
el saludo	
la seda	
el/la seguidor/a	
el/la segundo/a	
seguro/a	
la semana	
el senderismo	
sentado/a	
sentir	
la serie	
el servicio	
la siesta	
el siglo	
la silla	
situado/a	
el sobrepeso	
el/la sobrino/a	
el sofá	
el sol	
sonreír	
soñar	
la sopa	
sostenible	
suave	
el sueño	
la suerte	
suficiente	
sumar	
el sur	
surgir	
T	
el tacón	
el taller	
la tapa	
la tarjeta	
la tarta	
tecnológico/a	
el tejido	
la televisión	
la temporada	
temprano	
tener	
el tenis	
textil	
el tiempo	
el tiempo libre	
la tienda	
tímido/a	
el/la tío/a	
tirar	
el titular	
tocar	
tocar (un instrumento)	
tomar	
tomar (el sol)	
el tomate	
torpe	
la tortilla	
la tostada	
trabajador/a	
trabajar	
el trabajo	
tradicional	
traducir	
traer	
el tráfico	
tranquilamente	
tranquilo/a	
transformarse	
el transporte	
trasladar	
el trayecto	
el tren	
el turno	
U	
la ubicación	
la universidad	
la urbanización	
urbano/a	
usar	
el/la usuario/a	
utilizar	
V	
la vaca	
las vacaciones	
vago/a	
vaquero/a	
la variedad	
el vaso	
el/la vecino/a	
vencer	
vender	
la venta	
la ventana	
el ventilador	
ver	
el verano	
la verdulería	
la verdura	
el vestido	
vestirse	
viajar	
el viaje	
viceversa	
el vídeo	
el videojuego	
viejo/a	
visionar	
visitar	
la vivienda	
Z	
la zapatilla	
el zapato	

Mapa político de Hispanoamérica

Mapa físico de Hispanoamérica

Mapa político de España

Mapa físico de España

CRÉDITOS FOTOGRÁFICOS

LIBRO DEL ESTUDIANTE

UNIDAD 1 **Adquiere:** Carlos Alcaraz: Leonard Zhukovsky, Shutterscok.com; Greta Thunberg: Antonello Marangi, Shutterstock.com; Gino Tubaro: Encuentro Cultura y Democracia, Ostende (Pinamar, Argentina): Romina Santarelli, Ministerio de Cultura de la Nación, en Flickr.com, bajo licencia CC BY-SA 2.0, https://www.flickr.com/photos/culturaargentina/26381009421; Demi Singleton: DFree, Shutterstock.com; Ranjitsinh Disale: Abhi Suryawanshi, en Wikimedia Commons, bajo licencia CC BY-SA 4.0, https://commons.wikimedia.org/wiki/File:Headshot_of_Ranjitsinh_Disale.jpg; Clara Luciani: Selbymay, en Wikimedia Commons, bajo licencia CC BY-SA 4.0, https://commons.wikimedia.org/wiki/File:P2N2019ClaraLuciani_02.jpg; **Reflexiona:** Palacio de Golestán: Sebahatdogen, Shutterstock.com; **Conoce:** Ciudad de México: Posztos, Shutterstock.com.

UNIDAD 2 **Portadilla:** Toila, Estonia: Estonianmama, Shutterstock.com; Mercado de Logroño: Álvaro Germán Vilela, Shutterstock.com; Barcelona: Kiev.Victor, Shutterstock.com; Valencia: Lipskiy, Shutterstock.com; **Adquiere:** Casa con patio: Kiev.Victor, Shutterstock.com; **Consolida:** Barrio Bellavista: Jeremy Richards, Shutterstock.com; Barrio El Carmen: Tupungato, Shutterstock.com; **Conoce:** Teatro del Liceo: Manuel Millán, Shutterstock.com; Barcelona: Nito, Shutterstock.com; La Boquería: Kaesler Media, Shutterstock.com; Casa de los Paraguas: nito, Shutterstock.com; Fuente de Canaletas: Giorgiolo, Shutterstock.com; Farmacia Nadal: Joan Bautista, Shutterstock.com.

UNIDAD 3 **Adquiere:** Museo Louvre de Abu Dhabi: Oleg GawriloFF, Shutterstock.com; Parque Gulliver: Allyou Grzegorz Wasowicz, Shutterstock.com; **Reflexiona:** Teléfono móvil: Eimzaawah Photo, Shutterstock.com; **Cultura:** Camila Cabello: Ron Adar, Suhtterstock.com; Rauw Alejandro: Bonchevip & World Latin Star Video, en Wikimedia Commons, bajo licencia CC BY-SA 3.0, https://commons.wikimedia.org/wiki/File:Raw_alejandro.jpg; Shakira: DFree, Shutterstock.com; Karol G: Tinseltown, Shutterstock.com; J Balvin: Featureflash Photo Agency, Shutterstock.com; Maluma: Kathy Hutchins, Shutterstock.com; Natti Natasha: Lev Radin, Shutterstock.com; **A debate:** Chico con móvil: Rvlsoft, Shutterstock.com.

UNIDAD 4 **Portadilla:** Rosalía: Ted Alexander Somerville, Shutterstock.com; **Adquiere:** Ibai Llanos: Turu23, Shutterstock.com; **Gramática:** Ana Mena: Luis Javier Villalba, Shutterstock.com; **Conoce:** Custo: Lev Radin, Shutterstock.com; Carolina Herrera: Kathy Hutchins, Shutterstock.com; Manolo Blahnik: Featureflash Photo Agency, Shutterstock.com; Zapatos Manolo Blahnik: Delbo Andrea, Shutterstock.com; Jack Eyers y Madeline Stuart: FashionStock.com, Shutterstock.com; Winnie Harlow: Ovidiu Hrubaru, Shutterstock.com; Mercedes-Benz Fashion Week: FashionStock.com, Shutterstock.com; **A debate:** Fábrica de costura: Masruro, Shutterstock.com.

UNIDAD 5 **Portadilla:** La dieta mediterránea: Vídeo del Ministerio de Agricultura, Pesca y Alimentación del Gobierno de España, Licencia Wikimedia Commons, https://www.youtube.com/watch?v=00Sx3nKdb-8.

UNIDAD 6 **Portadilla:** Reloj de la Plaza de la Independencia de Pachuca, Hidalgo, México: Diego Delso, en Wikimedia Commons, bajo licencia CC BY-SA 3.0, https://commons.wikimedia.org/w/index.php?curid=30781695; Oviedo: Vladislav Mavrin, Shutterstock.com; Catedral de Comayagua (Honduras): Vivid imagery, Shutterstock.com; **Adquiere:** Fallas de Valencia: Pabkov, Shutterstock.com; Inti Raymi: Ammit Jack, Shutterstock.com; **Consolida:** Barrio de La Boca: Prophoto14, Shutterstock.com.

FICHAS DE PRONUNCIACIÓN Y ORTOGRAFÍA **Ficha 3:** Flamenco: Krzyzak, Shutterstock.com.

CUADERNO DE EJERCICIOS

UNIDAD 1 Blanco: Radio Bruno, en Wikimedia Commons, bajo licencia de CC BY-SA 3.0, https://commons.wikimedia.org/wiki/File:Blanco_during_an_interview_for_Radio_Bruno_in_2022.png; Beyoncé: JStone, Shutterstock.com; Mbappe: A. Taoualit, Shutterstock.com; Ana de Armas: Featureflash Photo Agency, Shutterstock.com; Timothée Chalamet: Cubankite, Shutterstock.com; Leonor de Borbón: Gil Corzo, Shutterstock.com.

UNIDAD 2 Patio: Salvador Aznar, Shutterstock.com; Calle de noche: Javen, Shutterstock.com; Barrio de Bellavista (Chile): Jeremy Richards, Shutterstock.com; Barrio del Carmen (Valencia): Tupungato, Shutterstock.com; Antigua (Guatemala): Lucy Brown-loca4motion, Shutterstock.com.

REPASO UNIDADES 1 Y 2 Parada bus: Sittirak Jadlit, Shutterstock.com.

UNIDAD 4 Zapatos Manolo Blahnik: Andrea Delbo, Shutterstock.com; Perfume Carolina Herrera: Simon Booth, Shutterstock.com; Camiseta Custo: Catwalker, Shutterstock.com; Vestido Narciso Rodríguez: Lev Radin, Shutterstock.com; Desfile de Larry Underwood: Evan El-Amin, Shutterstock.com.

REPASO UNIDADES 3 Y 4 Diseño de Custo Dalmau: Sam Aronov, Shutterstock.com; Diseño de Narciso Rodríguez: Lev Radin, Shutterstock.com.